배워서
개발자
되기

스프링 부트3
백엔드
개발자 되기 자바 편 2판

〈되기〉시리즈는 이름 그대로 IT 분야에서 성장하려는 여러분을 위해 준비한 책입니다.
엄선된 IT 기술들을 로드맵과 함께 제시하고, 실무 중심으로 공부할 수 있도록 안내합니다.
여러분이 해당 분야에서 실무자로 빠르게 성장할 수 있도록 지원하겠습니다.

GOLDEN RABBIT

환영합니다, 자바 언어 입문 그다음 책을 소개합니다!

환 영 합 니 다. 백엔드 개발자가 되고 싶은데 무엇을 어떻게 할지 모르겠는 분이라면, 잘 찾아오셨습니다. **이 책은 자바를 공부하고 나서 백엔드 입문에 필요한 내용을 알려줍니다.** 입문자뿐만 아니라, 더 깊게 체계적으로 기본을 다지고 싶은 주니어 개발자와, 대규모 서비스를 운영하며 얻은 노하우를 담은 수준 높은 코드를 경험하고 싶은 개발자 모두에게 유용합니다. 이번 2판에는 스프링 부트 프로젝트 진행을 위해 꼭 알아야 하는 SQL 기초와 실습, 스프링 시큐리티 업데이트, 블로그 댓글 기능 등을 추가하여 더욱 좋은 책으로 만들었습니다.

Point 1

입문자를 위한 백엔드 로드맵

백엔드 개발자로 입문할 때 겪은 난감함을 생각했습니다. 무엇을 어떻게 할지 몰랐습니다. 로드맵이 필요했습니다. 하지만 누구도 제대로 된 로드맵을 제공해주지 않았습니다. 그래서 이 책은 로드맵을 제공합니다. 로드맵에는 수많은 기술이 나열되어 있습니다. 책 한 권에 로드맵에 있는 모든 걸 담을 수도, 한 번에 모두 배울 수도 없습니다. **이 책은 그중에서도 출발점으로 삼을 스프링 부트 3를 중심으로 함께 공부할 로드맵을 제시합니다.**

Point 2

실무에 유용한 기술

기술은 빠르게 변합니다. 지금은 대세이지만 지는 기술, 아직은 미약하지만 뜨는 기술이 있습니다. 트렌드가 변하는 데는 그럴 만한 이유가 있습니다. 반면 기본은 트렌드와 무관하게 변하지 않습니다. 그래서 **기본은 탄탄하게, 기술 셋은 트렌디하면서 실무에 유용하게 설명했습니다.**

Point 3

경험을 녹인 고퀄리티 코드

인터넷을 검색하면 손쉽게 동작하는 코드를 얻을 수 있습니다. 하지만 그렇게 얻은 코드 대부분은 기능이 부족하거나 서비스가 성장하면서 다양한 이슈를 낳습니다. 이 책에 들어 있는 코드는 그런 인터넷 복붙 코드가 아닙니다. **필자가 서비스를 개발하고 운영한 경험을 녹인 코드입니다.** 인터넷을 검색하면 블로그 개발을 위한 코드가 많습니다. 하지만 제대로 JWT, OAuth2를 녹여내거나 CI/CD까지 고려한 개발을 잘 엮어준 글이나 책은 없습니다. 이 책에서는 제대로 동작하는 블로그 기능부터 JWT, OAuth2를 위한 보안, 향후 실무에서 경험할 CI/CD까지 만나볼 수 있습니다.

이 책은 원고 단계, 조판 단계에서 베타 리딩을 진행했으며, 담당 편집자가 실습을 100% 진행했습니다. 또한 베타 리더께서 보내주신 의견을 바탕으로 더 좋은 원고로 만들어 출간했습니다. 참여해주신 모든 분께 감사드립니다.

스프링 부트 3의 개념, 흐름을 잡기 좋은 책입니다. 스프링의 개념을 읽고, 실습을 진행하며 JWT, OAuth2, 스프링 시큐리티, CI/CD를 녹인 전반적인 스프링 부트의 동작 방식을 제대로 경험할 수 있어 좋았습니다. **총평을 하자면 스프링 부트의 기초를 실무 감각으로 확실하게 다질 수 있는 책이라 생각합니다.** 실무 과정 자체를 경험할 수 있는 책이라 이 내용을 바탕으로 더 깊은 내용도 공부하기 쉬울 것 같습니다.

박찬웅_ 개발자

든든한 사수가 바로 내 옆에 있는 것 같습니다! 이번 개정판으로 스프링 부트 3의 흐름을 이해하고, 백엔드 개발자의 역량을 강화할 공부 방향을 잡은 것 같습니다. 이번 개정판으로 다시 공부하면서 ORM과 쿼리 부분이 많이 좋아졌다고 느꼈습니다. 먼저를 경험할 수 있는 베타리딩 기회를 주셔서 감사합니다!

장윤환_ 아워박스 데이터 사이언티스트

초보자에게 매우 적합한 스프링 부트 3 입문서입니다. 스프링 부트 3의 기초 개념을 실무 흐름에 맞게 배울 수 있도록 구성되어 있습니다. **명확한 설명과 예제를 통해, 초보자도 제대로 된 기능을 모두 탑재한 블로그를 완성할 수 있습니다.** 특히 AWS와 깃허브 액션을 사용하여 CI/CD를 구축하는 부분은 실무에 매우 유용할 것입니다.

조현석_ 컨스택츠 백엔드 개발자

초보 개발자도 쉽게 따라 할 수 있는 친절한 실습 구성과 함께 실무에 유용한 알짜배기 스킬을 담고 있습니다. 책을 읽다 보면 마치 신입 개발자를 도와주는 사수가 곁에 있는 것처럼 느껴질 것입니다. 스프링 부트 3를 처음 접하면 복잡한 구조와 구현에 정신이 팔려 주요 개념을 놓치기 쉽습니다. **하지만 이 책은 주요 개념을 놓치지 않고 공부할 수 있도록 안내합니다.** 예를 들어 인증, 인가와 같은 실무에서 꼭 알아야 하는 개념을 실습과 함께 쉽게 풀어 완벽하게 이해할 수 있게 해줍니다. 실무 경험이 없는 주니어 개발자에게 특히 추천합니다.

김수현_ 우아한형제들 안드로이드 개발자

백엔드 개발자는 애플리케이션에 생명을 부여하는 직군입니다. 백엔드 개발자가 되려면 적어도 하나 이상의 언어에 능숙하고, 해당 언어의 프레임워크를 알아야 합니다. 대표적인 백엔드 환경으로 자바/코틀린의 스프링과 스프링 부트, 파이썬의 장고/플라스크, Go 언어의 gin, C#의 .NET 프레임워크, 자바스크립트의 Node.js(익스프레스/NestJS)가 있습니다. **이 책은 자바로 백엔드를 구축하는 핵심 기술인 스프링 부트 3를 중심으로 설명합니다.** 이 책의 안내에 따라 학습하면 개발자로서 기본 소양을 갖출 수 있습니다. 1장에서 각 영역을 좀 더 자세히 설명합니다.

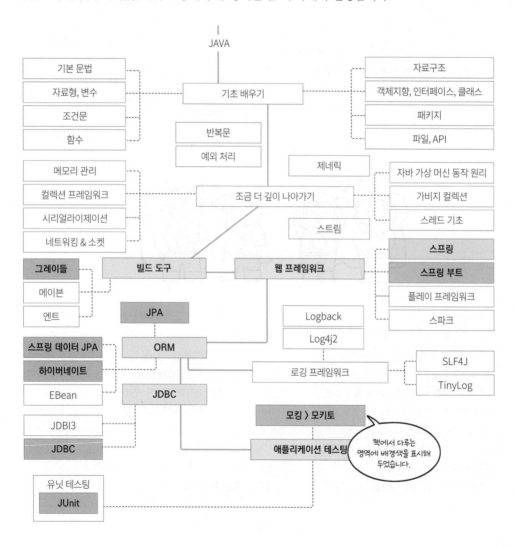

자바 백엔드 환경의 핵심은 스프링 부트입니다. 스프링 부트는 자바 기반의 프레임워크이므로 자바 언어의 기초 문법부터 클래스, 인터페이스와 같은 기초 지식은 반드시 알고 있어야 하며, 데이터베이스, SQL 관련 지식도 알아야 합니다. 너무 많은 기초 지식을 알아야 하니 걱정인가요? 걱정 마세요. 이런 기초 지식들은 책에서 충분히 설명합니다. 이 책에서 〈스프링 부트〉와 함께 공부할 4대장을 소개합니다.

ORM
(JPA, 하이버네이트)

JPA는 자바에서 관계형 데이터베이스를 사용하는 방식을 정의한 인터페이스입니다. 즉, 자바는 SQL이 아닌 자바 언어로 데이터베이스를 조작하죠. JPA는 인터페이스이므로 실제 스프링 부트에서 사용하려면 ORM 프레임워크를 추가로 선택해야 합니다. 실무에서는 대표적으로 **하이버네이트**를 많이 사용합니다.

블로그의 기초 기능인 쓰기, 수정하기, 조회하기, 삭제하기는 기본이죠. 여기서는 회원 가입부터, 로그인, 로그아웃을 다양한 방법으로 구현합니다. 단순 ID/PW 입력 방식부터 **OAuth2**를 활용한 구글 로그인, **JWT**를 활용한 토큰 인증 방식까지! 실무 활용 기법을 모두 다루면서도 점점 기능을 업그레이드하는 과정으로 구성되어 있죠.

인증
(ID/PW, OAuth2, JWT)

AWS 배포
(일래스틱 빈스토크)

개발을 마쳤다면 배포도 해봐야죠. 여기서는 **AWS**의 일래스틱 빈스토크를 활용하여 블로그를 배포합니다. EC2, 오토 스케일링 그룹, 로드 밸런서, RDS와 같은 AWS의 구성 설명부터 스프링 부트 환경을 제대로 이용해서 AWS에 배포하는 방법을 공부합니다.

CI/CD가 뭐냐고요? 쉽게 말해 개발사가 개발을 미치고, 애플리케이션을 빌드하고, 테스트를 하고, 원격 저장소에 코드를 업데이트하고, 이를 배포하는 등의 전 과정을 자동화하는 과정을 말합니다. 대부분의 실무 환경에서는 CI/CD를 진행하죠. 여기서는 **깃허브 액션**을 활용하여 CI/CD를 진행해봅니다.

CI/CD
(깃허브 액션)

이 책에 실린 코드는 한땀한땀 저자가 직접 작성한 코드입니다. 게다가 담당 편집자도 수차례 실습하며 공부하듯 읽었죠. **100%까지는 아니지만 99% 완벽하게 동작하는 코드를 보장합니다!** 다년간 스프링 부트 서비스를 개발한 저자의 백엔드 개발 노하우를 제대로 얻어가세요! 이 책을 이렇게 읽으면 백엔드 개발자로서 기본 소양을 갖출 수 있을 겁니다. 200% 효과를 얻는 학습 방법을 알려드리오니, 꼭 실천해주세요.

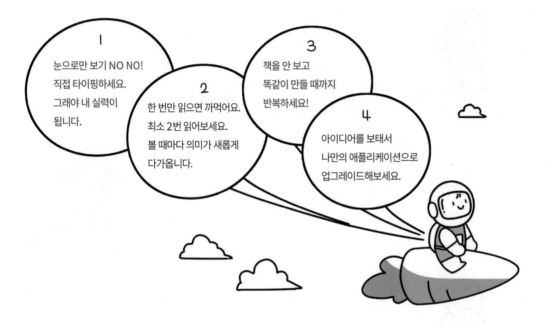

1
눈으로만 보기 NO NO!
직접 타이핑하세요.
그래야 내 실력이
됩니다.

2
한 번만 읽으면 까먹어요.
최소 2번 읽어보세요.
볼 때마다 의미가 새롭게
다가옵니다.

3
책을 안 보고
똑같이 만들 때까지
반복하세요!

4
아이디어를 보태서
나만의 애플리케이션으로
업그레이드해보세요.

이 책은 학습 흐름을 끊지 않기 위해 개발 환경부터 미리 구축해놓은 후, 다음과 같이 총 3단계에 걸쳐 스프링 부트 3로 웹 애플리케이션을 개발하는 방법을 공략합니다. 그리고 모든 장에는 연습 문제를 수록하여 공부한 내용을 점검할 수 있도록 했습니다.

Level 1 **스프링 부트로 백엔드 입문하기**

스프링 부트는 도구 자체에 대한 구조와 개념을 알아야 제대로 활용할 수 있습니다. 개발 환경을 준비하며 스프링 부트의 구조와 개념을 알아본 다음, 기본 프로젝트를 실습하며 눈과 손으로 익힙니다.

Level 2 **스프링 부트 3로 블로그 제대로 만들기**

본격적인 스프링 부트 개발을 할 시간입니다. 여기서는 나만의 블로그를 제대로 개발합니다. RESTful API 개발, 스프링 시큐리티를 활용한 보안 구성, 유지보수를 위한 테스트 코드 작성 및 실행 등 실무에 필요한 내용도 챙깁니다.
본문의 실습은 반복 패턴으로 구성되어 있습니다. 스프링 부트 개발이 처음인 사람에게는 이만큼 연습하기 좋은 구성도 없을 겁니다.

Level 3 **AWS와 깃허브 액션으로 배포/유지보수 편안하게 하기**

실무에서는 개발만 하지 않습니다. 배포도 할 줄 알아야 하죠. 여기서는 AWS를 이용한 웹 애플리케이션 배포를 다룹니다. 그뿐만이 아닙니다. 깃허브 액션을 활용한 CI/CD 과정도 경험하도록 본문을 구성했습니다.

CI/CD는 시속석인 개빌, 배포를 위한 소프트웨어 개발 방법론입니다. 여기서는 실무 감각을 빠르게 끌어 올리기 위한 CI/CD의 기초 개념을 공부하고 실습합니다.

블로그 회원 가입, 로그인 기능 개발하기

회원 가입, 로그인 기능을 ID/PW 방식에서 OAuth2 + JWT를 활용한 방식으로 업그레이드합니다.

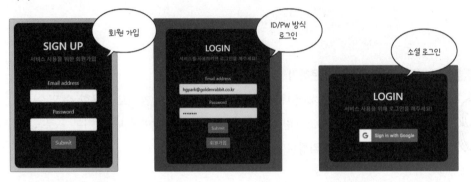

블로그 개발하고 AWS 일래스틱 빈스토크 배포, 깃허브 액션 CI/CD 구축하기

스프링 부트 3로 백엔드를 구축하여 블로그 기초 기능을 완성한 다음 AWS 일래스틱 빈스토크에 배포합니다. 배포를 공부한 다음에는 깃허브 액션으로 애플리케이션 빌드, 코드 업데이트, 배포 등을 자동화해봅니다.

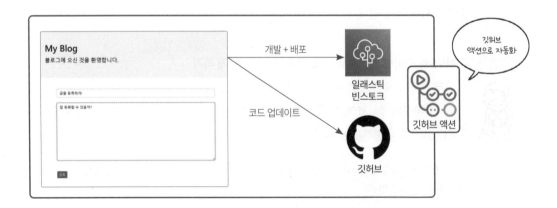

레벨 1 **스프링 부트 3로 백엔드 입문하기**

레벨 2 스프링 부트 3로 블로그 제대로 만들기

레벨 3 AWS와 깃허브 액션으로 배포/유지보수 편안하게 하기

레벨 1

스프링 부트 3로
백엔드 입문하기

학습 목표

0장에서 스프링 부트 3 개발 환경을 구축한 후, 1장에서 스프링 부트 3를 위한 개념을 공부합니다. 웹 개발이 처음인 사람에게 생소한 기초 용어 및 내용을 공부한다 생각하면 좋습니다. 한 번에 모든 걸 이해하려 들지 않아도 됩니다. 처음에는 편하게 훑으며 읽고, 공부를 모두 마친 다음 돌아와 다시 읽어보세요.

00장

개발 환경
구축하기

이 책으로 스프링 부트 3를 학습하기 위해 필요한 도구들을 간략히 설명하고, 설치 및 설정을 진행합니다.

이 책은 다음 환경에서 실습을 진행합니다. 소프트웨어 업데이트 상황에 따라 UI나 기능이 변할 수 있으니 참고해주세요.

- Corretto 17 : AWS에서 배포하는 Open JDK의 프로덕션 용도의 배포판
- 인텔리제이 IDEA : 젯브레인에서 개발한 자바 통합 개발 환경
- 스프링 부트 3.2.0 : 스프링 프레임워크를 쉽고 빠르게 사용할 수 있게 도와주는 도구

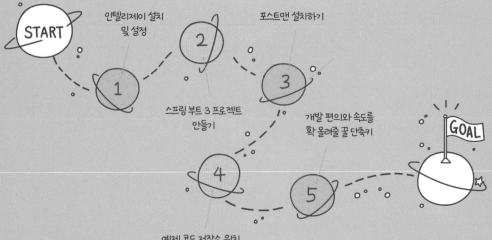

0.0 그림으로 이해하는 프로젝트

다음은 이번에 진행할 프로젝트의 구성입니다. 스프링 부트 3가 처음이라면 프로젝트의 구성을 머릿속에 그려보고 시작하면 도움이 될 것입니다.

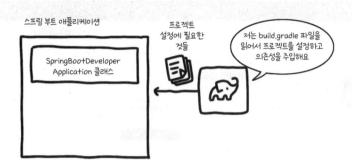

그림을 보면 스프링 부트 애플리케이션의 시작점이 될 SpringBootDeveloperApplication 클래스가 있고, 애플리케이션 설정에 필요한 내용을 build.gradle 파일에서 읽어 의존성 주입을 합니다. 앞으로 프로젝트에 뭔가 필요한 설정은 build.gradle 파일을 수정하여 주입하겠습니다.

0.1 인텔리제이 설치 및 설정

인텔리제이는 자바 통합 개발 환경^{IDE} 소프트웨어입니다. 여러분이 자바를 공부한 적이 있다면 알고 있는 이클립스^{eclipse}와 양대산맥을 이루고 있는 통합 개발 환경인데요, 이 책에서는 더 편리한 단축키와 UI를 제공하고, 자동 완성 기능을 비롯해 코드를 작성하는 여러 편리한 기능을 제공하는 인텔리제이를 사용합니다. 인텔리제이는 유료 버전인 얼티메이트와 무료 버전인 커뮤니티가 있습니다. 유료 버전인 얼티메이트에는 개발 편의를 위한 기능이 더 많습니다. 하지만 스프링 부트를 공부하는 단계에 있는 여러분은 굳이 이 버전을 사용하지 않아도 됩니다. 무엇보다 커뮤니티 버전으로도 이 책의 실습 진행에는 전혀 문제가 없죠. **그러므로 이 책에서는 인텔리제이 커뮤니티 버전을 설치해 실습을 진행하겠습니다.**

🐱 인텔리제이 설치 화면이나 설정값 위치 등은 수시로 바뀔 수 있습니다. 혹시 설치 단계에서 어려움을 겪고 있다면 제 깃허브 리포지터리의 chapter0에 있는 README.md 파일을 확인해주세요.

윈도우에 인텔리제이 설치하기

01단계 `To do` https://www.jetbrains.com/ko-kr/idea/download에 접속해 인텔리제이 커뮤니티 버전 설치 파일을 다운로드하세요.

02단계 다운로드한 파일을 더블클릭해 실행합니다. 이후 나오는 화면에서는 Installation Options에서만 'Add "bin" folder to the PATH' 항목만 체크하고 나머지는 기본값을 그대로 두고 설치를 진행하세요.

macOS에 인텔리제이 설치하기

01단계 `To do` www.jetbrains.com/ko-kr/idea/download에 접속해서 커뮤니티 버전의 [내려받기] 버튼을 클릭합니다.

02단계 다운로드한 설치 파일을 더블클릭하면 다음 화면이 나옵니다. 아이콘을 드래그 앤 드롭해 Applications 폴더로 옮기고, 같은 아이콘을 더블클릭해 설치를 시작하세요. 이용 라이선스에 동의하는 체크박스를 클릭한 다음 [Continue] 버튼을 누르세요. 이후 화면에서는 기본값을 그대로 두고 설치하세요.

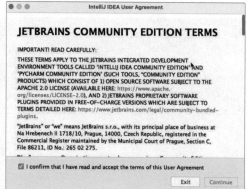

프로젝트 생성하기

설치가 끝나면 프로젝트 생성 화면이 등장합니다. 인텔리제이에서 프로젝트를 어떻게 만드는지 알아보겠습니다.

01단계 To do 인텔리제이를 처음 실행하면 IntelliJ IDEA User Agreement 창이 나타납니다. 다음 화면과 같이 체크한 후 [Continue]를 누르고 이후 화면에서는 기본값을 그대로 두고 진행해 Welcome to IntelliJ IDEA 창까지 진행하세요.

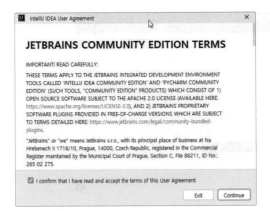

여기부터는 윈도우 화면 기준으로 실습을 진행합니다. macOS도 크게 다르지 않으니 macOS 사용자도 보고 따라 해도 괜찮습니다.

02단계 [New Project]를 누르고 'New Project' 창이 나타나면 JDK 버전을 선택하거나 다운로드해야 합니다. ❶ 필자의 경우 JDK 17 버전이 설치되어 있어 목록에 보입니다. 만약 목록에 JDK 버전이 보이지 않거나 JDK 17 버전이 없다면 ❷ [Add SDK]를 누른 뒤 [Download JDK…]를 눌러 설치를 진행하세요.

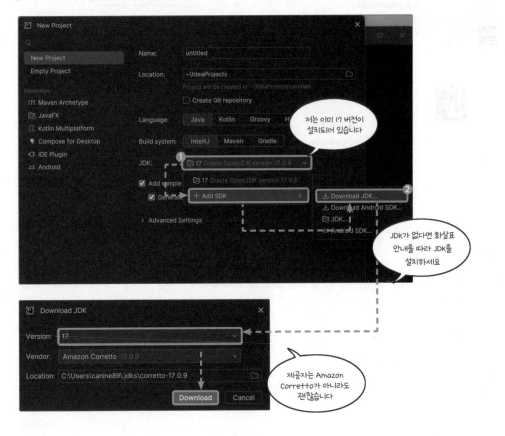

03단계 내려받기가 끝나면 언어는 Java, 프로젝트 유형은 그레이들^{Gradle}, JDK는 17 버전으로 설정하고 Gradle DSL은 Groovy로 선택해주세요. 나머지는 화면을 참고해 설정값을 입력하세요. Advanced Settings은 왼쪽에 보이는 ▣를 눌러 펼쳐 입력하면 됩니다. 작업을 마쳤다면 [Create]를 눌러 프로젝트 생성을 마치세요.

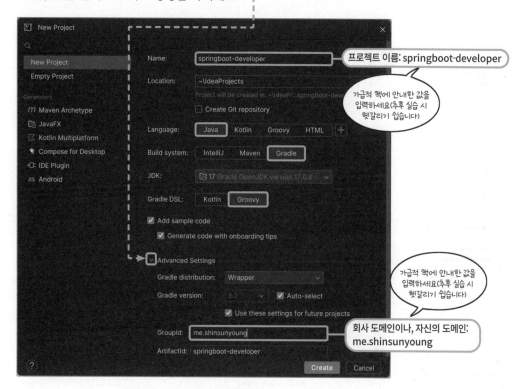

04단계 이제 테마를 밝은 테마로 바꿔봅시다. 상단 메뉴에서 [File → Settings...]를 누르고 ❶ [Apperance & Behavior → Apperance]에서 ❷ Theme을 IntelliJ Light로 바꾸세요. 그럼 밝은 테마로 바뀝니다.

🐶 어두운 테마는 인쇄용으로 적합하지 않아 밝게 변경해 캡처를 진행했습니다.

🐶 메뉴가 보이지 않는다면 왼쪽 위에 있는 햄버거 메뉴 버튼을 누르세요.

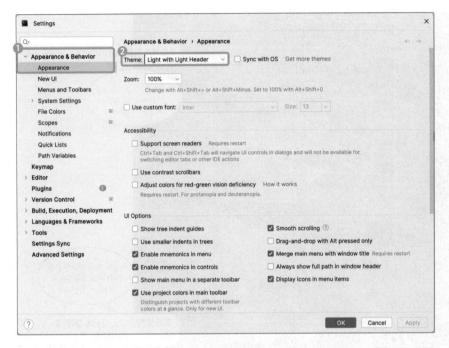

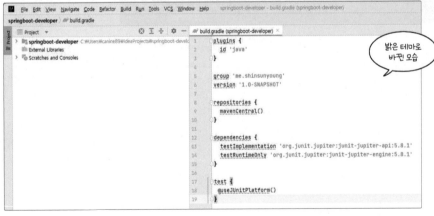

밝은 테마로 바뀐 모습

0.2 스프링 부트 3 프로젝트 만들기

01단계 To do 지금까지는 스프링 부트 3 프로젝트가 아닌 그레이들 프로젝트를 생성한 겁니다. 이 프로젝트를 스프링 부트 3 프로젝트로 바꿔보겠습니다. 그레이들 프로젝트를 스프링 부트 3 프로젝트로 바꾸는 방법은 아주 간단합니다. 바로 그레이들 설정 파일인 build.gradle을 수정하면 되죠. 인텔리제이 왼쪽의 프로젝트 폴더에서 build.gradle 파일을 찾아 더블클릭하세요.

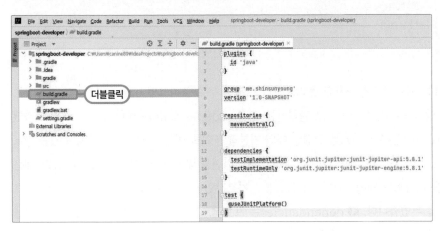

02단계 이제 build.gradle 파일을 수정하겠습니다. 다음을 참고해 파일을 수정하세요.

```
plugins { // ❶
  id 'java'
  id 'org.springframework.boot' version '3.2.0'
  id 'io.spring.dependency-management' version '1.1.0'
}

// ❷
group 'me.shinsunyoung' // 지정한 그룹 이름
version '1.0'
sourceCompatibility = '17'

repositories { // ❸
  mavenCentral()
}

dependencies { // ❹
  implementation 'org.springframework.boot:spring-boot-starter-web'
  testImplementation 'org.springframework.boot:spring-boot-starter-test'
}

test {
  useJUnitPlatform()
}
```
build.gradle

> 본격적으로 실습을 시작하기 전에 여러분의 프로젝트 버전과 책의 버전을 확인하고 다르다면 책과 동일하게 수정해주세요. 만약 버전이 맞지 않으면 제대로 동작하지 않을 수 있습니다.

❶ plugins에는 프로젝트에 사용할 플러그인인 스프링 부트 플러그인 org.springframework.boot와 스프링의 의존성을 자동으로 관리하는 spring.dependency-management를 추가했습니다. ❷ group에는 프로젝트를 설정할 때의 기본값인 그룹 이름과 버전이 입력되어 있습니다. 여기에 추가로 자바 소스를 컴파일할 때 사용할 자바 버전을 입력했습니다. ❸ repositories에는 의존성을 받을 저장소를 지정합니다. 지금의 경우 기본값인 mavenCentral로 설정이 되어 있으며 그대로 값을 두었습니다. ❹ dependencies는 프로젝트를 개발하며 필요한 기능의 의존성을 입력합니다. 기본값을 모두 지우고 웹 관련 기능을 제공하는 spring-boot-starter-web과 테스트 기능을 제공하는 spring-boot-starter-test를 입력했습니다.

03단계 입력을 완료했다면 화면 오른쪽 끝에 보이는 세로 형태의 ❶ [Gradle]을 누른 다음 그레이들 메뉴바에 있는 ❷ [새로고침] 버튼을 누르세요.

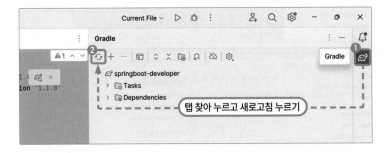

인텔리제이 하단 상태바에서 진행 중인 임포트를 확인할 수 있습니다. 임포트가 모두 끝날 때까지 기다립니다.

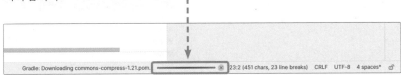

04단계 임포트가 끝나면 src/main/java를 펼친 다음 미리 생성된 패키지 me.shinsunyoung을 마우스 우클릭해 나타난 팝업 메뉴에서 [New → Package]를 순서대로 선택해 새 패키지를 만들어보겠습니다.

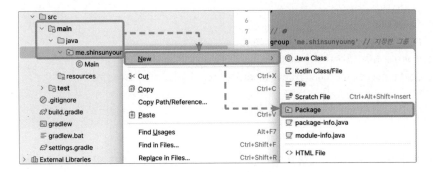

05단계 패키지 이름은 〈그룹_이름〉.〈프로젝트_이름〉 형식으로 입력하고 enter 를 눌러 새 패키지를 생성합니다. 지금의 경우 me.shinsunyoung.springbootdeveloper라고 적었습니다.

06단계 패키지에 스프링 부트를 실행할 용도의 클래스를 만듭니다. 패키지를 우클릭한 다음 [New → Java Class]를 누르세요.

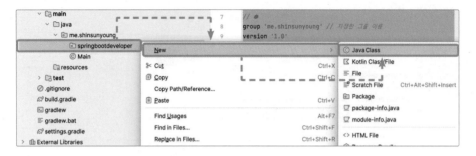

클래스 이름은 〈프로젝트_이름〉〈Application〉 형식으로 지으면 됩니다. 여기서는 SpringBootDeveloperApplication 이라고 지었습니다.

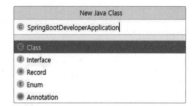

07단계 모든 프로젝트에는 메인 클래스가 있어야 합니다. 앞서 만든 클래스를 메인 클래스로 사용하기 위해 다음과 같이 코드를 입력하세요.

```java
package me.shinsunyoung.springbootdeveloper;

@SpringBootApplication
public class SpringBootDeveloperApplication {
  public static void main(String[] args) {
    SpringApplication.run(SpringBootDeveloperApplication.class, args);
  }
}
```
SpringBootDeveloperApplication.java

이렇게 입력하면 아마 오류 메시지가 발생할 겁니다. 코드에서 사용한 클래스를 임포트하지 않아 에러가 발생한 것입니다. 에러가 발생한 위치에 커서를 둔 상태로 **Alt + Enter** 를 누르거나 팝업 메뉴에 나타난 [Import class] 버튼을 눌러 패키지를 추가하세요.

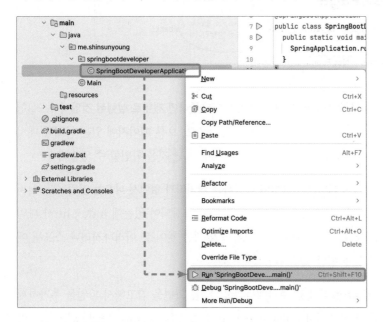

08단계 코드 작성이 끝나면 클래스를 마우스 우클릭하고 [Run 'SpringBoot ⋯ main( )']을 눌러 클래스를 실행하세요. 그러면 콘솔창에서 애플리케이션이 실행됩니다.

실행이 완료되면 콘솔창에서 'Started SpringBootDeveloperApplication in ~ seconds' 로 그 메시지를 확인할 수 있습니다. 메시지는 스프링 애플리케이션이 시작되었음을 의미합니다.

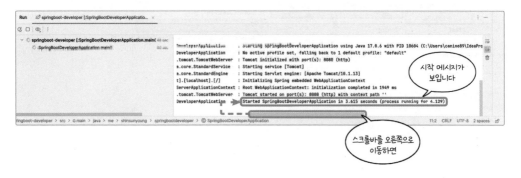

🐵 Process 'command ... bin/java' finished with non-zero exit value 1과 같은 오류가 발생하면 [Settings > Build, Exccution, Deployment > Gradle]에서 'Build and run using' 및 'Run tests using'의 선택값이 'Gradle(default)'일 것입니다. 이 값을 'IntelliJ IDEA'로 바꿔 프로젝트를 다시 시작하세요.

09단계 그런데 로그 메시지만 보면 '잘 실행된게 맞나?'라는 생각이 들 수도 있습니다. 직접 확인해보죠. 웹 브라우저를 켜고 localhost:8080에 접속해보겠습니다.

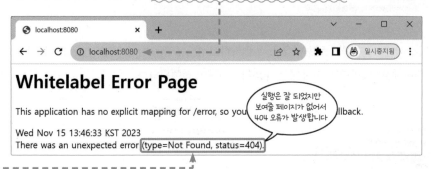

Whitelabel Error Page가 나왔습니다. **이 오류 페이지가 나왔다면 제대로 실행된 것입니다.** '실행이 잘됐는데 왜 오류 페이지가 나오지?'라고 생각할 수 있는데요, 오류 페이지에 있는 마지막 메시지인 '...(type=Not Found, status=404).'를 보면 404 오류가 난 것을 확인할 수 있습니다.

404 오류 페이지는 요청은 잘 수행되었으나 요청에 해당하는 페이지가 없어서 나오는 것입니다. 서버 실행 후 localhost:8080을 요청하면 index.html을 찾도록 설정되어 있는데 index.html 파일을 프로젝트에 추가하지 않았습니다. 그래서 이런 오류가 발생한 것이죠. 이러나저러나 스프링 애플리케이션 자체는 정상적으로 실행된 것입니다.

10단계 그러면 한 번 index.html 파일을 추가해볼까요? 다음 화면을 참고해서 파일을 추가하세요. [resource] 폴더를 마우스 우클릭하고 [New → File]을 클릭한 뒤 static/index.html로 이름을 지어 static 폴더와 index.html 파일을 동시에 생성해줍니다.

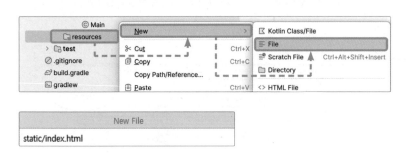

😀 이렇게 /로 구분하여 파일을 생성하면 static이라는 폴더에 index.html이라는 파일을 만들어줍니다. 폴더를 따로 만드는 과정 없이 파일을 만들 수 있으니 매우 편리하죠.

🐻 만약 resources 디렉터리가 보이지 않는다면 프로젝트를 다시 만드세요. 인텔리제이 IDEA에서 가끔 프로젝트 구성을 완전히 하지 못하는 경우가 있습니다.

11단계 파일을 잘 만들었다면 이제 코드를 입력할 차례입니다. 다음 코드를 입력하고 저장합니다.

```html
index.html
<!DOCTYPE html>
<html lang='en'>
<head>
  <meta charset='UTF-8'>
  <title></title>
</head>
<body>
  <p>index.html</p>
</body>
</html>
```

12단계 코드를 작성했으면 서버를 다시 시작해서 결과를 확인해봅시다. 서버를 다시 시작하는 방법은 인텔리제이의 오른쪽 위에 있는 🔁 버튼입니다. 왼쪽 드롭다운은 가장 최근에 실행한 구성 메뉴인데요, 가장 최근에 실행한 구성 메뉴가 'SpringBootDeveloperApplication'인지 확인한 다음 다시 시작 버튼을 누르세요. 그러면 서버가 현재 작성한 코드를 기준으로 다시 시작됩니다.

[최근 실행한 구성 메뉴] 확인 후 [다시 시작] 버튼을 누르세요

13단계 콘솔창에서 'Started SpringBootDeveloperApplication in ~ seconds' 로그를 확인한 뒤 localhost:8080에 다시 접속해보겠습니다. 이번에는 아까와 다르게 오류 페이지가 나오지 않고 index.html 파일이 잘 보입니다! 이제 되었네요.

0.3 포스트맨 설치하기

잠시 인텔리제이를 내려 놓고 포스트맨이라는 프로그램을 설치해보겠습니다. 포스트맨은 웹 개발이 처음인 여러분에게는 생소한 프로그램일 겁니다. 포스트맨은 HTTP 요청을 보낼 수 있는 클라이언트 프로그램인데요, 앞으로 여러분은 실습에서 API라는 사용자와 서버가 통신하기 위한 인터페이스를 많이 만들게 될 겁니다. 그런데 API 개발을 마치고 웹 브라우저에서 테스트하려면 귀찮은 작업을 많이 해야 합니다. 그럴 때 포스트맨을 사용하면 불편함을 줄일 수 있죠. **예를 들어 API를 호출하려면 매번 웹 브라우저를 켜고 URL을 입력해 요청하는 작업을 해야 하지만 포스트맨은 몇 번의 클릭만해도 이 작업을 할 수 있습니다.** 포스트맨의 장점은 실습을 하면 느낄 수 있으니 우선 이 정도만 설명하겠습니다. 그럼 시작해볼까요?

> 🐾 HTTP 요청은 쉽게 말해서 여러분이 웹 사이트에 접속해서 화면을 보거나 게시물을 쓰거나 할 때 서버에 '화면에 필요한 데이터를 보여 달라'나 '게시물을 등록해 달라'와 같은 요청을 하는 것을 말합니다. 자세한 내용은 뒤에서 배웁니다.

01단계 `To do` 포스트맨 사이트 https://www.postman.com/downloads에 접속해서 운영체제에 맞는 버전의 [다운로드] 버튼을 누릅니다.

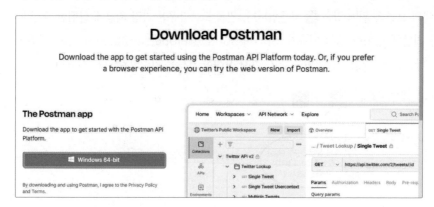

02단계 설치 파일을 더블클릭해 프로그램을 설치하면 다음 화면이 나타납니다. 화면 아래쪽을 보면 아주 작은 [lightweight API client] 버튼이 있습니다. 버튼을 클릭하면 포스트맨 화면이 나타납니다.

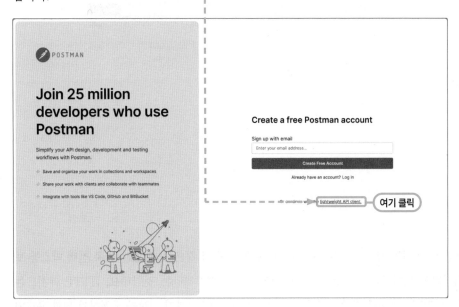

03단계 포스트맨 화면 오른쪽에 있는 [Create a request]를 눌러 Request 화면을 엽니다. 이 화면에서는 API 요청을 생성하고 테스트할 수 있는 기능을 제공하며, API 요청을 위한 다양한 설정을 할 수 있습니다.

🐶 포스트맨 버전에 따라 다음 화면은 나오지 않을 수도 있습니다.

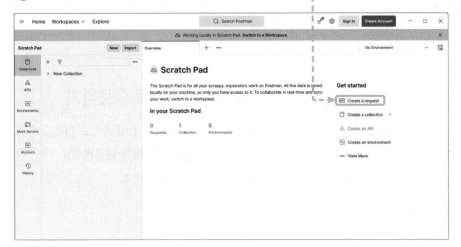

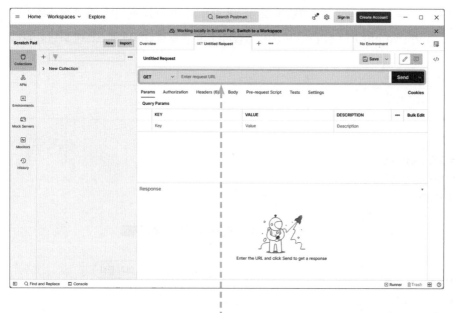

화면을 보면 주소 입력 창 같은 것이 보입니다. 주소 입력 창 같은 곳에 있는 왼쪽 선택 박스를 보면 [GET]이라고 되어 있죠. 이것은 HTTP 메서드^{HTTP Method}라는 것인데요, HTTP 메서드는 GET, POST, PUT 등 아주 다양합니다. 그중에 GET은 서버로부터 정보를 요청하기 위한 용도입니다. 예를 들어 상품 리스트 조회, 유저 조회 등 원하는 정보를 조회하는 데 사용합니다. 포스트맨은 이후 실습을 진행하며 자주 사용하겠습니다.

> HTTP 메서드는 HTTP 요청을 할 때 클라이언트가 서버에게 어떤 동작을 요청할 것인지 표현하는 명령어입니다.

이제 스프링 부트 공부를 시작할 수 있는 환경이 모두 갖춰졌네요. 이제부터 함께 열심히 공부해보겠습니다.

0.4 예제 코드 저장소 위치와 저자에게 깃허브 이슈로 질문하기

저장소 위치는 다음과 같습니다. 저장소에는 책에 나와있는 모든 코드가 장별 폴더로 정리되어 있습니다. 코드를 진행하다 보면 어떤 임포트 문을 사용해야 하는지 모를 때가 있을텐데요. 이런 상황에서 보다 구체적인 사용 방법은 3장 '임포트 오류 처리하기'를 참고하세요.

- 저장소 위치 : https://github.com/shinsunyoung/springboot-developer-2rd

01단계　코드를 따라 입력하는 과정에서 오류가 발생했을 때 잘 해결되지 않는다면 제 깃허브의 이슈 게시판을 사용하여 이슈를 등록해주세요. 실제로 현업에서 뭔가 문제가 생겼을 때 깃허브 이슈 등록으로 의사소통을 자주하므로 여러분도 연습한다 생각하고 해보면 좋습니다. 저장소 메뉴 [Issues → New Issues]를 눌러주세요.

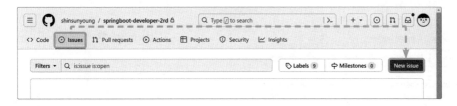

02단계　그런 다음 게시판 형태의 메뉴가 나타나면 제목과 내용을 적고 [Submit new issue]를 눌러 이슈 생성을 해주세요. **이때 제목은 [장번호] 제목으로 지어주세요. 그렇게 해야 저도, 이 깃허브 이슈를 찾아온 다른 독자도 쉽게 알아볼 수 있답니다.**

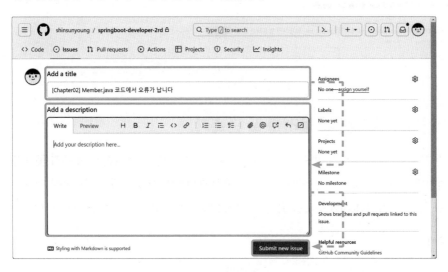

03단계 그리고 [Closed] 메뉴를 눌러 보면 이미 해결된 이슈들도 보입니다. 아마 여러분이 마주한 오류는 다른 사람도 마주했을 가능성이 높습니다. [Closed] 메뉴를 참고하면 문제를 보다 빠르게 해결할 수 있을 겁니다!

😺 만약 생각한 이슈가 없다면 구판 리포지터리 이슈 페이지인 github.com/shinsunyoung/springboot-developer/issues를 먼저 살펴보기 바랍니다.

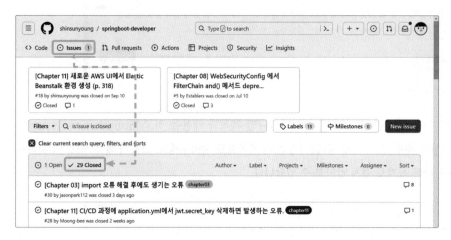

0.5 개발 편의와 속도를 확 올려줄 꿀 단축키

단축키는 외우기 어렵고, 신경 쓰지 않으면 단축키에 어떤 기능이 있는지 몰라서 아예 쓰지 못하기도 합니다. 하지만 필자는 단축키 사용을 매우 권장합니다! 왜냐하면 개발을 매우 편리하게 만들어주기 때문이죠. 필자의 경험상 개발 속도를 확 올려줬다고 생각한 꿀 단축키를 소개하겠습니다.

▼ 기초 필수 단축키

	윈도우	macOS
복사하기	Ctrl + C	Cmd + C
잘라내기	Ctrl + X	Cmd + X
붙여넣기	Ctrl + V	Cmd + V
주석 토글	Ctrl + /	Cmd + /
전체 선택	Ctrl + A	Cmd + A
현재 파일에서 찾기	Ctrl + F	Cmd + F

전체 파일에서 찾기	Ctrl + Shift + F	Cmd + Shift + F
현재 파일에서 바꾸기	Ctrl + R	Cmd + R
전체 파일에서 바꾸기	Ctrl + Shift + R	Cmd + Shift + R
줄 복사	Ctrl + D	Cmd + D

▼ 응용 필수 단축키

	윈도우	macOS
실행	Shift + F10	^ + R
디버그 모드로 실행	Shift + F9	^ + D
리팩터링	Shift + Ctrl + Alt + T	^ + T
테스트 생성 / 이동	Shift + Ctrl + T	Cmd + Shift + T
사용하지 않는 임포트문 삭제	Ctrl + Alt + O	^ + Option + O

앞서 소개한 단축키는 인텔리제이가 아니더라도 다른 IDE에서 공통으로 사용하는 단축키입니다. 다음 단축키는 인텔리제이에서만 사용하는 단축키입니다. 저는 이 키도 유용하게 사용하고 있습니다. 여러분도 알아두면 많은 도움이 될 겁니다.

	윈도우	맥
통합 검색(파일, 작업, 심벌, 도구 창 또는 설정을 빠르게 찾을 수 있음)	double Shift	double Shift
강조 표시된 오류 및 경고에 대한 빠른 수정이나 코드 개선	alt + enter	option + enter
최근에 연 파일 리스트	ctrl + e	command + e
프로젝트 전체에서 코드 요소가 사용된 모든 위치를 표시	alt + F7	option + F7

이 외에도 www.jetbrains.com/help/idea/mastering-keyboard-shortcuts.html에 접속하면 인텔리제이에서 사용할 수 있는 유용한 단축키를 확인할 수 있습니다. 단축키를 사용하면 생산성이 폭발적으로 늘어나므로 여러분도 꼭 익혀두기 바랍니다.

01단계 만약 내가 원하는 단축키로 변경하고 싶거나, 단축키 자체를 추가하고 싶다면 단축키 변경 기능을 사용할 수도 있습니다. [설정 탭 → Keymap] 메뉴에서 원하는 기능을 찾은 뒤 [Add

Keyboard Shortcut]을 선택하여 단축키를 변경하거나 추가해보세요.

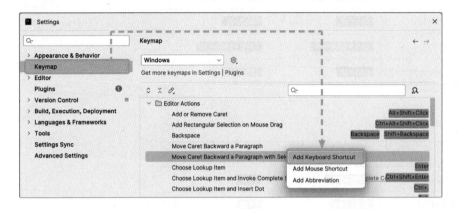

02단계 검색하려는 단축키를 모르는 경우 검색 바 오른쪽에 있는 돋보기 모양 아이콘을 눌러 단축키를 찾을 수도 있습니다.

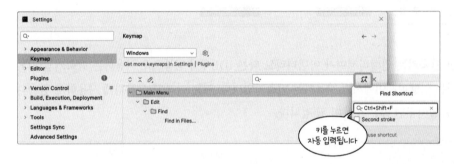

01장

자바 백엔드
개발자가
알아두면
좋은 지식

자바나 스프링 부트를 공부하다 보면 처음 보는 용어나 지식을 만날 겁니다. 새로운 분야를 공부하면 늘 있는 일이죠! 여러분이 학습에 어려움을 겪지 않도록 본격적인 실습을 시작하기 전에 기본적인 용어 몇 가지를 그림과 함께 설명하고 시작하겠습니다. 만약 아는 용어가 나오면 건너뛰어도 됩니다. 꼭 필요한 용어를 알아보고, 나머지는 단계별로 필요할 때 설명하겠습니다.

핵심 키워드

• 스프링 • 스프링 부트 • 클라이언트 • 서버 • 아이피 • 포트
• 라이브러리 • 프레임워크 • 데이터베이스 • 자바 애너테이션

학습 코스

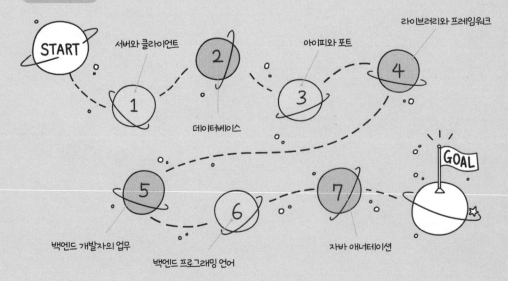

1.1 서버와 클라이언트

인터넷 서비스는 보통 서버와 클라이언트가 관계를 맺습니다. 그래서 이 둘의 관계를 잘 이해해야 합니다. 보통 클라이언트와 서버의 관계는 다음과 같은 그림으로 설명합니다.

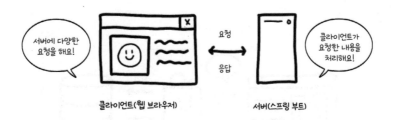

클라이언트란?

우선 클라이언트부터 설명해보겠습니다. 클라이언트는 무엇일까요? 클라이언트client는 서버로 요청하는 프로그램을 모두 일컬어 말합니다. 여러분이 사용하는 프로그램인 웹 브라우저가 바로 대표적인 클라이언트 중 하나입니다. 여러분은 웹 브라우저로 무엇을 하나요? 주소를 입력하고 화면을 확인하죠? 이때 주소를 입력한 뒤 enter 를 눌러 정보를 요청하는 행위를 '서버에 요청한다'고 합니다. 그러면 서버는 그 주소에 맞는 화면으로 응답하죠.

서버란?

클라이언트의 단짝인 서버 설명으로 넘어가겠습니다. 서버server는 클라이언트의 요청을 받아 처리하는 주체입니다. 클라이언트가 데이터를 요청했다면 데이터를 주고, 단지 서버 내에서 처리만 해달라는 요청을 했다면 해당 요청만 처리할 수도 있습니다. 흔히 우리가 웹 브라우저에 주소를 입력하는 건 '새로운 화면을 그리기 위한 데이터를 달라'는 데이터 요청에 해당합니다.

1.2 데이터베이스

데이터베이스database는 여러 사람이 데이터를 한 군데에 모아놓고 여러 사람이 사용할 목적으로 관리하는 데이터 저장소입니다. 흔히 데이터베이스를 말할 때 MySQL, 오라클oracle, 포스트그레

SQL^{postgreSQL} 등을 이야기하는데요. 사실 엄밀히 말해 이것들은 데이터베이스가 아닙니다. 데이터베이스를 관리하기 위한 시스템의 이름이죠. 다만 데이터베이스와 데이터베이스 관리 시스템은 한 쌍으로 움직이므로 둘을 하나처럼 언급할 뿐입니다. 데이터베이스의 동작 원리는 아래와 같습니다.

데이터베이스 관리 시스템은 영어로 database management system을 줄여서 dbms라고 부르기도 합니다.

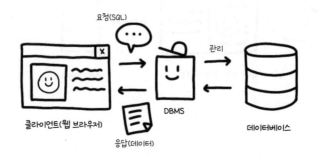

클라이언트에서 SQL, 즉 데이터베이스를 조작하기 위한 언어로 데이터베이스 관리 시스템에 데이터를 요청하면 데이터베이스 관리 시스템은 데이터베이스에서 데이터를 꺼내 응답합니다.

RDB란?

데이터베이스는 여러 가지로 구분할 수 있는데, RDB, NoSQL, NewSQL 등 여러 종류가 있습니다. 그중 가장 많이 사용하는 데이터베이스는 RDB입니다. RDB는 Relational Database의 약자로 관계형 데이터베이스라는 뜻입니다. RDB가 아닌 데이터베이스를 NoSQL 또는 NewSQL로 구분합니다. 관계형 데이터베이스는 데이터를 행^{row}과 열^{column}로 이루어진 테이블로 관리하며, 기본키$^{primary\ key}$를 사용해 각 행을 식별합니다. 또한 각 테이블 간에 관계를 지을 수 있습니다. RDB에서 가장 유명한 데이터베이스들은 오라클, 마이에스큐엘, SQL 서버, 포스트그레스큐엘이 있습니다.

SQL이란?

SQL은 Structured Query Language의 약자로 말그대로 쿼리, 즉, 데이터 검색을 하는 언어입니다. SQL도 하나만 있는 것이 아니라 ANSI 표준 SQL이 있고, 각 RDB별로 방언이 있습니다. 데이터베이스 전문가가 아니라면 ANSI 표준 SQL만 공부해도 무방합니다. SQL도 사실 데이터를 질의을 위한 언어이므로 RDB 전용이라고 보기는 힘듭니다. NoSQL에도 SQL 엔진을 도입해서 데이터를 조금 더 편하게 질의하도록 지원하는 경우가 많습니다.

NoSQL이란?

NoSQL의 뜻이 SQL을 안 쓴다는 의미로 사용되기도 합니다만, 최근에는 Not Only SQL의 의미로 많이 사용합니다. RDB는 데이터 저장, 질의, 수정, 삭제가 용이하지만 반면에 성능을 올리는게 쉽지 않습니다. 데이터베이스의 성능을 높이려면 머신의 성능을 좋게 하는 스케일 업 또는 머신을 여러 대로 분리하는 스케일 아웃이라는 것이 필요합니다. 스케일 업은 장비를 업그레이드하면 되지만 스케일 아웃은 데이터베이스 분산이 필요합니다. 그리고 이때 트랜잭션을 사용하면 성능이 떨어지게 됩니다. RDB의 이러한 문제들을 해결하기 위해 NoSQL가 등장했습니다. NoSQL에는 데이터 모델링을 어떻게 하느냐에 따라서 다이나모디비, 카우치베이스, 몽고디비와 같은 다양한 NoSQL 데이터베이스들이 있습니다.

1.3 아이피와 포트

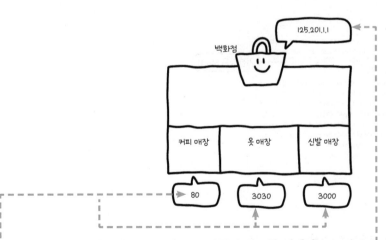

아이피^{IP}는 인터넷에서 컴퓨터 또는 기기들이 서로를 식별하고 통신하기 위한 주소입니다. 그래서 아이피를 알면 서버를 찾을 수 있죠. 하지만 서버를 이용하려면 아이피만 알아서는 안 됩니다. 포트까지 알아야 하죠. 아이피가 서버를 찾기 위한 번호라면 포트는 그 서버에서 운용되고 있는 서비스를 구분하기 위한 번호입니다. 쉽게 말해서 아이피가 백화점이라면 포트는 각자 다른 물건을 살 수 있는 매장이라고 상상하면 됩니다.

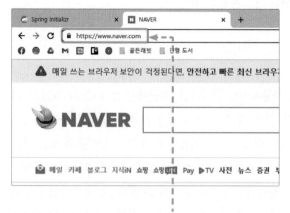

우리가 흔히 사용하는 웹 브라우저의 주소에는 사실 아이피와 포트가 들어 있습니다. www.naver.com과 같은 주소는 아이피를 쉽게 알아보기 위해 이름표를 붙인 것이고, 그 앞에 있는 https://라는 것이 서버의 443번 포트를 사용하기 위한 입력입니다.

그렇다면 우리가 앞서 실행한 스프링 부트 서버는 몇 번 포트로 설정되어 있을까요? 로그를 자세히 보면 8080 포트를 사용합니다. 포트 번호는 얼마든지 바꿀 수 있지만 지금은 기본값을 그대로 두 겠습니다.

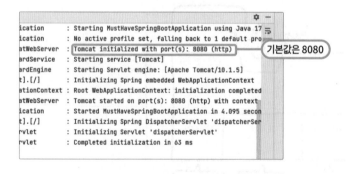

1.4 라이브러리와 프레임워크

백엔드 개발에 필요한 모든 코드를 온전히 혼자서 개발하려면 엄청난 시간이 들게 됩니다. 현업에 서는 이미 다른 사람(단체)이 만든 라이브러리와 프레임워크를 가져와 사용하게 됩니다.

라이브러리란?

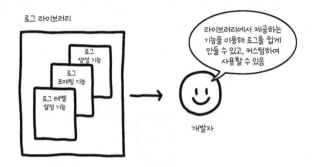

라이브러리library는 애플리케이션 개발에 필요한 기능인 클래스, 함수 등을 모아놓은 코드의 모음을 말합니다. 프로그래밍 세계에서의 라이브러리는 도서관이라는 의미보다는 책들의 모음이라고 이해하는 것이 더 좋습니다. 개발자가 소프트웨어를 만들 때 필요에 따라 원하는 기능을 구현하기 위해 코드의 모음을 가져다 쓸 수 있는 일종의 도구 역할을 하는 것이죠.

예를 들어 로그 생성 기능, 로그 포매팅을 다양하게 지원하는 기능, 로그 레벨을 설정할 수 있는 기능들이 구현되어 있는 로그 라이브러리가 있으면 개발자는 이런 기능이 묶여 있는 **로그 라이브러리**를 의존성에 추가하기만 하면 됩니다. 그러면 라이브러리에서 제공하는 기능들을 직접 구현하지 않고도 프로젝트에서 사용할 수 있죠.

따라서 개발자는 복잡한 코드를 직접 작성하지 않아도 되므로 원하는 기능을 더 빠르게 개발할 수 있습니다. 또 라이브러리는 독립적이므로 라이브러리끼리 영향을 크게 주지 않죠.

프레임워크란?

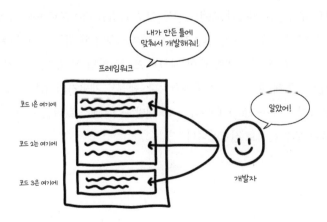

프레임워크는 소프트웨어 개발을 수월하게 하기 위한 소프트웨어 개발 환경입니다. 프레임워크는 틀frame과 일하다work의 합성어로, 일하기 위한 틀을 제공하는 겁니다. 그래서 개발자는 그 틀에서 일을 해야 하죠. 프레임워크는 정해진 틀에서 개발해야 한다는 단점이 있지만 개발 효율은 굉장히 높다는 장점이 있습니다.

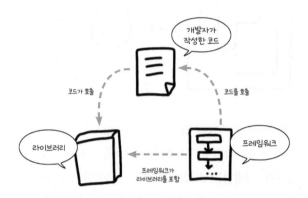

정리하자면 라이브러리와 프레임워크는 개발자가 소프트웨어를 개발하기 위해 사용하는 도구이지만 사용 목적에 따라 차이가 있습니다. **프레임워크는 애플리케이션을 개발할 때 전체적인 구조를 잡기 위해 사용하는 것이고, 라이브러리는 개발을 하는 과정에서 필요한 기능을 구현하기 위해 사용하는 겁니다.** 앞으로 스프링 부트 3를 사용하면서 라이브러리와 프레임워크라는 용어를 자주 사용할 텐데 지금 여러분은 이 정도만 이해하고 넘어가도 충분할 것이라 생각합니다.

1.5 백엔드 개발자의 업무

앞서 웹 프로그래밍에 대한 기초 내용을 공부해봤는데요. 그러면 백엔드 개발자는 어떤 일을 할까요? 이 책은 스프링 부트 3를 이용한 백엔드 실무 기초 과정을 다루므로 백엔드 개발자가 어떤 일을 하는지 미리 살펴보면 도움이 될 겁니다. 백엔드 개발자의 주된 업무는 서버 측 애플리케이션을 개발하는 일입니다. 개발하면서 서버에 대한 지식과 프로그래밍 지식, 만든 프로그램을 배포하고 안전하게 서비스할 수 있게 하는 지식을 활용합니다. 백엔드 개발자의 업무가 조직마다 천차만별이지만 대개는 ❶ 과제 할당 → ❷ 과제 분석 → ❸ 개발 → ❹ 테스트(리뷰) → ❺ QA 및 버그 수정 → ❻ 배포 → ❼ 유지보수 순서로 진행합니다.

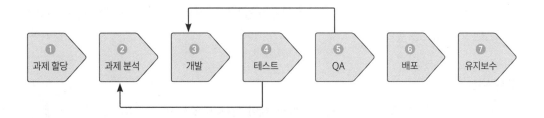

❶ 과제 할당

모든 일은 주어진 과제를 할당하며 시작합니다. 사업부, 마케팅, 개발팀 등에서 개발 과제를 할당합니다. 그럼 개발자가 그 과제를 분석하기 시작하죠!

❷ 과제 분석

예를 들어 어떤 소셜 서비스에서 '친구 초대 이벤트를 만들어주세요'라는 과제가 주어졌습니다. 이때 '친구'는 무엇인지, '초대'는 무엇을 의미하는지, '이벤트'는 어떤 조건이 필요하고 초대를 한 친구와 초대된 친구에게 보상을 어떻게 줄지, 이벤트를 위해서
어떤 데이터들을 저장하는지를 결정해야 합니다.

또한 제공할 성능과 사용할 기술을 검토하고, 문제가 있다면 해결 방법도 면밀하게 분석하고 정리해야 합니다. 오늘날 서비스는 복잡하므로 작은 기능에서 발생하는 문제 하나가 서비스 전체의 문제로 이어질 수 있으므로 이 과정은 매우 중요합니다.

❸ 개발

과제 검토가 끝났으니 개발을 진행하면 됩니다. 개발 과정에서는 기능을 개발하고, 버그를 수정하는 일이 대부분입니다.

개발 진행   버그 수정

개발한 코드는 깃허브github 등의 프로그램을 사용해 동료의 리뷰를 받고 리뷰에 대한 내용을 반영해서 코드의 완성도를 높입니다.

❹ 테스트

개발을 마치면 코드가 제대로 동작하는지 테스트해야 합니다. 앞서 언급한 과제 분석 → 개발 → 테스트를 반복하며 프로그램의 완성도를 높여가죠. 테스트는 단순히 실행이 잘 되는지만 보지 않습니다. 로직상 문제는 없는지, 성능 한계는 어느 정도인지, 만든 코드가 읽기 편한지, 내가 만든 클래스, 메서드, 함수를 다른 사람이 간편하게 사용할 수 있는지 등을 검토하면서 테스트를 합니다. 조직이나 개발자에 따라 단위 테스트를 작성하는 경우도 있습니다. 때로는 개발용 코드보다 테스트를 먼저 작성하는 테스트 주도 개발 기법을 사용하기도 합니다.

❺ QA

개발과 테스트가 어느 정도 마무리됐다면 애플리케이션의 품질을 높이기 위해 QA quality assurance를 신청합니다. QA팀이 없는 회사라면 개발 조직에서 담당합니다.

❻ ~ ❼ 배포와 유지보수

QA가 완료되면 서버에 배포를 진행합니다. 때에 따라서 여러 과제를 한 번에 병합해서 배포하거나, 새로운 기능이 추가될 때마다 배포합니다. 애플리케이션을 쉽고 안전하게 배포하고, 문제 발생 시 쉽게 이전 버전으로 돌리는 작업을 할 수 있도록 준비해야 합니다.

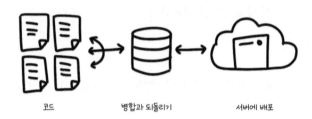

코드   병합과 되돌리기   서버에 배포

배포 방법은 여러 가지입니다. 먼저, 특정 개수의 서버들을 돌아가며 배포하는 롤링 배포, 똑같은 서버 인스턴스를 띄우고 로드밸런서 설정을 바꿔버리는 블루 그린 배포, 전체 서버의 특정 비율만큼 배포해보고 문제없는 경우 점점 배포를 늘려가는 카나리 배포 등이 있습니다. 개발자는 코드의 개발부터 테스트, 배포, 모니터링까지 사실상 무한 반복을 합니다. 여기부터 빌드부터 배포까지의 과정을 자동화할 수 있습니다. 이것을 두고 흔히 CI Continuous Integration/CD Continuous Delivery &

Continuous Deployment라고 합니다. CI는 지속적인 통합이라는 뜻으로, 새로운 코드 변경 사항이 정기적으로 빌드 및 테스트되어 저장소에 통합되는 것을 의미합니다. CD는 지속적인 배포를 말합니다. CI는 저장소에 코드가 반영되는 것을 말하고, CD는 실제 프로덕션 환경까지 변경된 코드가 반영되는 것을 의미합니다.

1.6 백엔드 프로그래밍 언어

백엔드 개발에 자주 사용하는 언어로는 무엇이 있을까요? 언어의 인기 순위를 매기는 지수인 TIOBE 인덱스에서는 2024년 8월 기준으로 파이썬이 1위입니다. 다음으로 C, 자바, C++, C#, 비주얼 베이직, 자바스크립트 순서입니다. 이 중에 백엔드에서 많이 사용하는 언어는 파이썬, C++, 자바, C#, 자바스크립트입니다.

파이썬은 데이터 분야에서 많이 사용하지만 서버 개발에도 많이 사용합니다. 대표적인 프레임워크로는 플라스크와 장고, FastAPI가 있습니다. C++은 성능이 중요한 게임 서버 개발에서 많이 사용합니다.

자바는 스프링, 스프링 부트라는 매우 강력한 프레임워크를 기반으로 많은 곳에서 서버 개발에 사용합니다. C#은 국내보다는 미국에서 많이 사용합니다. 닷넷 프레임워크가 매우 강력하며 마이크로소프트 계열의 소프트웨어와 호환성이 좋은 편입니다. 개발자들이 자주 찾는 사이트 중 하나인 스택오버플로가 C#을 기반으로 만들었습니다.

자바스크립트는 프론트엔드에서뿐 아니라 백엔드에서도 많이 사용합니다. 대표적인 웹 프레임워크는 익스프레스Express, NestJS가 있습니다.

1.7 자바 애너테이션

자바 애너테이션^{java annotation}은 자바로 작성한 코드에 추가하는 표식을 말합니다. 보통 애너테이션은 @ 기호를 사용하며 JDK 1.5 버전부터 사용할 수 있습니다. 애너테이션은 다양한 목적으로 사용하지만 보통은 메타 데이터로 사용하는 경우가 가장 많습니다. 예를 들면 다음과 같은 애너테이션이 대표적인 자바 코드에서 흔하게 볼 수 있는 예입니다.

▼ 자바의 대표적인 애너테이션

애너테이션 이름	설명
@Override	선언된 메서드가 오버라이드 되었음
@Deprecated	더 이상 사용되지 않음
@SuppressWarnings	컴파일 경고를 무시함

다음 코드의 경우 @Override라는 애너테이션을 활용한 겁니다. 이 애너테이션은 메서드를 재정의함을 의미합니다. 메서드를 재정의하면 부모 클래스의 메서드를 자식 클래스에서 다시 구현하죠. @Override 애너테이션을 붙임으로써 다시 구현한 메서드임을 명시적으로 나타낼 수 있습니다.

▼ 오버라이드의 사용 예

```
public class A extends B {
  @Override // 선언된 메서드가 오버라이드 되었음을 나타내는 애너테이션
  public void print() {
    System.out.println("Hello, World!");
  }
}
```

스프링 부트를 공부하기 전에 필요한 개념을 익혔습니다. 이 개념을 바탕으로 앞으로 실습하며 배울 더 많은 개념을 잘 공부할 수 있을 겁니다. 꼭 필요한 개념은 실습을 진행하며 필요할 때마다 공부하겠습니다. 그럼 다음으로 나아가봅시다!

02장

스프링 부트 3
시작하기

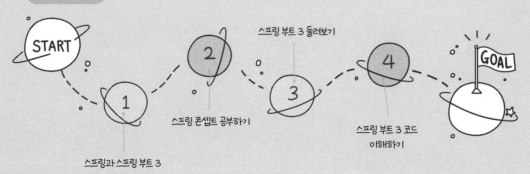

2.0 그림으로 이해하는 프로젝트

다음은 이번에 진행할 프로젝트와 실습 구성입니다. 처음으로 포스트맨으로 GET 요청을 전송하는 단계이므로 그 구성을 그림으로 표현하였습니다.

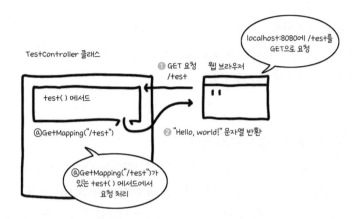

그림을 보면 TestController 클래스가 웹 브라우저의 요청을 받아 test( ) 메서드를 실행하여 문자열을 반환하고 있습니다. 웹 브라우저의 요청을 특정 클래스의 특정 메서드가 어떻게 처리하는지 나타낸 것입니다.

2.1 스프링과 스프링 부트

스프링 프레임워크를 알아보고 나서 스프링 부트를 알아봅니다. 그 뒤에는 스프링 프레임워크와 스프링 부트가 어떻게 다른지 알아보겠습니다.

스프링의 등장

엔터프라이즈 애플리케이션이라는 용어가 있습니다. 웹 개발이 처음인 여러분에게는 매우 생소한 용어일 텐데요. 엔터프라이즈 애플리케이션은 내규모의 복잡한 데이터를 관리하는 애플리케이션을 말합니다. 소프트웨어 분야가 발전하며 엔터프라이즈 애플리케이션은 점점 복잡해졌습니다. 예를 들어 은행 시스템을 생각해보면 몇 백만, 아니 몇 천만의 사람이 한꺼번에 잔고 조회를 하고, 입금이나 출금 요청을 하거나 새로운 통장을 개설하기도 합니다. 이렇듯 엔터프라이즈 애플리케이션은 많은 사용자의 요청을 동시에 처리해야 하므로 서버 성능과 안정성, 보안이 매우 중요합니다. 그런데 이런 것들을 신경쓰면서 사이트 기능, 즉, 비즈니스 로직까지 개발하기는 매우 어렵습니다. 누군가 엔터프라이즈 애플리케이션을 위한 개발 환경을 제공해서 기능 개발에만 집중할 수 있다면 얼마나 좋을까요?

이런 상황에서 2003년 6월에 스프링 프레임워크가 짠하고 등장했습니다. 스프링 프레임워크는 앞서 언급한 서버 성능, 안정성, 보안을 매우 높은 수준으로 제공하는 도구였죠. 덕분에 개발자들은 기능 개발에 집중할 수 있게 되었습니다.

스프링을 더 쉽게 만들어주는 스프링 부트

스프링은 장점이 많은 개발 도구이지만 설정이 매우 복잡하다는 단점이 있습니다. **개발팀도 스프링의 이런 단점을 인식하고 보완하고자 스프링 부트를 출시했습니다(2013년 4월 0.5.0.M6 버전 첫 공개)**. 스프링 부트는 스프링 프레임워크를 더 쉽고 빠르게 이용할 수 있도록 만들어주는 도구입니다. 빠르게 스프링 프로젝트를 설정할 수 있고 의존성 세트라고 불리는 스타터를 사용해 간편하게 의존성을 사용하거나 관리할 수 있습니다. 스프링 부트는 개발자가 조금 더 비즈니스 로직 개발에만 집중할 수 있도록 만들어주는 도구인 것이죠. 스프링과 비교했을 때 스프링 부트의 주요 특징을 다음과 같이 정리할 수 있습니다.

한 걸음 더

스프링 부트의 주요 특징

· 톰캣, 제티, 언더토우 같은 웹 애플리케이션 서버(web application server, WAS)가 내장되어 있어서 따로 설치를 하지 않아도 독립적으로 실행할 수 있습니다.

· 빌드 구성을 단순화하는 스프링 부트 스타터를 제공합니다.

· XML 설정을 하지 않고 자바 코드로 모두 작성할 수 있습니다.

· JAR를 이용해서 자바 옵션만으로도 배포가 가능합니다.

· 애플리케이션의 모니터링 및 관리 도구인 스프링 액츄에이터(spring actuator)를 제공합니다.

참고로 스프링 부트와 스프링이 다른 도구라고 생각하는 사람들이 있는데요. 스프링 부트는 스프링에 속한 도구입니다. 단, 스프링과 스프링 부트는 개발할 때의 몇 가지 차이점이 있죠. 그 차이점도 조금 짚어보겠습니다.

차이점 1. 구성의 차이

가장 먼저 구성의 차이점이 있습니다. 스프링은 애플리케이션 개발에 필요한 환경을 수동으로 구성하고 정의해야 합니다. 하지만 스프링 부트는 스프링 코어와 스프링 MVC의 모든 기능을 자동으로 로드하므로 수동으로 개발 환경을 구성할 필요가 없습니다.

차이점 2. 내장 WAS의 유무

스프링 애플리케이션은 일반적으로 톰캣과 같은 WAS에서 배포됩니다. WAS란 웹 애플리케이션 서버web application server의 약자입니다. 하지만 스프링 부트는 WAS를 자체적으로 가지고 있습니다. 그래서 jar 파일만 만들면 별도로 WAS를 설정하지 않아도 애플리케이션을 실행할 수 있습니다. 참고로 스프링 부트의 내장 WAS에는 톰캣, 제티, 언더토우가 있어서 상황에 필요한 WAS를 선택할 수도 있습니다. 그 외의 차이점을 표로 정리하겠습니다. 공부를 시작하기 전에 간단히 읽어보고 넘어가기 바랍니다.

▼ 스프링과 스프링 부트 특징 비교

	스프링	스프링 부트
목적	엔터프라이즈 애플리케이션 개발을 더 쉽게 만들기	스프링의 개발을 더 빠르고 쉽게 하기
설정 파일	개발자가 수동으로 구성	자동 구성
XML	일부 파일은 XML로 직접 생성하고 관리	사용하지 않음
인메모리 데이터베이스 지원	지원하지 않음	인메모리 데이터베이스 자동 설정 지원
서버	프로젝트를 띄우는 서버(예 : 톰캣, 제티)를 별도로 수동 설정	내장형 서버를 제공해 별도의 설정이 필요 없음

2.2 스프링 콘셉트 공부하기

본격적인 스프링 부트 공부를 하기 전에 스프링이라는 프레임워크가 돌아가는 원리를 이해하기 위해서 스프링 콘셉트를 우선 공부하고 넘어가겠습니다. 실습 진에 공부할 내용이 너무 많은 것 같아서 머리가 아플 수도 있겠지만 필자는 한 번은 그냥 읽어보고 넘어가기를 권합니다. 여기서는 스프링의 중요한 콘셉트라 할 수 있는 제어의 역전과 의존성 주입을 먼저 알아보고 스프링 컨테이너와 빈에 대한 개념을 알아보겠습니다.

제어의 역전과 의존성 주입

스프링은 모든 기능의 기반을 제어의 역전[IoC]과 의존성 주입[DI]에 두고 있습니다. 이후 제어의 역전은 IoC로, 의존성 주입은 DI라고 줄여 부르겠습니다.

IoC란?

IoC는 Inversion of Control을 줄인 표현입니다. 직역하면 제어의 역전이죠. 조금 어렵게 들리겠지만 자바를 공부한 여러분이라면 충분히 이해할 수 있는 말입니다. 여러분이 지금까지 자바 코드를 작성해 객체를 생성할 때는 객체가 필요한 곳에서 직접 생성했을 겁니다. 다음을 보면 클래스 B 객체를 사용하기 위해 클래스 A에서 객체를 직접 생성합니다.

▼ 클래스 A에서 클래스 B 객체 생성 예

```
public class A {
    b = new B();  ── 클래스 A에서 new 키워드로 클래스 B의 객체 생성
}
```

제어의 역전은 다른 객체를 직접 생성하거나 제어하는 것이 아니라 외부에서 관리하는 객체를 가져와 사용하는 것을 말합니다. 위 예제에 제어의 역전을 적용하면 다음과 같이 코드의 형태로 바뀝니다. 이전과는 다르게 클래스 B 객체를 직접 생성하는 것이 아니므로, 어딘가에서 받아와 사용하고 있다고 추측해볼 수 있죠. 실제로 스프링은 스프링 컨테이너가 객체를 관리, 제공하는 역할을 합니다.

▼ 스프링 컨테이너가 객체를 관리하는 방식 예

```
public class A {
    private B b;  ── 코드에서 객체를 생성하지 않음, 어디선가 받아온 객체를 b에 할당
}
```

DI란?

앞에서 설명한 것처럼 스프링에서는 객체들을 관리하기 위해 제어의 역전을 사용합니다. 그리고 제어의 역전을 구현하기 위해 사용하는 방법이 DI입니다. 여기서 DI라는 개념이 등장합니다. DI는 Dependency Injection을 줄인 표현이고, 직역하면 의존성 주입입니다.

DI는 어떤 클래스가 다른 클래스에 의존한다는 뜻입니다. 조금 어려운 표현이라고 생각하겠지만 이것도 코드를 통해 보면 매우 쉽습니다. 다음은 IoC/DI를 기초로 하는 스프링 코드입니다. 여기에서 사용하는 @Autowired라는 애너테이션은 스프링 컨테이너에 있는 빈이라는 것을 주입하는 역할을 하는데요. **빈은 쉽게 말해 스프링 컨테이너에서 관리하는 객체를 말합니다.** 빈은 바로 다음에 설명할 개념이므로 우선은 이 정도만 이해하고 넘어가도 됩니다. 이전 코드에서는 개발자가 직접 B 객체를 생성했지만 다음 코드는 어딘가에서 B b;라고 선언했을 뿐 직접 객체를 생성하지는 않고 있습니다. 다시 말해 객체를 주입받고 있습니다.

▼ 객체를 주입받는 모습 예

```
public class A {
  // A에서 B를 주입받음
  @Autowired
  B b;
}
```

이렇게 코드를 작성해도 프로그램은 잘 동작합니다. 그 이유는 스프링 컨테이너라는 곳에서 객체를 주입했기 때문입니다. 쉽게 말해 스프링 컨테이너가 B 객체를 만들어서 클래스 A에 준 겁니다.

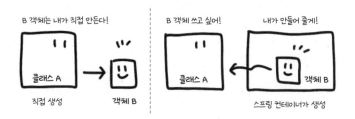

그림처럼 기존의 자바 코드는 클래스 A에서 B 객체를 쓰고 싶은 경우 직접 생성했지만, 스프링의 경우 클래스 A에서 B 객체를 쓰고 싶은 경우 객체를 직접 생성하는 것이 아니라 스프링 컨테이너에서 객체를 주입받아 사용합니다. **이 IoC/DI 개념은 스프링의 핵심 개념이라고 할 수 있을 만큼 중요하기 때문에 반드시 이해하고 넘어가기 바랍니다.**

빈과 스프링 컨테이너

스프링 컨테이너란?

앞서 언급했던 것처럼 스프링은 스프링 컨테이너를 제공합니다. 스프링 컨테이너는 빈을 생성하고 관리합니다. 즉, 빈이 생성되고 소멸되기까지의 생명주기를 이 스프링 컨테이너가 관리하는 것이 죠. 또한 개발자가 @Autowired 같은 애너테이션을 사용해 빈을 주입받을 수 있게 DI를 지원하기도 합니다. 그럼 빈은 도대체 무엇일까요?

빈이란?

앞에서도 설명했지만 빈은 스프링 컨테이너가 생성하고 관리하는 객체입니다. **앞에서 본 코드에서 B가 바로 빈인데요**, 스프링은 빈을 스프링 컨테이너에 등록하기 위해 XML 파일 설정, 애너테이션 추가 등의 방법을 제공합니다. 다시 말해 빈을 등록하는 방법은 여러 가지가 있다는 뜻이죠.

예를 들어 MyBean이라는 클래스에 @Component 애너테이션을 붙이면 MyBean 클래스가 빈으로 등록됩니다. 이후 스프링 컨테이너에서 이 클래스를 관리하죠. 이때 빈의 이름은 클래스 이름의 첫 글자를 소문자로 바꿔 관리합니다. 따라서 MyBean 클래스의 빈 이름은 myBean이겠네요.

▼ 클래스를 빈으로 등록하는 방법 예

```
@Component // 클래스 MyBean 빈으로 등록
public class MyBean {
}
```

앞으로 빈이라는 단어가 자주 등장할 겁니다. **어렵게 생각할 필요 없이 스프링에서 제공해주고 관리해주는 객체라고 생각하면 됩니다.**

관점 지향 프로그래밍

스프링에서 또 하나 중요한 개념으로 AOP가 있습니다. AOP는 Aspect Oriented Programming을 줄인 표현입니다. 직역하면 관점 지향 프로그래밍이죠. 조금 의미를 풀어 설명하자면 프로그래밍에 대한 관심을 핵심 관점, 부가 관점으로 나누어서 관심 기준으로 모듈화하는 것을 의미합니다. 이

것도 이해가 조금 어려울 테니 좀 더 쉬운 예를 통해 설명해보겠습니다.

예를 들어 계좌 이체, 고객 관리하는 프로그램이 있을 때 각 프로그램에는 로깅 로직, 즉, 지금까지 벌어진 일을 기록하기 위한 로직과 여러 데이터를 관리하기 위한 데이터베이스 연결 로직이 포함됩니다. 이때 핵심 관점은 계좌 이체, 고객 관리 로직이고, 부가 관점은 로깅, 데이터베이스 연결 로직입니다. 실제 프로그램의 기능으로 로직을 정리하면 다음 그림과 같겠네요.

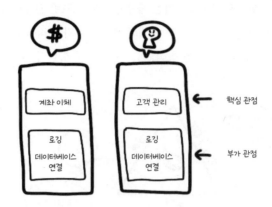

그림을 보면 로깅, 데이터베이스 연결은 모두 계좌 이체와 고객 관리에 필요합니다. 여기에 AOP를 적용하면 부가 관점에 해당하는 로직을 모듈화해 앞에서 본 그림처럼 개발할 수 있게 해줍니다. 다시 말해 부가 관점 코드를 핵심 관점 코드에서 분리할 수 있게 해주죠. 그 결과 프로그래머는 핵심 관점 코드에만 집중할 수 있게 될 뿐만 아니라 프로그램의 변경과 확장에도 유연하게 대응할 수 있어 좋습니다.

이식 가능한 서비스 추상화

마지막으로 알아볼 스프링 콘셉트는 이식 가능한 서비스 추상화입니다. 이후 이식 가능한 서비스 추상화를 PSA라고 부르겠습니다. PSA는 Portable Service Abstraction을 줄인 표현인데요, 풀어서 설명하자면 스프링에서 제공하는 다양한 기술들을 추상화해 개발자가 쉽게 사용하는 인터페이스를 말합니다.

웹 개발이 처음이면 이 설명도 어렵게 들릴 수 있습니다. 예를 들어 설명해보겠습니다. 대표적인 PSA의 예로는 클라이언트의 매핑과 클래스, 메서드의 매핑을 위한 애너테이션이 있습니다. 예를 들어 스프링에서 데이터베이스에 접근하기 위한 기술로는 JPA, MyBatis, JDBC 같은 것들이 있는데요, 여기에서 어떤 기술을 사용하든 일관된 방식으로 데이터베이스에 접근하도록 인터페이스를 지원합니다. 또 다른 예시로는 WAS도 PSA의 예시 중 하나라고 볼 수 있는데요. 코드는 그대로 두고 WAS를 톰캣이 아닌 언더토우, 네티와 같은 다른 곳에서 실행해도 기존 코드를 그대로 사용할 수 있으니까요.

지금까지 스프링의 콘셉트인 IoC, DI, AOP, PSA에 알아봤습니다. 이 기술들을 기반으로 스프링이 만들어졌으므로 이 개념은 반드시 알고 넘어가는 게 좋습니다. 스프링 프레임워크는 IoC/DI를 통해 객체 간의 의존 관계를 설정하고, AOP를 통해 핵심 관점과 부가 로직을 분리해 개발하며, PSA를 통해 추상화된 다양한 서비스들을 일관된 방식으로 사용하도록 합니다.

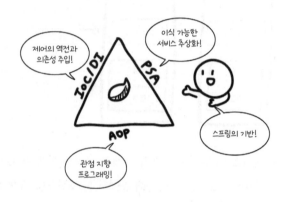

지금까지 공부한 내용을 한 줄로 정리하면 이렇게 정리할 수 있습니다.

한 줄로 정리하는 스프링 핵심 4가지

· IoC : 객체의 생성과 관리를 개발자가 하는 것이 아니라 프레임워크가 대신하는 것

· DI : 외부에서 객체를 주입받아 사용하는 것

· AOP : 프로그래밍을 할 때 핵심 관점과 부가 관점을 나누어서 개발하는 것

· PSA : 어느 기술을 사용하던 일관된 방식으로 처리하도록 하는 것

이제 본격적으로 스프링 부트에 대해 알아봅시다!

2.3 스프링 부트 3 둘러보기

0장에서 설정한 프로젝트를 다시 둘러볼 시간입니다. 앞서 공부한 내용을 바탕으로 스프링 부트 3
의 기능을 살펴보고, 간단한 코드를 작성해보겠습니다.

첫 번째 스프링 부트 3 예제 만들기

01단계 To do springbootdeveloper 패키지를 우클릭해서 [New → Class]를 선택하고
TestController.java 파일을 만들어 다음 코드를 입력하세요. 코드 입력 후에 나타나는 import
오류 메시지는 Alt + Enter 나 팝업 메뉴를 눌러 해결해주세요. 이 코드는 사용자가 /test GET 요청
을 하면 "Hello, world!" 문자열을 반환하게 해줍니다.

```java
@RestController
public class TestController {
  @GetMapping("/test")
  public String test() {
    return "Hello, world!";
  }
}
```
TestController.java

02단계 정말 위 코드가 제대로 동작하는지 보기 위해 오른쪽 위에 있는 재실행 버튼을 눌러 애플
리케이션을 다시 실행합니다. 코드 변경 사항이 있을 때는 이렇게 스프링 부트 서버를 다시 시작하
면 됩니다.

03단계 이제 웹 브라우저에서 http://localhost:8080/test로 접속해봅니다. 그러면 화면에
Hello, world!가 출력됩니다.

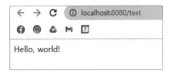

신기하지 않나요? 어떻게 이렇게 동작할 수 있는 것일까요? 이는 여러분이 웹 브라우저, 즉, 클라이언트에서 보낸 /test 라는 GET 요청을 보면 됩니다. http://localhost:8080/test에서 localhost는 아이피로는 127.0.0.1입니다. 이는 컴퓨터 네트워크에서 사용하는 루프백 호스트명이라는 것인데요, 쉽게 말해 현재 사용 중인 컴퓨터를 의미합니다. 그리고 8080은 앞서 설명했던 스프링 부트의 포트 번호죠. 그리고 /test는 앞서 코드에 @GetMapping이라는 애너테이션으로 메서드와 매핑할 때 스프링 부트에서 설정한 경로입니다.

이처럼 웹 브라우저에서 요청할 주소에 맞게 코드를 작성하면 웹 사이트나, 웹 애플리케이션을 개발할 수 있습니다. 이 개발 패턴을 잘 기억해두기 바랍니다.

스프링 부트 스타터 살펴보기

스프링 부트 스타터는 의존성이 모여 있는 그룹입니다. 스타터를 사용하면 필요한 기능을 간편하게 설정할 수 있습니다. **스타터는 spring-boot-starter-{작업유형}이라는 명명규칙이 있습니다.** 이 규칙을 잘 기억해두고 필요한 기능을 찾으면 스타터를 쉽게 찾을 수 있는 겁니다. 예를 들어 JDBC 관련 스타터는 spring-boot-starter-jdbc입니다. 자주 사용하는 스타터는 다음과 같습니다.

스타터	설명
spring-boot-starter-web	Spring MVC를 사용해서 RESTful 웹 서비스를 개발할 때 필요한 의존성 모음
spring-boot-starter-test	스프링 애플리케이션을 테스트하기 위해 필요한 의존성 모음
spring-boot-starter-validation	유효성 검사를 위해 필요한 의존성 모음
spring-boot-starter-actuator	모니터링을 위해 애플리케이션에서 제공하는 다양한 정보를 제공하기 쉽게 하는 의존성 모음
spring-boot-starter-data-jpa	ORM을 사용하기 위한 인터페이스의 모음인 JPA를 더 쉽게 사용하기 위한 의존성 모음

사실 스타터는 사용하기 전까지는 감을 잡기 어렵습니다. 우선은 이 정도만 공부를 해두고 실제 여러분의 프로젝트에 설정되어 있는 스타터를 살펴보겠습니다.

01단계 To do 프로젝트를 로드하고, build.gradle 파일을 더블클릭하세요.

▼ build.gradle 예

```
dependencies {
  implementation 'org.springframework.boot:spring-boot-starter-web'
  testImplementation 'org.springframework.boot:spring-boot-starter-test'
}
```

파일을 자세히 보면 앞서 소개한 web 스타터와 test 스타터가 의존성으로 명시되어 있습니다. 각 스타터에 어떤 의존성들이 있는지도 알아보겠습니다.

02단계 IDE의 가장 오른쪽에 있는 ❶ [Gradle] 탭을 눌러 펼친 다음 ❷ Dependencies 항목을 눌러 펼치고 ❸ compileClasspath 항목을 다시 펼치면 web 스타터를 확인할 수 있습니다.

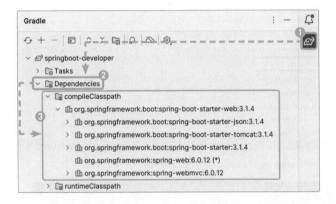

이 스타터에는 웹 애플리케이션을 개발하기 위해 필요한 의존성이 모여 있습니다. Spring MVC 도 보이고, 자세히 보면 Tomcat도 보이네요.

03단계 계속해서 testCompileClasspath도 펼칩니다. 그러면 test 스타터도 확인할 수 있습니다. test 스타터는 스프링 부트로 애플리케이션을 테스트하기 위한 스타터입니다.

스프링 부트가 의존성을 가져오는 방법

그런데 스프링 부트는 의존성을 어떻게 가져올까요? 스프링 부트는 현재 버전에 맞는 라이브러리를 알아서 관리합니다. 만약 어떤 의존성을 사용하는지 버전별 확인이 필요하다면 스프링 공식 문서 Dependency Versions에서 확인해보세요.

· 스프링 공식 Dependency Versions 문서 : https://bit.ly/3N0vENa

스타터 종류와 특정 스타터의 의존성이 궁금할 때에는 깃허브에서 확인하세요.

· 스타터 종류 참고(깃허브) : https://bit.ly/40o8bZd

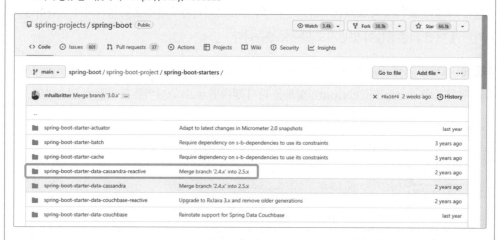

알고 싶은 의존성을 클릭한 다음 build.gradle 파일을 확인하면 의존성을 알 수 있습니다. 예를 들어 spring·boot·starter·aop의 build.gradle 파일을 열어보면 org.springframework:spring·aop, org.aspectj:aspectjweaver 의존성이 설정되어 있습니다.

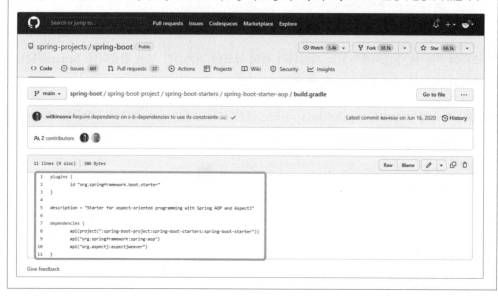

자동 구성

자동 구성은 스프링 부트의 중요한 개념입니다. 스프링 부트에서는 애플리케이션이 최소한의 설정만으로도 실행되게 여러 부분을 자동으로 구성합니다. **여러분이 지금 이것을 알아야 하는 이유는 추후 개발을 하다가 내가 구성하지 않은 부분인데 스프링에서 자동으로 어떻게 구성했는지 확인할 상황이 오기 때문입니다. 그렇기 때문에 조금 지루하더라도 꼭 참고 따라 해보기 바랍니다!** 스프링 부트는 서버를 시작할 때 구성 파일을 읽어와서 설정합니다. 이를 자동 설정이라고 하죠. 자동 설정은 META-INF에 있는 spring.factories 파일에 담겨 있습니다. 실제로도 그런지 다음을 통해 확인해보겠습니다.

01단계 To do 오른쪽 위에 있는 ❶ 돋보기를 누른 다음 탭을 ❷ [Files]로 선택한 다음 ❸ spring-boot-autoconfigure/spring.factories를 입력해 나타난 첫 번째 파일을 클릭하세요.

그러면 엄청난 양의 텍스트가 보입니다. 이것이 프로젝트에 쓰일 구성 후보들입니다. 스프링 부트를 시작할 때 이 파일에 설정되어 있는 클래스를 모두 불러오고, 이후에는 프로젝트에서 사용할 것들만 자동으로 구성해 등록하는 것이죠. 실제로 그런지 확인해보겠습니다.

02단계 왼쪽의 프로젝트 구성에서 External Libraries를 펼쳐 ...spring-boot-autocon figure:x.x.x 파일을 찾아보세요.

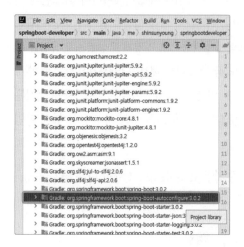

파일을 펼쳐서 확인해보면 미리 구현되어 있는 자동 설정 파일을 확인할 수 있습니다. 필자의 경우 h2를 펼쳐서 확인했습니다. 확인해보면 자동 구성되는 클래스는 AutoConfiguration, 속성값을 정의해놓은 클래스는 Properties를 이름 끝에 붙였음을 알 수 있습니다.

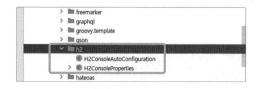

이렇게 스프링 부트에서는 빈이 자동으로 등록되고 구성됩니다. 만약 자동 구성이 없다면 개발자 가 특정 기술을 사용할 때마다 설정해야 하는 값을 모두 개발자가 직접 설정해줘야 되겠죠.

스프링 부트 3와 자바 버전

스프링 부트 3 이전과 이후에 사용할 수 있는 자바 버전 범위가 다릅니다. 기존 스프링 부트 사용 자와 새로 공부할 여러분을 위해 자바 버전 변화와 스프링 부트 3의 변화에 대해서도 잠시 이야기 하고 넘어가겠습니다. 스프링 부트 2는 자바 8 버전 이상을 사용했지만, 스프링 부트 3은 자바 17 버전 이상을 사용해야 합니다. 여기서는 자바 17의 주요 변화인 텍스트 블록, 레코드, 패턴 매칭 등을 살펴보겠습니다.

텍스트 블록

이전에는 여러 줄의 텍스트를 작성하려면 \n를 추가해야 했지만 이제는 """로 감싼 텍스트를 사용해 여러 줄의 텍스트를 표현할 수 있습니다.

▼ """로 여러 줄의 텍스트 표현 예

```java
String query11 = "SELECT * FROM \"items\"\n" +
      "WHERE \"status\" = \"ON_SALE\"\n" +
      "ORDER BY \"price\";\n";

String query17 = """
      SELECT * FROM "items"
      WHERE "status" = "ON_SALE"
      ORDER BY "price";
      """;
```

특히 기존에 자바 8 버전과 같은 이전 버전을 사용했다면 가독성이 좋아졌음을 한 번에 알 수 있을 겁니다.

formatted() 메서드

또한 값을 파싱하기 위한 formatted() 메서드도 제공합니다. 자바 17 버전을 사용할 여러분은 여기를 몰라도 상관없지만 이 기능이 없었을 때는 매우 불편한 방법으로 값을 파싱해야 했습니다.

▼ 파싱을 위한 formatted() 메서드 예

```java
String textBlock17 = """
{
  "id": %d
  "name": %s,
}
""".formatted(2, "juice");
```

레코드

레코드는 데이터 전달을 목적으로 하는 객체를 더 빠르고 간편하게 만들기 위한 기능입니다. 레코드는 상속을 할 수 없고 파라미터에 정의한 필드는 private final로 정의됩니다. 또한 레코드는 게터^{getter}를 자동으로 만들기 때문에 애너테이션이나 메서드로 게터 정의를 하지 않아도 됩니다.

▼ 레코드의 사용 예

```
record Item(String name, int price) {
  // 이렇게 하면 파라미터가 private final로 정의됩니다.
}
Item juice = new Item("juice", 3000);
juice.price(); // 3000
```

패턴 매칭

패턴 매칭은 타입 확인을 위해 사용하던 instanceof 키워드를 조금 더 쉽게 사용할 수 있게 해줍니다. 이전에는 instanceof 키워드와 형변환 코드를 조합해야 했지만 이제는 바로 형변환을 한 다음 사용할 수 있습니다.

▼ instanceof 키워드의 사용 예

```
// 11 버전
if (o instanceof Integer) {
  Integer i = (Integer) o;
  ... 생략 ...
}

// 17 버전
if (o instanceof Integer i) {
  ... 생략 ...
}
```

자료형에 맞는 case 처리

switch-case문으로 자료형에 맞게 case 처리를 할 수도 있습니다.

▼ 자료형 case 처리 예

```
static double getIntegerValue(Object o) {
  return switch (o) {
    case Double d -> d.intValue();
    case Float f -> f.intValue();
```

```
    case String s -> Integer.parseInt(s);
    default -> 0d;
  };
}
```

다음 내용부터는 지난 버전과 비교했을 때 스프링 부트 3에서 변경되는 내용입니다.

Servlet, JPA의 네임 스페이스가 Jakarta로 대체

패키지 네임스페이스가 javax.*에서 jakarta.*로 변경되었습니다. 만약 스프링 부트 2 버전을 사용하고 있다면 패키지의 이름을 javax에서 jakarta를 사용하게 변경해야 합니다.

GraalVM 기반의 스프링 네이티브 공식 지원

스프링 부트 3.0부터는 GraalVM 네이티브 이미지를 공식 지원합니다. 기존에 사용하던 자바 가상 머신에 비해 훨씬 빠르게 시작되며 더 적은 메모리 공간을 차지합니다. JVM 실행 파일과 비교해 네이티브 이미지를 사용하면 가동 시간이 짧아지고 메모리를 더 적게 소모합니다.

2.4 스프링 부트 3 코드 이해하기

이제는 스프링 부트 3 프로젝트에 있던 코드를 하나씩 뜯어보며 이해해보겠습니다. 스프링 부트 3에서 기본적인 개념을 이해하기 위한 내용을 다루고 있으므로 꼭 따라 하기를 권합니다.

@SpringBootApplication 이해하기

01단계 `To do` SpringBootDeveloperApplication.java 파일을 열어주세요.

```
@SpringBootApplication                                    SpringBootDeveloperApplication.java
public class SpringBootDeveloperApplication {
  public static void main(String[] args) {
    SpringApplication.run(SpringBootDeveloperApplication.class, args);
  }
}
```

이 클래스는 자바의 main() 메서드와 같은 역할을 합니다. 즉, 여기서 스프링 부트가 시작됩니다. @SpringBootApplication 애너테이션을 추가하면 스프링 부트 사용에 필요한 기본 설정을 해줍니다. SpringApplication.run() 메서드는 애플리케이션을 실행합니다. 첫 번째 인수는 스프링 부트 3 애플리케이션의 메인 클래스로 사용할 클래스, 두 번째 인수는 커맨드 라인의 인수들을 전달합니다.

02단계 계속해서 @SpringBootApplication의 의미를 파악해보겠습니다. 이 애너테이션은 스프링 부트의 핵심 애너테이션이므로 꼭 읽고 넘어가는 것이 좋습니다. IDE에서 애너테이션을 `Ctrl` 을 누른 상태에서 마우스 클릭해보세요. 그러면 @SpringBootApplication 애너테이션의 구성이 나타납니다.

```java
                                                    SpringBootApplication.java
@Target(ElementType.TYPE)
@Retention(RetentionPolicy.RUNTIME)
@Documented
@Inherited
@SpringBootConfiguration     // 스프링 부트 관련 설정
@ComponentScan(excludeFilters = {
@Filter(type = FilterType.CUSTOM,
  // 사용자가 등록한 빈을 읽고 등록
  classes = TypeExcludeFilter.class),
  @Filter(type = FilterType.CUSTOM,
  classes = AutoConfigurationExcludeFilter.class)
})
@EnableAutoConfiguration     // 자동으로 등록된 빈을 읽고 등록
public @interface SpringBootApplication {
... 생략 ...
}
```

여기서 세 가지 애너테이션인 @SpringBootConfiguration, @ComponentScan, @EnableAutoConfiguration을 자세히 설명하겠습니다. 지금은 이걸 왜 이렇게 봐야 하는지 의문이 들수 있겠지만 이 세 애너테이션 자체가 스프링 부트의 특징을 나타내므로 애너테이션의 의미를 이해하면 스프링 부트를 이해하는 데 도움이 됩니다.

@SpringBootConfiguration

스프링 부트 관련 설정을 나타내는 애너테이션입니다. 스프링을 아는 독자라면 @Configuration

을 상속해서 만든 애너테이션임을 알겁니다. 이 애너테이션은 개발자가 직접 사용하는 애너테이션
은 아닙니다만 기존의 스프링 개발자를 위해 한 번 언급했습니다.

@ComponentScan

사용자가 등록한 빈을 읽고 등록하는 애너테이션입니다. 이 애너테이션은 @Component라
는 애너테이션을 가진 클래스들을 찾아 빈으로 등록하는 역할을 합니다. 그렇다고 모든 빈에 @
Component만 사용하는 게 아닙니다. @Component를 감싸는 애너테이션이 있는데 실제 개
발을 하면 @Component 애너테이션보다는 용도에 따라 다른 애너테이션을 사용하므로 아래의
애너테이션 정도는 미리 눈에 익히고 넘어가기를 권합니다.

애너테이션명	설명
@Configuration	설정 파일 등록
@Repository	ORM 매핑
@Controller, @RestController	라우터
@Service	비즈니스 로직

애너테이션을 감싸는 애너테이
션은 '테스트 컨트롤러 살펴보기'에
서 자세히 배웁니다.

@EnableAutoConfiguration

스프링 부트에서 자동 구성을 활성화하는 애너테이션입니다. 이 애너테이션은 스프링 부트 서버
가 실행될 때 스프링 부트의 메타 파일을 읽고 정의된 설정들을 자동으로 구성하는 역할을 수행
합니다. '자동 구성'에서 살펴본 spring.factories을 기억하시나요? 그 파일에 클래스들이 모두
@EnableAutoConfiguration을 사용할 때 자동 설정됩니다.

테스트 컨트롤러 살펴보기

앞에서 스프링 컨테이너가 빈을 관리한다고 설명했는데요. 실제로 작성한 TestController.java
파일을 살펴보며 빈이 어떻게 등록되는지 알아보겠습니다.

```
                                                    TestController.java
@RestController
public class TestController {
  @GetMapping("/test")          /test GET 요청이 오면 test( ) 메서드 실행
  public String test() {
```

```
    return "Hello, world!";
  }
}
```

@RestController는 라우터 역할을 하는 애너테이션입니다. 라우터란 HTTP 요청과 메서드를 연결하는 장치를 말하는데요. 이 애너테이션이 있어야 클라이언트의 요청에 맞는 메서드를 실행할 수 있습니다. 지금의 경우 TestController를 라우터로 지정해 /test라는 GET 요청이 왔을 때 test() 메서드를 실행하도록 구성한 겁니다. 그나저나 위에서는 @RestController와 @Component는 애너테이션 용어가 다른데 어떻게 같은 @Component처럼 취급하는 것일까요? 직접 살펴보면 그 의문이 풀립니다.

01단계 To do @RestController 애너테이션에 마우스 커서를 올린 상태에서 Ctrl 을 누른 채로 클릭하세요. 그러면 @RestController를 구현하는 RestController.java 파일로 이동합니다.

😀 이런 상세 코드로 이동하는 방식은 앞으로도 종종 사용할 테니 잊지 마세요.

코드를 보면 @Controller, @ResponseBody 애너테이션이 함께 있네요. 즉 @Controller 애너테이션에 @ResponseBody 애너테이션이 합쳐진 결과물이 @RestController 애너테이션임을 알 수 있습니다. 그런데 아직도 우리는 @Component 애너테이션을 찾지 못했습니다.

02단계 계속해서 @Controller 애너테이션의 구현 파일인 Controller.java 파일로 이동해봅시다.

드디어 @Component 애너테이션을 발견했습니다. 이를 통해 @Controller 애너테이션이 @ComponentScan을 통해 빈으로 등록되는 이유를 알았습니다. **그 이유는 바로 @Controller 애너테이션에서 @Component 애너테이션을 가지고 있기 때문이죠.** 앞서 소개한 @Configuration, @Repository, @Service 애너테이션도 모두 @Component 애너테이션을 가지고 있습니다. 다만 빈이 무슨 역할을 하는지 명확하게 구분하기 위해 다른 이름으로 덮어두었을 뿐이죠.

학습 마무리

스프링은 자바로 웹 사이트를 만들 수 있게 하는 프레임워크입니다. 여기서는 스프링의 근간이 되는 IoC, DI 개념 외의 다양한 지식을 알아보았습니다. 스프링 부트는 스프링을 더 쉽고 빠르게 사용할 수 있게 해줍니다. 스프링 부트만의 특징인 스타터와 자동 구성도 알아보았습니다. 다음 장에서는 스프링 부트의 구조에 대해 학습하겠습니다.

핵심 요약

1 **스프링은** 엔터프라이즈 애플리케이션을 쉽게 개발할 수 있도록 도와주는 프레임워크입니다.
2 IoC는 제어의 역전, DI는 의존성 주입을 뜻합니다.
3 **스프링 부트는** 스프링을 더 빠르고 쉽게 사용하기 위한 도구로서 스타터와 자동 구성을 제공합니다.

4 **애너테이션**은 자바 소스 코드에 추가하는 표식입니다. 보통 @ 기호를 앞에 붙여서 사용하며, JDK 1.5 버전부터 사용할 수 있습니다. 애너테이션은 다양한 목적으로 사용하지만, 메타 데이터(데이터에 대한 설명을 담고 있는 데이터)의 비중이 가장 큽니다.

5 **@SpringBootApplication**은 스프링 부트 관련된 설정을 하는 @SpringBootConfiguration, 사용자가 등록한 빈을 읽고 등록하는 @ComponentScan, 자동 설정으로 등록되는 빈을 읽고 등록하는 @EnableAutoConfiguration으로 이루어졌습니다.

6 **@Component** 애너테이션이 있는 클래스는 빈으로 등록되며, @Controller, @RestController, @Configuration, @Repository, @Service 모두 @Component 애너테이션을 가지고 있습니다. 때에 따라 알맞은 애너테이션을 선택해야 합니다.

1 스프링과 비교한 스프링 부트의 주요 특징 중 올바르지 않은 것을 고르세요.

  ❶ 톰캣, 제티, 언더토우 같은 WAS가 내장되어 있어서 따로 설치를 하지 않아도 독립적으
    로 실행할 수 있습니다.

  ❷ 빌드 구성을 단순화하는 스프링 부트 스타터를 제공합니다.

  ❸ 설정이 필요할 때에는 XML로만 작성할 수 있습니다.

  ❹ JAR를 이용해서 자바 옵션만으로도 배포할 수 있습니다.

  ❺ 애플리케이션의 모니터링 및 관리 도구인 스프링 액츄에이터를 제공합니다.

2 스프링 부트의 기본 내장 WAS를 고르세요.

  ❶ Tomcat

  ❷ Jetty

  ❸ Undertow

  ❹ Netty

3 다른 객체를 직접 생성하거나 제어하는 것이 아니라 외부에서 관리하는 객체를 가져와 사
  용하는 개념을 뭐라고 할까요?

4 스프링에서 IoC를 구현하기 위해 사용하는 방법입니다. 외부에서 객체를 주입받아 사용
  하는 것을 뭐라고 할까요?

5 다음 애너테이션 중, 빈으로 등록되지 않는 애너테이션을 고르세요.

❶ @Componet

❷ @Controller

❸ @Service

❹ @Value

❺ @Repository

1 **정답** ❸ 스프링 부트는 XML 설정을 하지 않고 자바 코드로 모두 작성할 수 있습니다.

2 **정답** ❶ 스프링 부트는 보기에 나온 WAS를 모두 사용할 수 있지만 기본값은 Tomcat입니다.

3 **정답** 제어의 역전, IoC(Inversion of Control)

4 **정답** 의존성 주입, DI(Dependency Injection)

5 **정답** ❹ 나머지 4개의 애너테이션은 스프링 프레임워크에서 컴포넌트 스캔을 수행할 때 빈으로 등록됩니다. 하지만 @Value는 프로퍼티값을 주입하는 데 사용하는 애너테이션입니다. 이 애너테이션은 빈으로 등록되지 않습니다.

03장

스프링 부트 3
구조 이해하기

스프링 부트 3가 어떤 구조인지, 그리고 어떤 과정을 통해 실행되는지 코드와 함께 살펴봅니다. 여기를 공부하면 스프링 부트 3가 어떤 구조로 이루어져 있고, 앞으로 프로젝트를 진행할 때 어떤 구조로 진행해야 하는지에 대한 감을 잡을 수 있을 겁니다.

- 프레젠테이션 계층
- 비즈니스 계층
- 퍼시스턴스 계층

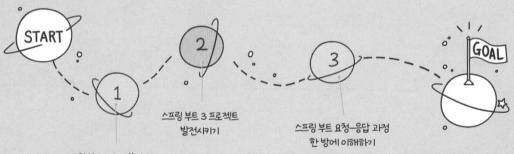

START

1

스프링 부트 3 구조 살펴보기

2

스프링 부트 3 프로젝트
발전시키기

3

스프링 부트 요청-응답 과정
한 방에 이해하기

GOAL

3.0 그림으로 이해하는 프로젝트

본격적으로 스프링 부트 애플리케이션을 만들어 봅니다. 전체적인 구조를 설명하기 위해 웹 브라우저, 스프링 부트 애플리케이션, 각 클래스, 의존성 간의 관계를 표시했습니다. 이후 과정에서는 이 구조를 유지하며 목적에 맞도록 코드를 작성해나갈 것입니다.

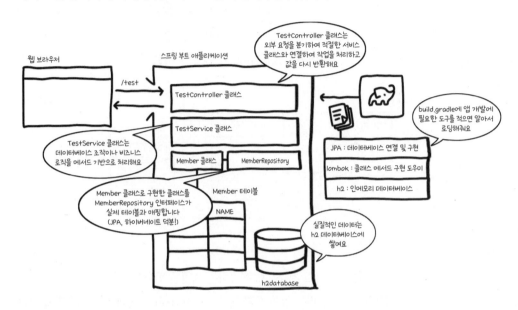

그림을 보면 웹 브라우저의 요청이 있고, 이 요청을 TestController 클래스에서 받아 분기 처리하여 TestService 클래스에 다음 작업을 요청합니다. 요약하자면 TestController 클래스는 '어떤 요청'인지 판단하고, TestService 클래스는 '그 요청에 맞는 작업'을 실행합니다. Member 클래스, MemberRepository 클래스는 데이터베이스를 위한 클래스입니다. Member 클래스로 구현한 클래스를 MemberRepository 클래스가 실제 테이블과 연결하죠.

3.1 스프링 부트 3 구조 살펴보기

스프링 부트는 다음 그림에서 보듯 각 계층이 양 옆의 계층과 통신하는 구조를 따릅니다. 여기서 계층이라는 단어가 조금 낯설게 느껴질 수 있는데요. 계층이라는 것은 각자의 역할과 책임이 있는 어떤 소프트웨어의 구성 요소를 의미합니다. 각 계층은 서로 소통할 수는 있지만 다른 계층에 직접 간섭하거나 영향을 미치지 않습니다.

카페와 빵집으로 이해하는 계층

예를 들어볼까요? 어떤 거리에 카페와 빵집이 있다고 생각해봅시다. 카페는 커피를, 빵집은 빵을 팔겠죠. 그런데 필요한 경우 협업 관계를 맺어 어떤 손님이 커피를 사면 빵을 할인해줄 수도 있습니다. 이것이 계층 간의 소통입니다. 하지만 빵집 알바생이 빵을 팔다 말고 카페에 가서 커피를 팔 수는 없죠. 즉, 계층은 서로 영향을 끼치지 못합니다. 이렇게 각 계층은 자신의 책임에 맞는 역할 (커피 팔기, 빵 팔기)을 수행하며, 필요에 따라 소통(커피 사면 빵 할인)합니다. 스프링 부트에는 프레젠테이션, 비즈니스, 퍼시스턴스 계층이 있습니다. 이 계층이 서로 통신하며 프로그램을 구성하죠.

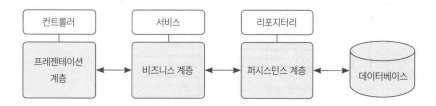

프레젠테이션 계층

HTTP 요청을 받고 이 요청을 비즈니스 계층으로 전송하는 역할을 합니다. 컨트롤러가 바로 프레젠테이션 계층 역할을 합니다. 컨트롤러는 앞서 살펴본 TestController 클래스와 같은 것을 말하는데요, 컨트롤러는 스프링 부트 내에 여러 개가 있을 수 있습니다.

비즈니스 계층

모든 비즈니스 로직을 처리합니다. 비즈니스 로직이란 서비스를 만들기 위한 로직을 말합니다. 쉽게 말해 웹 사이트에서 벌어지는 모든 작업, 이를테면 주문 서비스라고 한다면 주문 개수, 가격 등의 데이터를 처리하기 위한 로직, 주문 처리를 하다가 발생하는 예외 처리 로직, 주문을 받거나 취소하는 것 같이 프로세스를 구현하기 위한 로직 등을 생각하면 됩니다. 서비스가 비즈니스 계층의 역할을 합니다.

퍼시스턴스 계층

모든 데이터베이스 관련 로직을 처리합니다. 이 과정에서 데이터베이스에 접근하는 DAO 객체를 사용할 수도 있습니다. DAO는 데이터베이스 계층과 상호작용하기 위한 객체라고 이해하면 됩니다. 리포지터리가 퍼시스턴스 계층의 역할을 합니다.

사실 이 설명으로는 스프링 부트 구조가 잘 이해되지 않을 겁니다. **여러분이 꼭 알았으면 하는 건 계층은 개념의 영역이고 컨트롤러, 서비스, 리포지터리는 실제 구현을 위한 영역이라는 겁니다.** 이 말도 코드를 수정하다 보면 차차 알게 될 겁니다. 우선 이 정도로 설명을 마치고 다음으로 넘어가보죠.

스프링 부트 프로젝트 디렉터리 구성하며 살펴보기

여기서는 스프링 부트 프로젝트 디렉터리를 구성하면서 살펴보겠습니다. 스프링 부트에는 정해진 프로젝트 구조가 없지만 추천 프로젝트 구조는 있습니다. 많은 개발자가 이 구조를 따르므로 우리도 이 구조를 따라 개발할 겁니다.

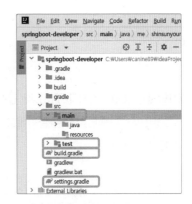

main

실제 코드를 작성하는 공간입니다. 프로젝트 실행에 필요한 소스 코드나 리소스 파일은 모두 이 폴더 안에 들어 있습니다.

test

프로젝트의 소스 코드를 테스트할 목적의 코드나 리소스 파일이 들어 있습니다.

build.gradle

빌드를 설정하는 파일입니다. 의존성이나 플러그인 설정 등과 같이 빌드에 필요한 설정을 할 때 사용합니다.

settings.gradle

빌드할 프로젝트의 정보를 설정하는 파일입니다.

main 디렉터리 구성하기

main 디렉터리를 펼치면 java와 resources로 구성되어 있습니다. 우리가 작성한 코드가 들어 있는 디렉터리는 main/java 디렉터리죠? main/resources/static 디렉터리에는 아직 0장에서 페이지를 보여주기 위해 추가했던 index.html 파일만 들어있을 겁니다. 여기에 아직 추가하지 못했던 스프링 부트 프로젝트의 구성 요소를 하나씩 추가해보겠습니다.

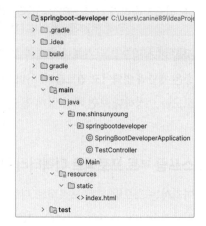

01단계 `To do` 먼저 HTML과 같은 뷰 관련 파일을 넣을 templates 디렉터리를 만듭니다. resources 디렉터리를 우클릭하고 [New → Directory]를 순서대로 누르고 templates 디렉터리를 만듭니다.

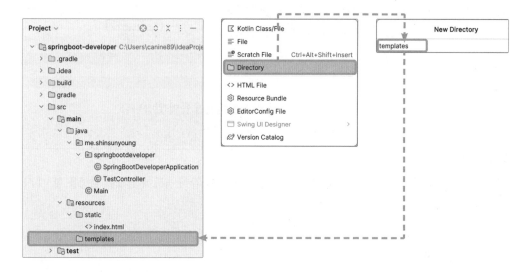

02단계 static 디렉터리는 JS, CSS, 이미지와 같은 정적 파일을 넣는 용도로 사용합니다. static 디렉터리는 0장에서 만들었기 때문에 별도의 생성은 하지 않고 설명만 하고 넘어가겠습니다.

03단계 마지막으로 스프링 부트 설정을 할 수 있는 application.yml 파일을 생성합니다. 이 파일은 스프링 부트 서버가 실행되면 자동으로 로딩되는 파일입니다. 데이터베이스의 설정 정보, 로깅 설정 정보 등이 들어갈 수도 있고, 직접 설정을 정의할 때 사용하기도 합니다. 앞으로 프로젝트를 진행하며 자주 사용할 파일이므로 잊지 말고 만드세요.

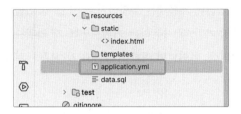

3.2 스프링 부트 3 프로젝트 발전시키기

스프링 부트 프로젝트를 조금 더 발전시키면서 앞서 언급한 각 계층의 코드를 추가해보겠습니다. 계층이 무엇이고 스프링 부트에서는 계층을 어떻게 나누는지 감을 조금씩 잡아가기 바랍니다. 여기서는 의존성을 추가한 다음에 프레젠테이션 계층, 비즈니스 계층, 퍼시스턴스 계층 순서대로 코드를 추가합니다.

build.gradle에 의존성 추가하기

01단계 To do build.gradle에 필요한 의존성을 추가해줍니다. 스프링 부트용 JPA인 스프링 데이터 JPA, 로컬 환경과 테스트 환경에서 사용할 인메모리 데이터베이스인 H2, 반복 메서드 작성 작업을 줄여주는 라이브러리인 롬복을 추가했습니다.

🐶 아직은 이것들이 무엇인지 몰라도 괜찮습니다. 지금은 '데이터베이스의 테이블을 객체로 바꿔서 가져오게 하는 도구들이구나' 정도로 알아도 충분합니다.

```
                                                          build.gradle
dependencies {
  ... 생략 ...
  // 스프링 데이터 JPA
  implementation 'org.springframework.boot:spring-boot-starter-data-jpa'
  runtimeOnly 'com.h2database:h2' // 인메모리 데이터베이스
  compileOnly 'org.projectlombok:lombok' // 롬복
  annotationProcessor 'org.projectlombok:lombok'
}
```

코드를 보면 implementation 'org.springframework.boot:spring-boot-starter-data-jpa'과 같이 입력한 형식이 보입니다. 앞에 있는 것은 구성이라는 것이고, 뒤에 있는 것은 의존성의 이름입니다. 구성은 implementation, testImplementation, runtimeOnly, compileOnly, annotationProcessor 같은 것들이 있는데 처음에는 무엇인지 잘 모를 수 있습니다. 이것들은 자바 그레이들 플러그인에서 의존성을 추가할 때 사용하는 키워드인데 각 키워드마다 뒤에 나올 의존성을 어떻게 관리할지 정하는 것입니다. 키워드의 역할은 다음과 같습니다. 참고하여 읽고 넘어가기 바랍니다.

- implementation : 프로젝트 코드가 컴파일 시점과 런타임에 모두 해당 라이브러리를 필요로 할 때 사용
- testImplementation : 프로젝트의 테스트 코드를 컴파일하고 실행할 때만 필요한 의존성을 설정, 테스트 코드에서만 사용, 메인 애플리케이션 코드에서는 사용하지 않음
- runtimeOnly : 런타임에만 필요한 의존성을 지정, 컴파일 시에는 필요하지 않지만, 애플리케이션을 실행할 때 필요한 라이브러리 설정
- compileOnly : 컴파일 시에만 필요, 런타임에는 포함되지 않아야 하는 의존성 지정
- annotationProcessor : 컴파일 시에 애너테이션을 처리할 때 사용하는 도구의 의존성 지정

02단계 오른쪽에 있는 [Gradle] 탭에서 새로고침 버튼을 누르면 앞서 추가한 의존성을 다운로드할 수 있습니다.

프레젠테이션, 서비스, 퍼시스턴스 계층 만들기

01단계 To do 프레젠테이션 계층에 속하는 컨트롤러 관련 코드를 작성하겠습니다. 앞서 TestController.java를 작성했죠? 거기에 있던 test() 메서드를 삭제하고 새 코드를 추가하겠습니다.

🐶 빨간줄이 나타나면 무시하고 실습을 진행해주세요. 곧 해결할 겁니다.

```java
@RestController
public class TestController {
```
TestController.java

```
@Autowired // TestService 빈 주입
TestService testService;
                              TestService, Member는
@GetMapping("/test")          바로 다음에 작성합니다
public List<Member> getAllMembers() {
  List<Member> members = testService.getAllMembers();
  return members;
}
}
```

02단계 계속해서 비즈니스 계층 코드를 작성하겠습니다. TestController.java 파일과 같은 위치에 TestService.java 파일을 생성하고 아래 코드를 따라 해주세요

```
                                                     TestService.java
@Service
public class TestService {

  @Autowired
  MemberRepository memberRepository;   // ❶ 빈 주입

  public List<Member> getAllMembers() {
    return memberRepository.findAll(); // ❷ 멤버 목록 얻기
  }
}
```

❶ MemberRepository라는 빈을 주입받은 후에 ❷ findAll() 메서드를 호출해 멤버 테이블에 저장된 멤버 목록을 모두 가져옵니다. 지금까지 작성한 코드를 그림으로 표현하면 다음과 같습니다.

HTTP 요청

url: /test

TestController.java

프레젠테이션 계층

TestService.java

비즈니스 계층

03단계 이번에는 퍼시스턴트 계층 코드를 작성하겠습니다. DB에 접근할 때 사용할 객체인 Member DAO를 생성하고 실제 DB에 접근하는 코드를 작성합니다. 같은 위치에 Member.java 파일을 생성해 다음과 같이 코드를 작성해주세요.

```
                                                                    Member.java
@NoArgsConstructor(access = AccessLevel.PROTECTED)
@AllArgsConstructor
@Getter
@Entity
public class Member {
  @Id
  @GeneratedValue(strategy = GenerationType.IDENTITY)
  @Column(name = "id", updatable = false)
  private Long id; // DB 테이블의 'id' 컬럼과 매칭

  @Column(name = "name", nullable = false)
  private String name; // DB 테이블의 'name' 컬럼과 매칭
}
```

각 애너테이션이 정확히 어떤 역할을 하는지는 나중에 자세히 설명하겠습니다. 여기서는 'member라는 이름의 테이블에 접근하는 데 사용할 객체' 정도로만 이해하고 넘어가겠습니다. 이제 실제로 member 테이블과 Member 클래스를 매핑하는 코드를 작성하겠습니다.

04단계 매핑 작업에는 인터페이스 파일이 필요합니다. MemberRepository.java 인터페이스 파일을 새로 생성해 필요한 코드를 작성해보겠습니다.

> 오류 표시가 사라지지 않으면 Gradle을 새로고침 해보세요..

```
                                                           MemberRepository.java
@Repository
public interface MemberRepository extends JpaRepository<Member, Long> {
}
```

이 인터페이스는 DB에서 데이터를 가져오는 퍼시스턴트 계층 역할을 할 겁니다. 자세한 설명은 6장 '리포지터리 만들기'에서 다룰 것이므로 지금은 'member라는 이름의 테이블에 접근해서 Member 클래스에 매핑하는 구현체' 정도로만 이해하면 됩니다.

이제 모든 계층을 구현했습니다. 혹시나 빨간 줄로 표시된 오류 메시지를 해결하지 못한 독자를 위해 이 부분을 해결하는 방법을 설명하겠습니다. 대부분은 임포트 관련 오류 메시지입니다.

임포트 오류 처리하기

사실 임포트 관련 코드 입력 방법은 1장에서 설명했습니다만 처음 스프링 부트를 접하면 임포트 관련 오류 메시지를 해결하는 것이 꽤 어렵게 느껴질 수 있습니다. 여기서 다시 한번 설명하겠습니다. 앞으로는 임포트 관련 오류가 발생했을 때 이 방법으로 처리하세요.

01단계 `To do` TestService.java 파일을 열어 오류 부분을 클릭해 `Alt + Enter`를 누른 다음 [Import class]를 눌러 java.util 패키지의 List 클래스를 임포트하세요. 아마 마우스 커서를 오류 부분에 올려 클릭하면 다음과 같은 안내 메시지가 나올 겁니다.

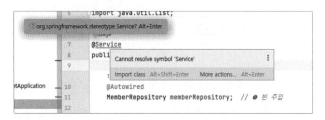

02단계 이어서 TestController.java도 같은 방법으로 해결하세요.

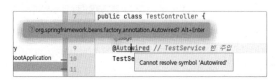

03단계 나머지 파일도 같은 방식으로 해결하되 같은 클래스의 이름이 여러 개 있는 경우 패키지를 선택하라고 할 수 있습니다. 그런 경우 깃허브를 참고해 임포트 오류를 해결하세요. 사실 임포트는 일일이 `Alt + Enter`를 눌러 해결하면 매우 번거롭습니다. 필자는 깃허브를 참고해 임포트 오류 해결하기를 추천합니다. https://github.com/shinsunyoung/springboot-developer-2rd 에 접속해보세요. 그런 다음 여러분이 보고 있는 장의 코드가 있는 위치로 찾아 들어가세요.

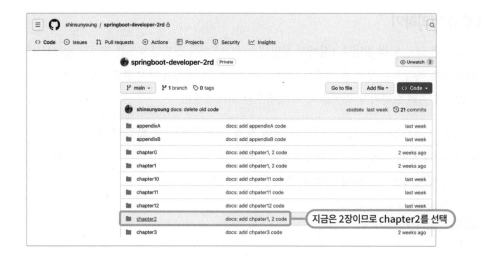

04단계 TestController.java 파일을 찾았으면 윗 부분에 있는 임포트 관련 코드를 복사해 붙여 넣으세요. 지금의 경우 2장을 보고 있으므로 chapter2에서 TestController.java를 찾았습니다.

🐻 임포트 문을 일일이 Alt + Enter 로 삽입하는 과정이 귀찮다면 [Settings → Editor → General → Auto Import → Add unambiguous imports on the fly / Optimize imports on the fly]를 찾아서 체크하고 [적용] 버튼을 눌러 설정하세요.

이렇게 하면 조금 더 쉽게 임포트 오류를 해결할 수 있습니다. 앞으로는 이 방법을 적절히 사용하기 바랍니다. 단, 이때 패키지명, 즉, 이 프로젝트에서는 me.shinsunyoung이 포함된 임포트문은 제대로 임포트되지 않으므로 me.shinsunyoung 대신 여러분이 입력한 groupId로 바꿔 입력하세요!

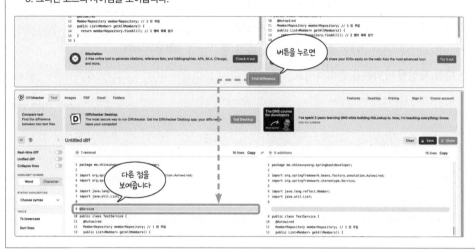

작동 확인하기

이제 각 계층 코드를 완성했으니 스프링 부트 애플리케이션을 실행해보겠습니다. 아직은 데이터베이스에 결과물을 볼 수 있는 데이터가 하나도 입력되지 않은 상태입니다. 보통은 이런 실행 테스트를 하기 위해 애플리케이션을 실행할 때마다 SQL 문을 실행해 데이터베이스에 직접 데이터를 넣는데요, 현재는 인메모리 데이터베이스를 사용하고 있기 때문에 애플리케이션을 새로 실행할 때마다 데이터가 사라져 매우 불편합니다. 이를 해결하기 위해 애플리케이션을 실행할 때 원하는 데이터를 자동으로 넣는 작업을 하겠습니다.

01단계 `To do` 이제 애플리케이션이 실행될 때 저장할 더미 데이터를 넣을 SQL 파일을 생성하겠습니다. resources 디렉터리에 data.sql 파일을 생성하고 다음과 같이 코드를 작성합니다.

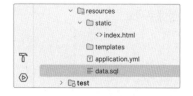

```data.sql
INSERT INTO member (id, name) VALUES (1, 'name 1')
INSERT INTO member (id, name) VALUES (2, 'name 2')
INSERT INTO member (id, name) VALUES (3, 'name 3')
```

02단계 기존에 만들어놓은 application.yml 파일을 열어 아래 코드로 변경합니다. 코드에 보이는 show-sql, format_sql 옵션은 애플리케이션 실행 과정에 데이터베이스에 쿼리할 일이 있으면 실행 구문을 모두 보여주는 옵션이고, defer-datasource-initialization 옵션은 애플리케이션을 실행할 때 테이블을 생성하고 data.sql 파일에 있는 쿼리를 실행하도록 하는 옵션입니다. **모두 수정했다면 SpringBootDeveloperApplication.java 파일 탭을 누른 다음 재실행 아이콘을 클릭하세요.**

😀 만약 실행 버튼이 활성화되어 있지 않다면 SpringBootDeveloperApplication.java 파일 탭을 눌러보세요.

```application.yml
spring:
  jpa:
    # 전송 쿼리 확인
    show-sql: true
    properties:
      hibernate:
        format_sql: true

    # 테이블 생성 후에 data.sql 실행
    defer-datasource-initialization: true
```

파일을 다 작성했나요? 혹시 실수하여 입력한 것은 없는지 다시 확인해보세요. 스프링 부트를 처음 공부할 때 많이 실수하는 것이 들여쓰기입니다. YAML은 들여쓰기를 사용하여 계층 구조를 나타냅니다. 들여쓰기는 일관되어야 합니다. 보통 들여쓰기는 공백 2개나 4개를 사용하죠. 저는 다음과 같이 공백을 2개 사용했습니다. 공백에 맞춰 구조를 표시했으니 여러분도 구조를 떠올리며 YAML 파일을 작성하기 바랍니다. 만약 properties가 jpa와 같은 들여쓰기 레벨에 있거나 format_sql이 hibernate와 같은 들여쓰기 레벨에 있으면 계층 구조가 바뀌어 원하는 설정이 적용되지 않을 수 있고, 오류가 발생할 수 있습니다. 그러니 들여쓰기에 유의하여 YAML 파일을 작성해주세요.

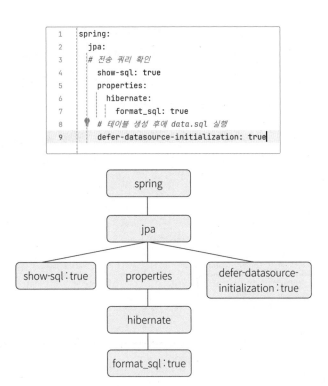

```
1   spring:
2    jpa:
3   # 전송 쿼리 확인
4     show-sql: true
5     properties:
6       hibernate:
7         format_sql: true
8   # 테이블 생성 후에 data.sql 실행
9     defer-datasource-initialization: true
```

03단계 서버 실행 후 콘솔창에서 `Ctrl + F` 를 누르고 CREATE TABLE을 검색해 테이블이 잘 만들어졌는지 확인합니다.

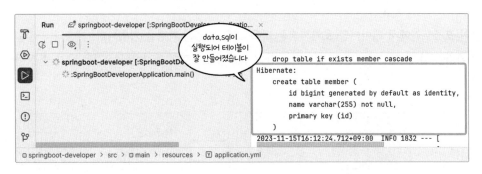

04단계 이제 포스트맨으로 HTTP 요청을 시도해보겠습니다. 포스트맨을 켜고 HTTP 메서드를 [GET]으로, URL에 http://localhost:8080/test을 입력하세요. 그런 다음 [Send] 버튼을 눌러 스프링 부트 서버에 HTTP 요청을 전송하세요. 그러면 좀 전에 data.sql 파일로 작성해 저장한 데이터를 포스트맨, 즉, 클라이언트에서 확인할 수 있습니다.

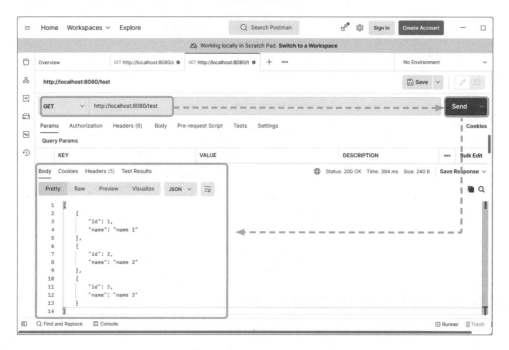

여러분이 포스트맨에서 데이터를 보기까지는 다음 그림과 같은 과정을 거칩니다. 계층과 파일을 맞춰서 과정을 한 번 확인해보세요. 앞으로 이런 과정으로 스프링이 동작한다는 감을 잡기 좋을 겁니다.

3.3 스프링 부트 요청-응답 과정 한 방에 이해하기

스프링 부트로 만든 애플리케이션에서 HTTP 요청이 오면 어떤 과정을 거치며 실행되고 응답하는
지 알아보겠습니다. 지금까지 뭔가 실행되는 과정들을 여러 번 이야기했지만 이 과정도 다시 봐야
합니다. 왜냐하면 스프링 부트의 전체적인 실행 과정이 어떻게 진행되는지를 이해해야 스프링 부
트로 애플리케이션을 만들었을 때 어떤 흐름으로 요청이 처리되는지 알 수 있고, 추후에 문제가 발
생했을 때에도 빠르게 파악할 수 있기 때문이죠. 우선은 다음 그림을 보겠습니다.

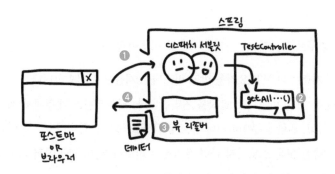

❶ 그림을 보면 포스트맨에서 톰캣에 /test GET 요청을 합니다. 그러면 이 요청은 스프링 부
트 내로 이동하는데요. 이때 스프링 부트의 디스패처 서블릿이라는 녀석이 URL을 분석하고,
이 요청을 처리할 수 있는 컨트롤러를 찾습니다. TestController가 /test라는 패스에 대한
GET 요청을 처리할 수 있는 getAllMembers() 메서드를 가지고 있으므로 디스패처 서블릿은
TestController에게 /test GET 요청을 전달합니다. ❷ 마침내 /test GET 요청을 처리할 수 있
는 getAllMembers() 메서드와 이 요청이 매치됩니다. 그리고 getAllMembers() 메서드에서는
비즈니스 계층과 퍼시스턴스 계층을 통하면서 필요한 데이터를 가져옵니다. ❸ 그러면 뷰 리졸버
는 템플릿 엔진을 사용해 HTML 문서를 만들거나 JSON, XML 등의 데이터를 생성합니다. ❹ 그
결과 members를 return하고 그 데이터를 포스트맨에서 볼 수 있게 됩니다.

스프링 부트의 기초 코드를 작성해보고 실행 원리를 공부했습니다. 스프링 부트의 프레젠테이션 계층, 비즈니스 계층, 퍼시스턴트 계층에 대해 알아보고, 스프링 부트 실행 후에 어떤 과정이 어떻게 일어나는지 알아보았습니다. 다음 장에서는 스프링 부트와 테스트에 대해 학습하겠습니다.

핵심 요약

일반적으로 스프링 부트 프로젝트는 3개 계층으로 이루어집니다.

1 **프레젠테이션 계층**은 HTTP 요청을 받고 비즈니스 계층으로 전송합니다.

2 **비즈니스 계층**은 모든 비즈니스 로직을 처리합니다. 퍼시스턴스 계층에서 제공하는 서비스를 사용할 수도 있고, 권한을 부여하거나 유효성 검사를 하기도 합니다.

3 **퍼시스턴스 계층**은 모든 스토리지 관련 로직을 처리합니다. 이 과정에서 데이터베이스에 접근하기 위한 객체인 DAO를 사용할 수도 있습니다.

1 스프링의 계층 중, 모든 비즈니스 로직을 처리하는 역할을 하는 계층은 무엇일까요?

2 스프링의 계층 중, HTTP 요청을 받고 이 요청을 비즈니스 계층으로 전송하는 역할을 하는 계층은 무엇일까요?

3 스프링의 계층 중, 데이터 처리를 담당하는 역할을 하는 계층은 무엇일까요?

4 다음은 스프링의 요청, 응답 과정을 순서대로 나열한 겁니다. 틀린 것은 무엇일까요?

❶ 포스트맨에서 HTTP 요청을 톰캣에게 보낸다.

❷ 컨트롤러가 스스로 URL을 분석하고 자신이 담당하는 경우 요청을 가져온다.

❸ 프레젠테이션 계층에서 서비스 계층과 퍼시스턴스 계층을 통하면서 필요한 데이터를 가져온다.

❹ 뷰 리졸버를 사용해 템플릿 엔진을 사용해 HTML 문서로 만들거나 JSON, XML 등의 데이터로 생성한다.

❺ 디스패처 서블릿에 의해 응답으로 클라이언트에게 반환된다.

---

1 **정답** 비즈니스 계층

2 **정답** 프레젠테이션 계층

3 **정답** 퍼시스턴스 계층

4 **정답** ❷ 디스패처 서블릿에서 해당 요청을 받아 적절한 컨트롤러를 선택합니다.

04장

스프링 부트 3와
테스트

학습 목표

스프링 부트 3에서 테스트 코드를 어떻게 작성하는지 알아보고 실습을 하며 이해합니다.

핵심 키워드

- Junit
- AssertJ
- @Test
- given-when-then

학습 코스

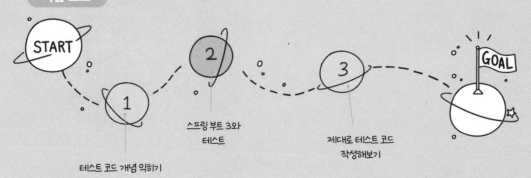

START

1
테스트 코드 개념 익히기

2
스프링 부트 3와
테스트

3
제대로 테스트 코드
작성해보기

GOAL

4.1 테스트 코드 개념 익히기

테스트 코드는 작성한 코드가 의도대로 잘 동작하고 예상치 못한 문제가 없는지 확인할 목적으로 작성하는 코드입니다. 보통 테스트 코드 관련 공부는 본 개발 공부를 하느라 미루는 경우가 많습니다. 하지만 필자는 유지보수에도 매우 좋고, 코드 수정 시 기존 기능이 제대로 작동하지 않을까봐 걱정하지 않아도 된다는 장점이 있는 테스트 코드 공부를 꼭 추천합니다. 테스트 코드 공부를 미루고 있다면 이번 기회를 통해 제대로 공부해보기 바랍니다.

테스트 코드란?

테스트 코드는 test 디렉터리에서 작업합니다. 우리의 프로젝트에도 이미 test 디렉터리가 있습니다.

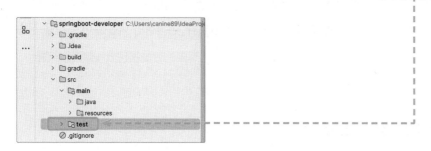

테스트 코드에도 다양한 패턴이 있습니다. 그중 제가 사용할 패턴은 given-when-then 패턴인데요, given-when-then 패턴은 테스트 코드를 세 단계로 구분해 작성하는 방식을 말합니다. ❶ given은 테스트 실행을 준비하는 단계, ❷ when은 테스트를 진행하는 단계, ❸ then은 테스트 결과를 검증하는 단계입니다. 예를 들어 새로운 메뉴를 저장하는 코드를 테스트한다고 가정했을 때 테스트 코드를 다음과 같이 given, when, then을 적용해 구현합니다. 실제 실행할 코드는 아니므로 지금은 잠시 키보드에서 손을 놓고 코드와 설명만 봐주세요.

▼ given-when-then 패턴의 테스트 코드 예

```
@DisplayName("새로운 메뉴를 저장한다.")
@Test
public void saveMenuTest() {
    // ❶ given : 메뉴를 저장하기 위한 준비 과정
    final String name = "아메리카노";
    final int price = 2000;
```

```
  final Menu americano = new Menu(name, price);

  // ❷ when : 실제로 메뉴를 저장
  final long savedId = menuService.save(americano);

  // ❸ then : 메뉴가 잘 추가되었는지 검증
  final Menu savedMenu = menuService.findById(savedId).get();
  assertThat(savedMenu.getName()).isEqualTo(name);
  assertThat(savedMenu.getPrice()).isEqualTo(price);
}
```

코드를 보면 세 부분으로 나누어져 있습니다. 메뉴를 저장하기 위해 준비하는 과정인 given절, 실제로 메뉴를 저장하는 when절, 메뉴가 잘 추가되었는지 검증하는 then절로 나누어져 있습니다. 우선은 이 정도로 테스트 코드가 무엇인지 감만 잡아두겠습니다. 본격적인 내용은 바로 다음 실습을 통해 공부해보죠!

4.2 스프링 부트 3와 테스트

스프링 부트는 애플리케이션을 테스트하기 위한 도구와 애너테이션을 제공합니다. spring-boot-starter-test 스타터에 테스트를 위한 도구가 모여 있습니다.

> **스프링 부트 스타터 테스트 목록**
>
> · JUnit : 자바 프로그래밍 언어용 단위 테스트 프레임워크
>
> · Spring Test & Spring Boot Test : 스프링 부트 애플리케이션을 위한 통합 테스트 지원
>
> · AssertJ : 검증문인 어설션을 작성하는 데 사용되는 라이브러리
>
> · Hamcrest : 표현식을 이해하기 쉽게 만드는 데 사용되는 Matcher 라이브러리
>
> · Mockito : 테스트에 사용할 가짜 객체인 목 객체를 쉽게 만들고, 관리하고, 검증할 수 있게 지원하는 테스트 프레임워크
>
> · JSONassert : JSON용 어설션 라이브러리
>
> · JsonPath : JSON 데이터에서 특정 데이터를 선택하고 검색하기 위한 라이브러리

이 중에서 JUnit과 AssertJ를 가장 많이 사용하죠. 여기서는 이 두 도구를 자세히 알아보겠습니다.

JUnit이란?

JUnit은 자바 언어를 위한 단위 테스트 프레임워크입니다. 단위 테스트라는 말이 생소할 텐데요. 단위 테스트란, 작성한 코드가 의도대로 작동하는지 작은 단위로 검증하는 것을 의미합니다. 이때 단위는 보통 메서드가 됩니다. JUnit을 사용하면 단위 테스트를 작성하고 테스트하는 데 도움을 줍니다. 사용법도 간단해 쉽게 익힐 수 있습니다. 무엇보다 테스트 결과가 직관적이라 좋죠. 구체적인 JUnit의 특징은 다음과 같습니다.

Junit의 특징

· 테스트 방식을 구분할 수 있는 애너테이션을 제공

· @Test 애너테이션으로 메서드를 호출할 때마다 새 인스턴스를 생성, 독립 테스트 가능

· 예상 결과를 검증하는 어설션 메서드 제공

· 사용 방법이 단순, 테스트 코드 작성 시간이 적음

· 자동 실행, 자체 결과를 확인하고 즉각적인 피드백을 제공

이제 JUnit을 실제로 사용해봅시다.

Junit으로 단위 테스트 코드 만들기

01단계 To do JUnitTest 파일을 만들겠습니다. [src → test → java] 폴더에 JUnitTest.java 파일을 생성하고 코드를 따라 작성해보세요.

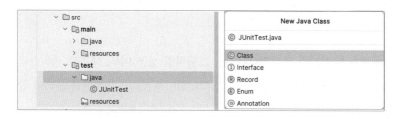

```java
public class JUnitTest {
  @DisplayName("1 + 2는 3이다") // 테스트 이름
  @Test // 테스트 메서드
  public void junitTest() {
    int a = 1;
    int b = 2;
```
JUnitTest.java

```
    int sum = 3;

    Assertions.assertEquals(sum, a + b); // 값이 같은지 확인
  }
}
```

@DisplayName 애너테이션은 테스트 이름을 명시합니다. @Test 애너테이션을 붙인 메서드는 테스트를 수행하는 메서드가 됩니다. JUnit은 테스트끼리 영향을 주지 않도록 각 테스트를 실행할 때마다 테스트를 위한 실행 객체를 만들고 테스트가 종료되면 실행 객체를 삭제합니다. junitTest() 메서드에 작성한 테스트 코드 설명을 하자면 매우 간단합니다. 이 테스트에서는 JUnit에서 제공하는 검증 메서드인 assertEquals()로 a + b와 sum의 값이 같은지 확인합니다. 이를 통해 assertEquals() 메서드의 사용법을 자연스럽게 알았을 겁니다. assertEquals() 메서드의 첫 번째 인수에는 기대하는 값, 두 번째 인수에는 실제로 검증할 값을 넣어줍니다.

02단계 실제로 테스트 코드가 잘 동작하는지 확인해보겠습니다. JUnitTest 파일을 우클릭하여 테스트를 실행해보세요.

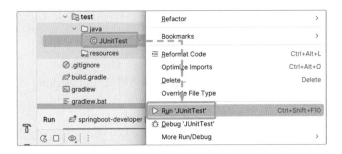

테스트가 끝나면 콘솔창에 테스트 결과가 출력됩니다. 단, 그림처럼 성공 여부, 테스트 케이스의 이름, 테스트 실행 시간 정보를 확인하기 위해서는 체크 모양의 [Show passed] 버튼을 눌러야 합니다.

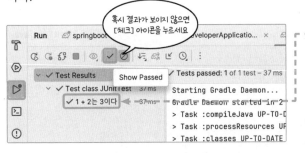

한글이 깨지는 경우 [Settings → Build, Execution, Deployment → Build Tools → Gradle]에서 Build and run using과 Run tests using을 Gradle에서 IntelliJ IDEA로 바꾸면 됩니다.

03단계 만약 테스트가 실패하면 어떻게 될까요? 실패를 위한 테스트 케이스를 하나 더 추가해봅시다. jUnitTest( ) 메서드 바로 아래에 다음 코드를 추가해보세요.

```java
public class JUnitTest {                                    JUnitTest.java
... 생략 ...
  @DisplayName("1 + 3는 4이다.")
  @Test
  public void junitFailedTest() {
    int a = 1;
    int b = 3;
    int sum = 3;

    Assertions.assertEquals(sum, a + b); // 실패하는 케이스
  }
}
```

실패용 테스트 케이스를 실행하면 테스트가 실패했다는 표시와 함께 기댓값과 실제로 받은 값을 비교해서 알려줍니다. 이렇게 JUnit은 테스트 케이스가 하나라도 실패하면 전체 테스트를 실패한 것으로 보여줍니다.

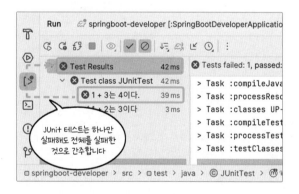

04단계 조금 더 알아볼까요? 이번에는 자주 사용하는 JUnit의 애너테이션을 알아보겠습니다. **junitFailedTest( ) 메서드는 삭제하세요.** 그리고 JUnitCycleTest.java 파일을 만들어 코드를 입력하세요. 이번에는 테스트용 메서드가 많죠? 앞서 JUnit은 각 테스트에 대해 객체를 만들어 독립적으로 실행한다고 했는데 드디어 그 내용을 확인해볼 수 있겠네요. 또 테스트는 애너테이션에 따라 실행 순서가 정해집니다. 이번 실습을 통해 확인해보기 바랍니다.

```java
import org.junit.jupiter.api.*;                              JUnitCycleTest.java

public class JUnitCycleTest {
  @BeforeAll // 전체 테스트를 시작하기 전에 1회 실행하므로 메서드는 static으로 선언
  static void beforeAll() {
    System.out.println("@BeforeAll");
  }

  @BeforeEach // 테스트 케이스를 시작하기 전마다 실행
  public void beforeEach() {
    System.out.println("@BeforeEach");
  }

  @Test
  public void test1() {
    System.out.println("test1");
  }

  @Test
  public void test2() {
    System.out.println("test2");
  }

  @Test
  public void test3() {
    System.out.println("test3");
  }

  @AfterAll // 전체 테스트를 마치고 종료하기 전에 1회 실행하므로 메서드는 static으로 선언
  static void afterAll() {
    System.out.println("@AfterAll");
  }

  @AfterEach // 테스트 케이스를 종료하기 전마다 실행
  public void afterEach() {
    System.out.println("@AfterEach");
  }
}
```

이 코드에는 굉장히 많은 애너테이션을 사용했는데요. 잠시 실행하기 전에 애너테이션 설명을 하겠습니다.

@BeforeAll 애너테이션

전체 테스트를 시작하기 전에 처음으로 한 번만 실행합니다. 예를 들어 데이터베이스를 연결해야 하거나 테스트 환경을 초기화할 때 사용됩니다. 이 애너테이션은 전체 테스트 실행 주기에서 한 번만 호출되어야 하기 때문에 메서드를 static으로 선언해야 합니다.

@BeforeEach 애너테이션

테스트 케이스를 시작하기 전에 매번 실행합니다. 예를 들어 테스트 메서드에서 사용하는 객체를 초기화하거나 테스트에 필요한 값을 미리 넣을 때 사용할 수 있습니다. 각 인스턴스에 대해 메서드를 호출해야 하므로 메서드는 static이 아니어야 합니다.

@AfterAll 애너테이션

전체 테스트를 마치고 종료하기 전에 한 번만 실행합니다. 예를 들어 데이터베이스 연결을 종료할 때나 공통적으로 사용하는 자원을 해제할 때 사용할 수 있습니다. 전체 테스트 실행 주기에서 한 번만 호출되어야 하므로 메서드를 static으로 선언해야 합니다.

@AfterEach 애너테이션

각 테스트 케이스를 종료하기 전 매번 실행합니다. 예를 들어 테스트 이후에 특정 데이터를 삭제해야 하는 경우 사용합니다. @BeforeEach 애너테이션과 마찬가지로 메서드는 static이 아니어야 합니다.

애너테이션을 중심으로 JUnit의 실행 흐름을 살펴보면 다음과 같습니다. @BeforeEach부터 @AfterEach까지 테스트 개수만큼 반복된 결과물을 볼 수 있겠네요.

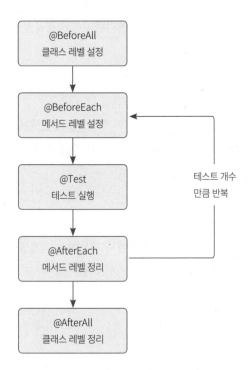

05단계 정말 그런지 테스트 코드를 실행해서 출력 결과를 살펴봅시다.

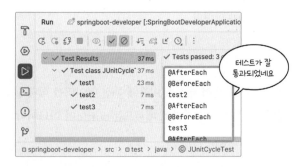

결과를 보면 @BeforeAll 애너테이션으로 설정한 메서드가 실행되고, 그 이후에는 테스트 케이스 개수만큼 @BeforeEach → @Test → @AfterEach의 생명주기로 테스트가 진행됩니다. 모든 테스트 케이스가 끝나면 @AfterAll 애너테이션으로 설정한 메서드를 실행하고 종료하네요. JUnit의 사용 방법은 이쯤해 마치겠습니다. 이번에는 JUnit과 함께 사용하면 정말 좋은 AssertJ로 넘어가보죠!

AssertJ로 검증문 가독성 높이기

AssertJ는 JUnit과 함께 사용해 검증문의 가독성을 확 높여주는 라이브러리입니다. 이를테면 앞서 작성한 테스트 코드의 Assertion은 기댓값과 실제 비교값을 명시하지 않으므로 비교 대상이 헷갈립니다. 예를 들어 다음 코드를 보면 기댓값과 비교값이 잘 구분되지 않습니다.

▼ 기댓값과 비교값이 잘 구분되지 않는 Assertion 예

```
Assertions.assertEquals(sum, a + b);
```

큰 문제라고 생각하지 않을 수 있겠지만 대규모 프로젝트에서는 조금 더 명확한 모습의 코드가 실수를 줄일 수 있어 이런 가독성은 꽤 중요한 문제입니다. 하지만 이럴 때 AssertJ를 사용하면 어떨까요? 다음은 AssertJ를 적용한 코드입니다.

▼ 가독성이 좋은 AssertJ 예

```
assertThat(a + b).isEqualTo(sum);
```

이 경우 **a와 b를 더한 값이 sum과 같아야 한다**는 의미로 명확하게 읽히기 때문에 코드를 읽는 사람이 헷갈리지 않습니다. AssertJ에는 값이 같은지 비교하는 isEqualTo(), isNotEqualTo() 외에도 다양한 메서드를 제공합니다. 자주 사용하는 메서드를 표로 정리해두었으니 읽어보기 바랍니다.

메서드 이름	설명
isEqualTo(A)	A 값과 같은지 검증
isNotEqualTo(A)	A 값과 다른지 검증
contains(A)	A 값을 포함하는지 검증
doesNotContain(A)	A 값을 포함하지 않는지 검증
startsWith(A)	접두사가 A인지 검증
endsWith(A)	접미사가 A인지 검증
isEmpty()	비어 있는 값인지 검증
isNotEmpty()	비어 있지 않은 값인지 검증
isPositive()	양수인지 검증

isNegative( )	음수인지 검증
isGreaterThan(1)	1보다 큰 값인지 검증
isLessThan(1)	1보다 작은 값인지 검증

테스트 코드 작성 연습 문제 풀어보기

지금까지 배운 내용을 떠올릴 겸 연습 문제를 몇 개 풀어볼까요? JUnitQuiz.java 파일을 test/java 폴더에 추가한 다음 아래 문제를 풀어보세요!

문제 01 String으로 선언한 변수 3개가 있습니다. 여기에서 세 변수 모두 NULL이 아니며 name1과 name2는 같은 값을 가지고, name3는 다른 나머지 두 변수와 다른 값을 가지는 데, 이를 검증하는 테스트를 작성해보세요. **여기부터 나오는 모든 코드는 JUnitQuiz 클래스 내에 작성하기 바랍니다.**

문제 코드 다음에 바로 정답이 있습니다. 보기 전에 충분히 스스로 고민하여 풀고 정답을 확인하세요.

```java
                                              JUnitQuiz.java
@Test
public void junitTest() {
  String name1 = "홍길동";
  String name2 = "홍길동";
  String name3 = "홍길은";

  // ❶ 모든 변수가 null이 아닌지 확인
  // ❷ name1과 name2가 같은지 확인
  // ❸ name1과 name3이 다른지 확인
}
```

문제 코드입니다

정답 01 정답은 다음과 같습니다.

```java
                                              JUnitQuiz.java
@Test
public void junitQuiz1() {
  String name1 = "홍길동";
  String name2 = "홍길동";
  String name3 = "홍길은";

  // ❶ 모든 변수가 null이 아닌지 확인
```

정답 코드입니다

```
    assertThat(name1).isNotNull();
    assertThat(name2).isNotNull();
    assertThat(name3).isNotNull();

    // ❷ name1과 name2가 같은지 확인
    assertThat(name1).isEqualTo(name2);

    // ❸ name1과 name3이 다른지 확인
    assertThat(name1).isNotEqualTo(name3);
}
```

null이 아닌지 확인하기 위해 각 변수에 isNotNull( ) 메서드를 사용했고, name1과 name2가 같은지 확인하기 위해 isEqualTo( ) 메서드를 사용했습니다. 마지막으로 name1과 name3가 다른 값을 가지는지 확인하기 위해 isNotEqualTo( ) 메서드를 사용했죠.

문제 02 이번에는 int로 선언된 변수 3개가 있습니다. number1, number2, number3은 각각 15, 0, -1의 값을 가집니다. 세 변수가 각각 양수, 0, 음수이고 number1은 number2보다 큰 값이고, number3는 number2보다 작은 값임을 검증하는 테스트를 작성해보세요.

```
@Test                                                         JUnitQuiz.java
public void junitTest2() {
    int number1 = 15;
    int number2 = 0;
    int number3 = -5;

    // ❶ number1은 양수인지 확인
    // ❷ number2은 0인지 확인
    // ❸ number3은 음수인지 확인
    // ❹ number1은 number2보다 큰지 확인
    // ❺ number3은 number2보다 작은지 확인
}
```

정답 02 정답은 다음과 같습니다.

```
@Test                                                         JUnitQuiz.java
public void junitQuiz2() {
    int number1 = 15;
```

```
    int number2 = 0;
    int number3 = -5;

    // ❶ number1은 양수인지 확인
    assertThat(number1).isPositive();

    // ❷ number2은 0인지 확인
    assertThat(number2).isZero();

    // ❸ number3은 음수인지 확인
    assertThat(number3).isNegative();

    // ❹ number1은 number2보다 큰지 확인
    assertThat(number1).isGreaterThan(number2);

    // ❺ number3은 number2보다 작은지 확인
    assertThat(number3).isLessThan(number2);
}
```

양수, 0, 음수임을 검증하기 위해 각각 isPositive( ), isZero( ), isNegative( ) 메서드를 사용했습니다. 또한 수 비교를 위해 isGreaterThan( ), isLessThan( ) 메서드를 사용했죠.

문제 03 이번에는 JUnitCycleQuiz.java 파일을 추가하고 조금 다른 문제를 풀어보겠습니다. 각각의 테스트를 시작하기 전에 "Hello!"를 출력하는 메서드와 모든 테스트를 끝마치고 "Bye!"를 출력하는 메서드를 추가해주세요. 다음 클래스가 있다고 가정해보겠습니다.

```
                                                             JUnitCycleQuiz.java
public class JUnitCycleQuiz {

  @Test
  public void junitQuiz3() {
    System.out.println("This is first test");
  }

  @Test
  public void junitQuiz4() {
    System.out.println("This is second test");
  }
}
```

여기에서 JUnitCycleQuiz 클래스를 실행하면 콘솔에 다음과 같이 출력되려면 어떻게 해야 할까요?

```
Hello!
This is first test
Hello!
This is second test
Bye!
```

정답 03 정답은 다음과 같습니다.

```
JUnitCycleQuiz.java
public class JUnitCycleQuiz {

  @BeforeEach
  public void beforeEach() {
    System.out.println("Hello!");
  }

  @AfterAll
  public static void afterAll() {
    System.out.println("Bye!");
  }

  @Test
  public void junitQuiz3() {
    System.out.println("This is first test");
  }

  @Test
  public void junitQuiz4() {
    System.out.println("This is second test");
  }
}
```

각 테스트를 시작하기 전이기 때문에 @BeforeEach를 사용해주었고, 모든 테스트를 끝낸 후에 실행되어야 하기 때문에 @AfterAll을 사용해 메서드를 추가해주었습니다. 이때 @AfterAll에 static을 추가하는 것도 잊지 말아야 합니다.

4.3 제대로 테스트 코드 작성해보기

이제 지금까지 배운 내용을 바탕으로 제대로 테스트 코드를 작성해보겠습니다.

01단계 `To do` TestController.java 파일을 열고 클래스 이름 위에 마우스 커서를 놓고 클릭한 다음 `Alt + Enter` 을 누르면 [Create Test]가 나타납니다. [Create Test]를 누르세요. 그러면 Create Test 창이 열리고 [OK]를 누르면 TestControllerTest.java 파일이 test/java/패키지 아래에 생성됩니다.

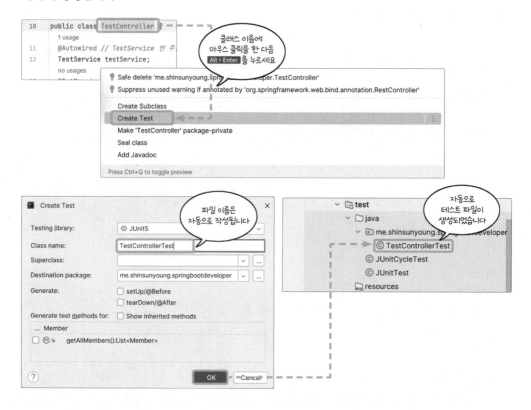

02단계 생성된 파일을 다음과 같이 작성합니다. 여기서는 테스트 코드를 작성하기 위해 또 새로운 애너테이션들을 사용했습니다. 계속해서 많은 애너테이션을 공부하는 것이 부담스럽게 느껴질 수도 있겠지만 실무에서는 이런 애너테이션을 자주 사용하므로 꼭 알아두기 바랍니다.

```
@SpringBootTest // 테스트용 애플리케이션 컨텍스트 생성        TestControllerTest.java
@AutoConfigureMockMvc // MockMvc 생성 및 자동 구성
class TestControllerTest {
```

```
@Autowired
protected MockMvc mockMvc;

@Autowired
private WebApplicationContext context;

@Autowired
private MemberRepository memberRepository;

@BeforeEach // 테스트 실행 전 실행하는 메서드
public void mockMvcSetUp() {
  this.mockMvc = MockMvcBuilders.webAppContextSetup(context)
          .build();
}

@AfterEach // 테스트 실행 후 실행하는 메서드
public void cleanUp() {
  memberRepository.deleteAll();
}
}
```

@SpringBootTest

@SpringBootTest 애너테이션은 메인 애플리케이션 클래스에 추가하는 애너테이션인 @SpringBootApplication이 있는 클래스를 찾고 그 클래스에 포함되어 있는 빈을 찾은 다음 테스트용 애플리케이션 컨텍스트라는 것을 만듭니다.

@AutoConfigureMockMvc

@AutoConfigureMockMvc는 MockMvc를 생성하고 자동으로 구성하는 애너테이션입니다. MockMvc는 애플리케이션을 서버에 배포하지 않고도 테스트용 MVC 환경을 만들어 요청 및 전송, 응답 기능을 제공하는 유틸리티 클래스입니다. 즉, 컨트롤러를 테스트할 때 사용되는 클래스입니다.

@BeforeEach

테스트를 실행하기 전에 실행하는 메서드에 적용하는 애너테이션입니다. 여기서는 MockMvcSet Up() 메서드를 실행해 MockMvc를 설정해줍니다.

@AfterEach

테스트를 실행한 이후에 실행하는 메서드에 적용하는 애너테이션입니다. 여기서는 cleanUp() 메서드를 실행해 member 테이블에 있는 데이터들을 모두 삭제해줍니다.

03단계 모두 작성하고 나면 테스트 코드의 작성이 완료된 겁니다. 그럼 이제 TestController의 로직을 테스트하는 코드를 작성하겠습니다. 같은 파일에 다음 코드를 추가하세요.

```
                                                              TestControllerTest.java
@SpringBootTest // 테스트용 애플리케이션 컨텍스트 생성
@AutoConfigureMockMvc // MockMvc 생성 및 자동 구성
class TestControllerTest {

... 생략 ...

  @DisplayName("getAllMembers: 아티클 조회에 성공한다.")
  @Test
  public void getAllMembers() throws Exception {
    // given
    final String url = "/test";
    Member savedMember = memberRepository.save(new Member(1L, "홍길동"));

    // when
    final ResultActions result = mockMvc.perform(get(url) // ❶
            .accept(MediaType.APPLICATION_JSON)); // ❷

    // then
    result
            .andExpect(status().isOk()) // ❸
            // ❹ 응답의 0번째 값이 DB에 저장한 값과 같은지 확인
            .andExpect(jsonPath("$[0].id").value(savedMember.getId()))
            .andExpect(jsonPath("$[0].name").value(savedMember.getName()));
  }
}
```

> 코드를 입력해야 할 위치가 헷갈리면 깃허브를 참고하세요!

> lombok을 설치해야 오류가 사라져요

> import static org. springframe work.test.web. servlet.request.MockMvcRequest Builders.get;을 임포트하세요

그리고 코드를 다 작성하면 아마 new Member(⋯)에 빨간줄이 생기면서 해결이 되지 않을 겁니다. 이건 lombok 플러그인이 없기 때문인데요, lombok은 게터^{getter}, 세터^{setter}, 생성자와 같이 클래스를 만들 때 반복하여 입력하는 코드를 줄여주기 위한 라이브러리입니다. 지금은 lombok을 사용하기 위한 의존성만 추가한 상태입니다. 인텔리제이에서 lombok을 사용하려면 lombok 플러그인도 다운로드해야 합니다. [Settings → Plugins → Marketplace]에서 lombok을 검색한 뒤 다운로드하고 인텔리제이를 다시 시작하세요!

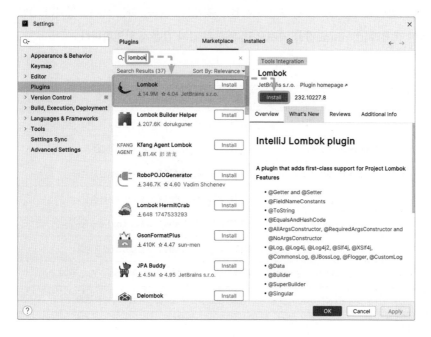

이 테스트에도 4.1절 '테스트 코드 개념 익히기'에서 언급한 Given-When-Then 패턴이 적용되어 있습니다. 다음 표를 통해 패턴에서 의도한 테스트가 무엇인지 확인하기 바랍니다.

Given	멤버를 저장합니다.
When	멤버 리스트를 조회하는 API를 호출합니다.
Then	응답 코드가 200 OK이고, 반환받은 값 중에 0번째 요소의 id와 name이 저장된 값과 같은지 확인합니다.

❶ perform() 메서드는 요청을 전송하는 역할을 하는 메서드입니다. 결과로 ResultActions 객체를 받으며, ResultActions 객체는 반환값을 검증하고 확인하는 andExpect() 메서드를 제공해줍니다. andExpect()에 관한 내용은 ❸에서 다루겠습니다.

❷ accept( ) 메서드는 요청을 보낼 때 무슨 타입으로 응답을 받을지 결정하는 메서드입니다. JSON, XML 등 다양한 타입이 있지만, 여기에서는 JSON을 받는다고 명시해두도록 합니다.

❸ andExpect( ) 메서드는 응답을 검증합니다. TestController에서 만든 API는 응답으로 OK(200)을 반환하므로 이에 해당하는 메서드인 isOk를 사용해 응답 코드가 OK(200)인지 확인합니다.

❹ jsonPath("$[0].${필드명}")은 JSON 응답값의 값을 가져오는 역할을 하는 메서드입니다. 0번째 배열에 들어 있는 객체의 id, name값을 가져오고, 저장된 값과 같은지 확인합니다.

▼ HTTP 주요 응답 코드

코드	매핑 메서드	설명
200 OK	isOk( )	HTTP 응답 코드가 200 OK인지 검증
201 Created	isCreated( )	HTTP 응답 코드가 201 Created인지 검증
400 Bad Request	isBadRequest( )	HTTP 응답 코드가 400 Bad Request인지 검증
403 Forbidden	isForbidden( )	HTTP 응답 코드가 403 Forbidden인지 검증
404 Not Found	isNotFound( )	HTTP 응답 코드가 404 Not Found인지 검증
400번대 응답 코드	is4xxClientError( )	HTTP 응답 코드가 400번대 응답 코드인지 검증
500 Internal Server Error	isInternalServerError( )	HTTP 응답 코드가 500 Internal Server Error인지 검증
500번대 응답 코드	is5xxServerError( )	HTTP 응답 코드가 500번대 응답 코드인지 검증

04단계 테스트 코드 작성이 완료되었으니, 실제로 테스트가 잘 동작하는지 확인하겠습니다. 테스트 파일에 오른쪽 마우스를 클릭하고 [Run 'TestControllerTest']를 선택합니다.

😀 만약 테스트 실행 버튼이 보이지 않는다면 @Test 관련 임포트문을 잘못 작성하지 않았는지 확인해보세요.

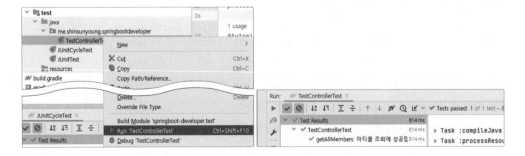

테스트 코드 패턴 연습하기

지금까지 컨트롤러를 테스트할 때 작성하는 일반적인 테스트 코드 패턴을 살펴보았습니다. 다만 이 정도로는 테스트 코드를 어떻게 작성해야 할지 감이 잘 오지 않을 거에요. 조금 더 연습해보겠습니다.

01단계 연습을 위해 컨트롤러를 추가합시다. [src → main → java → me.shinsunyoung. springbootdeveloper] 폴더에 QuizController.java 라는 이름으로 파일을 추가하고 코드를 따라 작성해주세요.

```java
@RestController
public class QuizController {

  @GetMapping("/quiz") // ❶
  public ResponseEntity<String> quiz(@RequestParam("code") int code) {
    switch (code) {
      case 1:
        return ResponseEntity.created(null).body("Created!");
      case 2:
        return ResponseEntity.badRequest().body("Bad Request!");
      default:
        return ResponseEntity.ok().body("OK!");
    }
  }

  @PostMapping("/quiz") // ❷
  public ResponseEntity<String> quiz2(@RequestBody Code code) {

    switch (code.value()) {
      case 1:
        return ResponseEntity.status(403).body("Forbidden!");
      default:
        return ResponseEntity.ok().body("OK!");
    }
  }
}

record Code(int value) {} // ❸
```

QuizController.java

클래스는 ❶ quiz 패스로 GET 요청이 오면 quiz( )라는 메서드에서 요청을 처리합니다. 이 메서드는 요청 파라미터의 키가 "code"이면 int 자료형의 code 변수와 매핑되며, code 값에 따라 다른 응답을 보냅니다. 다음 표를 참고합시다.

code 값	응답 코드	응답 본문
1	201	Created!
2	400	Bad Request!
그 외	200	OK!

❷ quiz 패스로 POST 요청이 오면 quiz2( )라는 메서드에서 요청을 처리합니다. 이 메서드는 요청 값을 Code라는 객체로 매핑한 후에 value 값에 따라 다른 응답을 보냅니다. 다음 표를 참고합시다.

code 값	응답 코드	응답 본문
1	403	Forbidden!
그 외	200	OK!

❸ ❷에서 매핑할 객체로 사용하기 위해 선언한 레코드입니다. 레코드는 2장 '스프링 부트 3와 자바 버전'에서 잠깐 설명했던 기능입니다. 데이터 전달을 목적으로 하는 객체를 더 빠르고 간편하게 만들기 위한 기능으로 레코드를 사용하면 필드, 생성자, 게터, equals( ), hashCode( ), toString( ) 메서드 등을 자동으로 생성합니다.

02단계 [src → test → java → me.shinsunyoung.springbootdeveloper] 폴더에 QuizControllerTest.java 파일을 만든 후 다음 코드를 입력하세요. 테스트 코드이므로 앞에서 배운대로 컨트롤러에 Alt + Enter 를 눌러 만들면 됩니다.

```
                                                    QuizControllerTest.java
@SpringBootTest
@AutoConfigureMockMvc
class QuizControllerTest {

  @Autowired
  protected MockMvc mockMvc;
```

```
    @Autowired
    private WebApplicationContext context;

    @Autowired
    private ObjectMapper objectMapper;

    @BeforeEach
    public void mockMvcSetUp() {
        this.mockMvc = MockMvcBuilders.webAppContextSetup(context)
                .build();
    }

}
```

ObjectMapper는 처음 보는 객체죠? ObjectMapper는 Jackson 라이브러리에서 제공하는 클래스로 객체와 JSON 간의 변환을 처리해줍니다. 다음 예를 봅시다.

```
Code code = new Code(13)
objectMapper.writeValueAsString(code)
```

이렇게 new Code(13)과 같이 객체를 만들고 writeValueAsString(code)과 같이 메서드를 호출하면 다음과 같이 JSON 형태의 문자열로 객체가 변환됩니다. 이를 객체 직렬화라고 말하기도 합니다.

```
{'value' : 13}
```

테스트 코드 연습 문제 풀어보기

그럼 이제 본격적으로 퀴즈를 풀어볼까요? 다음 퀴즈를 풀어보세요. 퀴즈마다 책에서 다루지 않은 메서드를 추가로 사용할 때는 힌트에 적어두었습니다. 힌트를 보면 아마 쉽게 풀 수 있을 겁니다.

문제 01 GET 요청을 보내 응답 코드마다 예상하는 응답을 반환하는지 검증하는 테스트를 작성하세요.

```java
// QuizControllerTest.java
@DisplayName("quiz(): GET /quiz?code=1 이면 응답 코드는 201,
응답 본문은 Created!를 리턴한다.")
@Test
public void getQuiz1() throws Exception {
  // 여기에 코드를 작성해주세요.
}


@DisplayName("quiz(): GET /quiz?code=2 이면 응답 코드는 400, 응답 본문은 Bad
Request!를 리턴한다.")
@Test
public void getQuiz2() throws Exception {
  // 여기에 코드를 작성해주세요.
}
```

힌트 : 쿼리 파라미터를 추가하는 방법은 perform( ) 메서드에 param( ) 메서드를 체이닝하여 사용하면 됩니다.

정답 01 정답은 다음 코드를 참고해주세요.

```java
// QuizControllerTest.java
@DisplayName("quiz(): GET /quiz?code=1 이면 응답 코드는 201,
응답 본문은 Created!를 리턴한다.")
@Test
public void getQuiz1() throws Exception {
  // given
  final String url = "/quiz";

  // when
  final ResultActions result = mockMvc.perform(get(url)
          .param("code", "1")
  );

  // then
  result
          .andExpect(status().isCreated())
          .andExpect(content().string("Created!"));
}
```

```
@DisplayName("quiz(): GET /quiz?code=2 이면 응답 코드는 400,
응답 본문은 Bad Request!를 리턴한다.")
@Test
public void getQuiz2() throws Exception {
  // given
  final String url = "/quiz";

  // when
  final ResultActions result = mockMvc.perform(get(url)
        .param("code", "2")
  );

  // then
  result
        .andExpect(status().isBadRequest())
        .andExpect(content().string("Bad Request!"));
}
```

given/when/then절을 구분해 given 절에는 준비 코드, when 절에는 실행 코드, then 절에는 검증 코드를 작성하였고 code가 1일 때에는 201을, 2일 때는 400을 응답하는지 검증했습니다.

문제 02 POST 요청을 보내 응답 코드마다 예상하는 응답을 반환하는지 검증하는 테스트를 작성하세요.

QuizControllerTest.java

```
@DisplayName("quiz(): POST /quiz에 요청 본문이 {\"value\":1}
이면 응답 코드는 403, 응답 본문은 Forbidden!를 리턴한다.")
@Test
public void postQuiz1() throws Exception {
  // 여기에 코드를 작성해주세요.
}


@DisplayName("quiz(): POST /quiz에 요청 본문이 {\"value\":13} 이면 응답 코드는 200,
응답 본문은 OK!를 리딘한다.")
@Test
public void postQuiz13() throws Exception {
  // 여기에 코드를 작성해주세요.
}
```

힌트 : 객체를 JSON으로 변환하려면 ObjectMapper의 writeValueAsString( ) 메서드를 사용하면 됩니다.

힌트 : JSON 타입으로 요청을 보내려면 perform( ) 메서드에 contentType(MediaType.APPLICATION_JSON) 메서드를 체이닝해서 사용하면 됩니다.

정답 02 정답은 다음 코드를 참고해주세요.

```java
// QuizControllerTest.java
@DisplayName("quiz(): POST /quiz에 요청 본문이 {\"value\":1}
이면 응답 코드는 403, 응답 본문은 Forbidden!를 리턴한다.")
@Test
public void postQuiz1() throws Exception {
  // given
  final String url = "/quiz";

  // when
  final ResultActions result = mockMvc.perform(post(url)
        .contentType(MediaType.APPLICATION_JSON)
        .content(objectMapper.writeValueAsString(new Code(1)))
  );

  // then
  result
        .andExpect(status().isForbidden())
        .andExpect(content().string("Forbidden!"));
}

@DisplayName("quiz(): POST /quiz에 요청 본문이 {\"value\":13} 이면 응답 코드는 200,
응답 본문은 OK!를 리턴한다.")
@Test
public void postQuiz13() throws Exception {
  // given
  final String url = "/quiz";

  // when
  final ResultActions result = mockMvc.perform(post(url)
        .contentType(MediaType.APPLICATION_JSON)
        .content(objectMapper.writeValueAsString(new Code(13)))
  );

  // then
```

```
  result
        .andExpect(status().isOk())
        .andExpect(content().string("OK!"));
}
```

given/when/then절을 구분해 코드를 작성하였고 value가 1일 때에는 403(Forbidden)을, 13일 때, 즉, 정상적인 값일 때는 200(OK)을 응답하는지 검증했습니다.

학습 마무리

테스트 코드가 무엇인지를 알아보고 Junit을 사용해서 스프링 부트에서 테스트 코드를 작성해보았습니다. 테스트 코드를 작성하면 애플리케이션이 잘 동작하는지 빠르고 정확하게 확인할 수 있으니 적극 활용해주세요.

핵심 요약

1 **테스트 코드**를 작성하면 코드의 기능이 제대로 작동한다는 것을 검증할 수 있습니다. 테스트 코드는 보통 테스트를 준비하는 given, 테스트를 실제로 진행하는 when, 테스트 결과를 검증하는 then으로 구분됩니다.

2 **JUnit**은 단위 테스트를 할 때 사용하는 자바 테스트 프레임워크입니다. @BeforeAll 애너테이션으로 설정한 메서드가 실행되고, 그 이후에는 테스트 케이스 개수만큼 @BeforeEach → @Test → @AfterEach의 생명주기를 가지고 실행합니다. 모든 테스트가 완료되면 마지막으로 @AfterAll 애너테이션으로 설정한 메서드가 실행되고 종료됩니다.

3 **AssertJ**는 JUnit과 함께 사용해 검증문의 가독성을 확 높여주는 라이브러리입니다.

연습문제

1 @Test 애너테이션으로 메서드를 호출하여 메서드 호출마다 새 인스턴스로 독립 테스트를 할 수 있고, 예상 결과를 검증하는 어설션 메서드를 제공하는 자바를 위한 단위 테스트 프레임워크의 이름은 무엇일까요?

2 새로운 메뉴를 데이터베이스에 저장하는 로직을 given-when-then 패턴으로 나눠 적으세요.

3 @Test, @BeforeEach, @BeforeAll, @AfterEach, @AfterAll 애너테이션이 있을 때 애너테이션이 실행되는 순서를 적으세요.

4 Assertions.assertEquals(sum, a + b);이라고 작성된 코드가 있습니다. 이 코드에 assertJ를 도입하면 코드를 어떤 형태로 바꿀 수 있을까요?

5 다음은 무엇을 검증하는 코드인지 설명해보세요.

```
... 생략 ...
result // ResultActions
            .andExpect(status().isCreated())
            .andExpect(jsonPath("$[0].id").value(15))
}
```

1 **정답** junit

2 **정답** Given : 저장할 새로운 메뉴 정보 생성한다. When : 저장할 새로운 메뉴 정보를 저장한다. Then : 저장된 메뉴 정보가 Given절에서 준비한 메뉴 정보와 같은지 검증한다.

3 **정답** @BeforeAll → @BeforeEach → @Test → @AfterEach → @AfterAll

4 **정답** assertThat(sum).isEqualTo(a + b);

5 **정답** HTTP 응답코드가 201 Created이고, 반환받은 값 중 0번째 요소의 id가 15인지 검증한다.

05장

데이터베이스
조작이
편해지는 ORM

SQL을 몰라도 데이터베이스를 조작할 수 있게 해주는 편리한 도구인 ORM을 공부하겠습니다. ORM은 SQL 공부를 한 적이 있다면 그 편리함을 더 크게 느낄 수 있는 도구인데요, 여기서는 스프링 부트의 ORM 기술 표준인 스프링 JPA와 이를 구현하기 위한 하이버네이트를 사용합니다.

핵심 키워드

• DBMS • ORM • JPA • 하이버네이트 • 엔티티
• 영속성 컨텍스트 • 스프링 데이터 JPA

학습 코스

데이터베이스와 ORM의 개념을 알아보고 나서 자바의 ORM 기술 표준인 JPA와 이를 구현하기 위한 하이버네이트를 알아봅니다.

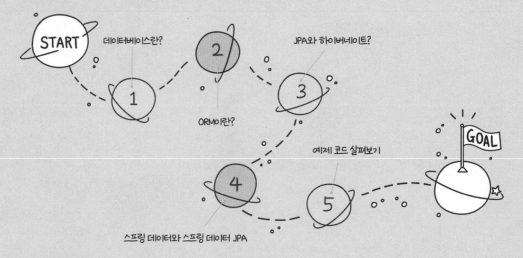

5.1 데이터베이스란?

데이터베이스는 데이터를 매우 효율적으로 보관하고 꺼내볼 수 있는 곳입니다. 데이터베이스를 사용하면 얻을 수 있는 가장 큰 이점은 굉장히 많은 사람이 안전하게 데이터를 사용하고, 관리할 수 있다는 것이죠.

데이터베이스 관리자, DBMS

데이터베이스를 관리하기 위한 소프트웨어를 DBMS^{database management system}라고 합니다. 데이터베이스는 많은 사람이 공유할 수 있어야 하므로 동시 접근을 할 수 있어야 합니다. 이 외에도 많은 요구사항이 있는데요. DBMS는 이런 요구사항을 만족하면서도 효율적으로 데이터베이스를 관리하고 운영합니다. 흔히 데이터베이스라고 알고 있는 MySQL, 오라클^{oracle}은 사실 DBMS인 것이죠. DBMS는 관리 특징에 따라서 관계형, 객체-관계형, 도큐먼트형, 비관계형 등으로 분류합니다. 가장 많이 사용하는 DBMS는 관계형입니다.

관계형 DBMS

관계형 DBMS는 relational DBMS를 줄여서 RDBMS라고 부릅니다. 여기서도 RDBMS라고 부르겠습니다. 관계형이라는 말을 쓰는 이유는 이 DBMS가 관계형 모델을 기반으로 하기 때문인데요, RDBMS는 어렵게 생각할 필요 없이 테이블 형태로 이루어진 데이터 저장소를 생각하면 됩니다. 예를 들어 회원 테이블이 있다고 가정하면 각 행은 고유의 키, 즉, 아이디를 가지고 있고, 이메일, 나이와 같은 회원과 관련된 값들이 들어갑니다.

회원 테이블		
ID	이메일	나이
1	a@test.com	10
2	b@test.com	20
3	c@test.com	30

이때 데이터 1, a@test.com, 10을 묶어서 한 줄을 행이라고 하고, ID, 이메일, 나이와 같은 구분을 열이라고 합니다.

H2, MySQL

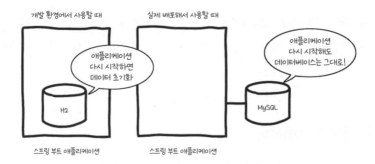

이 책에서 사용할 RDMBS는 H2, MySQL입니다. H2는 자바로 작성되어 있는 RDBMS입니다. 조금 더 구체적으로 설명하면 스프링 부트가 지원하는 인메모리 관계형 데이터베이스인데요, H2는 데이터를 다른 공간에 따로 보관하는 것이 아니라 애플리케이션 자체 내부에 데이터를 저장하는 특징이 있습니다. 그래서 애플리케이션을 다시 실행하면 데이터는 초기화가 되죠. 하지만 간편하게 사용하기 좋아서 개발 시에 테스트 용도로 많이 사용합니다. 실제 서비스에는 사용하지 않죠. 실제 서비스에는 MySQL과 같은 제품을 많이 사용합니다. 이 책에서도 마찬가지로 개발 및 테스트 시에는 H2를, 실제 서비스로 올릴 때는 MySQL을 사용할 예정입니다.

꼭 알아야 할 데이터베이스 용어

이 책에서 다루는 데이터베이스 관련 설명을 이해하려면 몇 가지 데이터베이스 용어를 알아야 합니다. 최소한의 용어이므로 여기서 잠깐 살펴보겠습니다.

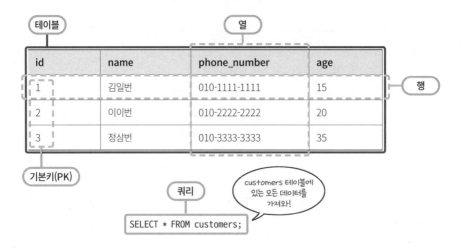

테이블

테이블table은 데이터베이스에서 데이터를 구성하기 위한 가장 기본적인 단위입니다. 테이블은 행과 열로 구성되며 행은 여러 속성으로 구성됩니다.

행

행row은 테이블의 구성 요소 중 하나이며 테이블의 가로로 배열된 데이터의 집합을 의미합니다. 예를 들어 회원 테이블이 있다고 할 때 ID가 1번인 회원의 이메일, 나이 같은 정보가 모여 있는 집합이 1번 회원에 대한 행이라고 할 수 있죠. 행은 반드시 고유한 식별자인 기본키를 가집니다. 행을 레코드record라고 부르기도 합니다.

열

열column은 테이블의 구성 요소 중 하나이며, 행에 저장되는 유형의 데이터입니다. 예를 들어 회원 테이블이 있다고 할 때, 열은 각 요소에 대한 속성을 나타내며 무결성을 보장합니다. 지금의 경우 이메일은 문자열, 나이는 숫자 유형을 가집니다. 이메일 열에 숫자가 들어가거나, 나이 열에 문자열이 들어갈 수 없기 때문에 데이터에 대한 무결성을 보장합니다.

기본키

기본키primary key는 행을 구분할 수 있는 식별자입니다. 이 값은 테이블에서 유일해야 하며 중복 값을 가질 수 없습니다. 보통 데이터를 수정하거나 삭제하고, 조회할 때 사용되며 다른 테이블과 관계를 맺어 데이터를 가져올 수도 있습니다. 또한 기본키의 값은 수정되어서는 안 되며 유효한 값이어야 합니다. 즉, NULL이 될 수 없습니다.

쿼리

쿼리query는 데이터베이스에서 데이터를 조회하거나 삭제, 생성, 수정 같은 처리를 하기 위해 사용하는 명령문입니다. SQL이라는 데이터베이스 전용 언어를 사용하여 작성합니다.

SQL 문으로 데이터베이스 조작하는 연습하기

데이터베이스를 처음 접한 상황이라면 데이터베이스와 SQL 문을 사용하는 방법에 익숙하지 않을 겁니다. 이 책에서는 쿼리를 직접 다룰 일이 거의 없지만 서버 개발자라면 간단한 SQL 문을 사용하는 방법은 반드시 알아야 하기 때문에 여기서 조금 연습해 보고 넘어가겠습니다. 물론 SQL 문에 익숙하다면 넘어가도 됩니다. 그럼 SQL 문 작성을 연습해볼까요?

데이터 조회하기 : SELECT 문

테이블에 저장한 데이터를 조회할 때는 SELECT 문을 사용합니다. 아마 개발을 하게 되면 이 SELECT 문을 가장 많이 사용할 겁니다. 기본 구조는 다음과 같습니다.

```
SELECT <무엇을?>
FROM <어디에서?>
WHERE <무슨?>
```

01단계 예를 들어 손님 정보를 저장하는 customers라는 테이블이 있고, 여기에 들어 있는 데이터가 다음과 같이 저장되어 있다고 가정해보겠습니다. 여기에서 **id가 2인 손님의 이름을 가져오려면** 어떻게 쿼리를 짜야 할까요?

id	name	phone_number	age
1	김일번	010-1111-1111	15
2	이이번	010-2222-2222	20
3	정삼번	010-3333-3333	35

기본 구조를 참고하면 이렇게 짜면 될 것 같습니다.

```
SELECT <이름>
FROM <customers 테이블>
WHERE <id가 2>
```

이걸 쿼리문으로 바꾸면 다음과 같습니다.

```
SELECT name
FROM customers
WHERE id=2
```

이때 사용하는 name, id은 테이블에서 정의한 컬럼 이름과 맞춰서 써야 합니다. 만약 조건이 없으면 WHERE 절은 생략할 수도 있습니다. 또 컬럼을 모두 가져오고 싶을 때는 SELECT 절에 모두라는 뜻을 가진 *을 사용하면 데이터를 모두 가져올 수 있습니다. 예를 들어 customers 테이블의 모든 데이터를 가져오고 싶으면 다음과 같이 쿼리를 작성합니다.

```
SELECT *
FROM customers
```

여기까지 잘 이해했는지 확인하기 위해 연습 문제를 몇 개 내보겠습니다. 답을 보지 말고 잠깐 멈춰서 풀어봅시다.

문제 01 customers 테이블에서 id가 1번인 손님의 데이터를 가져오려면 어떻게 쿼리를 짜야할까요?

정답 01 정답은 다음과 같습니다.

```
SELECT *
FROM customers
WHERE id = 1
```

문제 02 customers 테이블에서 핸드폰 번호가 '010-2222-2222'인 손님의 id와 이름을 가져오려면 어떻게 쿼리를 짜야할까요?

정답 02 정답은 다음과 같습니다.

```
SELECT id, name
FROM customers
WHERE phone_numbers = '010-2222-2222'
```

조건 넣어보기 : WHERE 절

여기까지 잘 따라오셨나요? 이제 조금 더 나아가서 다른 조건을 넣어볼까요? 예를 들어 '나이가 20살 이상인 손님'이나 '나이가 10살 이상, 30살 이하인 손님', '성이 [김]이거나 [이]로 시작하는 손님' 같은 것들이죠. 이런 조건은 =이 아니라 다른 조건 명령어를 사용해야 합니다. 다음은 자주 쓰는 조건 명령어입니다.

명령어	설명	예시
=	특정 값과 동일한 값을 가진 행 조회	age = 10
!= 또는 <>	특정 값과 동일하지 않은 행 조회	age != 10
<, >, <=, >=	특정 값과 대소 비교하여 조회	age > 10 age <= 10
BETWEEN	지정된 값의 사이 값을 조회	age BETWEEN 10 AND 20
LIKE	패턴 매칭을 위해 사용, %를 사용하면 와일드 카드로 사용할 수 있음	name LIKE '김%'
AND	두 조건 모두 참이면 조회	name LIKE '김%' AND '이%'
OR	두 조건 중 하나라도 참이면 조회	name LIKE '김%' OR '이%'
IS NULL, IS NOT NULL	NULL 값의 존재 여부 검사	name IS NULL

그럼 조건 명령어를 직접 사용해보겠습니다. 또 몇 가지 문제를 풀어보죠!

문제 01 나이가 20살 이상인 손님을 조회하려면?

정답 01 정답은 다음과 같습니다.

```
WHERE age >= 20
```

문제 02 나이가 10살 이상, 30살 이하인 손님을 조회하려면?

정답 02 정답은 다음과 같습니다.

```
WHERE age BETWEEN 10 AND 30
```

문제 03 성이 '김'이거나 '이'로 시작하는 손님을 조회하려면?

정답 03 정답은 다음과 같습니다.

```
WHERE name LIKE '김%' OR '이%'
```

데이터 추가하기 : INSERT 문

데이터베이스의 테이블에 새로운 행을 추가하고 싶을 때는 INSERT 문, 삭제하고 싶을 때는 DELETE 문을 사용합니다. 먼저 INSERT 문을 공부해보겠습니다. INSERT 문은 INSERT INTO와 VALUES 키워드를 사용합니다. 기본 형태는 다음과 같습니다.

예를 들어 손님 정보를 저장하는 customers 라는 테이블에 name은 '박사번', phone_number 는 '010-4444-4444', age는 40으로 하여 새로운 행을 추가하려면 다음과 같이 쿼리를 작성해야 합니다.

id	name	phone_number	age
1	김일번	010-1111-1111	15
2	이이번	010-2222-2222	20
3	정삼번	010-3333-3333	35

```
INSERT INTO customers (name, phone_number, age)
VALUES ('박사번', '010-4444-4444', 40);
```

이렇게 하면 네 번째 행, 즉, id가 4인 행에 새 레코드가 생기는 것이죠. 아이디는 넣지 않았는데 어떻게 해서 자동으로 추가된 것인지 궁금할 수도 있는데요, 보통 테이블을 만들 때 id라는 컬럼은 AUTO_INCREMENT 속성을 추가합니다. 이 속성은 해당 컬럼의 값이 추가될 때, 즉, 새 레코드를 생성할 때 1씩 증가하는 자동값으로 만들어주면서, 레코드의 고윳값으로 관리할 수 있게 해줍니다.

id		name	phone_number	age
1		김일번	010-1111-1111	15
2		이이번	010-2222-2222	20
3		정삼번	010-3333-3333	35
4		박사번	010-4444-4444	40

만약 여기에 name=최오번, phone_number=010-5555-5555, age=51이라는 값을 가진 레코드를 새롭게 추가하려면 어떻게 쿼리문을 작성해야 할까요? 바로 다음과 같이 작성하면 됩니다.

```
INSERT INTO customers (name, phone_number, age)
VALUES ('최오번', '010-5555-5555', 51);
```

결과는 다음과 같을 겁니다.

id	name	phone_number	age
1	김일번	010-1111-1111	15
2	이이번	010-2222-2222	20
3	정삼번	010-3333-3333	35
4	박사번	010-4444-4444	40
5	최오번	010-5555-5555	51

데이터 삭제하기 : DELETE 문

이제 데이터 삭제를 알아볼까요? 데이터를 삭제하고 싶을 때에는 DELETE 문을 사용할 수 있습니다. DELETE 문의 기본 형태는 다음과 같습니다.

```
DELETE FROM <어디에서> WHERE <어떤 조건으로?>;
```

바로 쿼리를 작성해볼까요? 만약 id가 5인 레코드를 삭제하고 싶다면 아래와 같이 쿼리를 작성하면 됩니다.

```
DELETE FROM cusotmers WHERE id = 5;
```

id	name	phone_number	age
1	김일번	010-1111-1111	15
2	이이번	010-2222-2222	20
3	정삼번	010-3333-3333	35
4	박사번	010-4444-4444	40
5	최오번	010-5555-5555	51

여기가 삭제됩니다

데이터 수정하기 : UPDATE 문

이번에는 레코드를 수정하는 방법에 대해 알아보겠습니다. 만약 특정 레코드의 값을 바꾸고 싶다면 UPDATE 문을 사용하면 됩니다. UPDATE 문의 기본 형태는 다음과 같습니다.

```
UPDATE <어디에?>
SET <무슨 컬럼을? = 어떤 값으로?>
WHERE <어떤 조건으로?>
```

만약 다음과 같은 customers 테이블이 있다고 할 때

id	name	phone_number	age
1	김일번	010-1111-1111	15
2	이이번	010-2222-2222	20
3	정삼번	010-3333-3333	35

name=김일번인 레코드의 age를 11로 바꾸고 싶다면 다음과 같이 쿼리를 작성하면 됩니다.

```
UPDATE customers
SET age = 11
WHERE name = '김일번';
```

다만 UPDATE 문을 사용할 때는 주의해야 할 점이 하나 있는데요. WHERE 절을 생략하면 테이블의 모든 레코드가 수정된다는 것입니다. 즉, 방금 예에서 WHERE name = '김일번';이라는 구문을 실수로 제외하고 쿼리를 실행하면 customers 테이블의 age 컬럼에 해당하는 모든 값이 11로 바뀌는 끔찍한 일이 발생하는 것이죠. 따라서 UPDATE 문을 사용할 때는 WHERE 절을 빼먹지 않았는지 확실히 확인해야 합니다. 여기까지 잘 이해했는지 확인하기 위해 연습 문제를 몇 개 풀어보겠습니다.

문제 01 customers 테이블에서 id가 1번인 손님의 name을 '김일'로 바꾸려면 어떻게 쿼리를 짜야할까요?

정답 01 정답은 다음과 같습니다.

```
UPDATE customers
SET name = '김일'
WHERE id = 1;
```

문제 02 customers 테이블의 모든 phone_number 값을 공백으로 바꾸려면 어떻게 쿼리를 짜야 할까요?

정답 02 정답은 다음과 같습니다.

```
UPDATE customers
SET phone_number = ''
```

지금까지 다양한 SQL 쿼리를 작성해보았습니다. 이 책은 이정도만 할 줄 알면 충분히 공부할 수 있을 겁니다. 물론 여러 테이블을 조합하여 조회하는 조인이나, 데이터를 재가공하여 조회하는 집계 함수도 실무에서 많이 사용합니다. 이 내용은 부록에 간단하게 다루었으므로 참고하기 바랍니다. 관련 내용을 더 공부하고 싶다면 전문 도서를 사서 공부하거나 인터넷 검색을 통해 공부하기 바랍니다.

5.2 ORM이란?

ORM^{object-relational mapping}은 자바의 객체와 데이터베이스를 연결하는 프로그래밍 기법입니다. 예를 들어 데이터베이스에 age, name 컬럼에 20, 홍길동이라는 값이 들어 있다고 생각해보죠. 이것을 자바에서 사용하려면 어떻게 해야 할까요? 아마 다른 방법이 필요할 겁니다. 보통은 SQL이라는 언어로 데이터를 꺼내 사용하죠. 그러면 SQL을 새로 공부해야 하니 골치가 아픕니다!

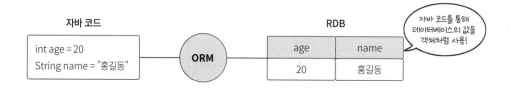

하지만 ORM이 있다면 데이터베이스의 값을 마치 객체처럼 사용할 수 있습니다. 쉽게 말해 SQL을 전혀 몰라도 자바 언어로만 데이터베이스에 접근해서 원하는 데이터를 받아올 수 있죠. 즉, 객체와 데이터베이스를 연결해 자바 언어로만 데이터베이스를 다룰 수 있게 하는 도구를 ORM이라고 합니다. ORM은 다음과 같은 장점과 단점이 있습니다. 이 책에서는 ORM의 장점을 최대한 살려 사용해보겠습니다.

ORM의 장점과 단점

· 장점 1. SQL을 직접 작성하지 않고 사용하는 언어로 데이터베이스에 접근할 수 있습니다.

· 장점 2. 객체지향적으로 코드를 작성할 수 있기 때문에 비즈니스 로직에만 집중할 수 있습니다.

· 장점 3. 데이터베이스 시스템이 추상화되어 있기 때문에 MySQL에서 PostgreSQL로 전환한다고 해도 추가로 드는 작업이 거의 없습니다. 즉, 데이터베이스 시스템에 대한 종속성이 줄어듭니다.

· 장점 4. 매핑하는 정보가 명확하기 때문에 ERD에 대한 의존도를 낮출 수 있고 유지보수할 때 유리합니다.

- 단점 1. 프로젝트의 복잡성이 커질수록 사용 난이도도 올라갑니다.
- 단점 2. 복잡하고 무거운 쿼리는 ORM으로 해결이 불가능한 경우가 있습니다.

5.3 JPA와 하이버네이트?

DBMS에도 여러 종류가 있는 것처럼 ORM에도 여러 종류가 있습니다. 자바에서는 JPA^java persistence API를 표준으로 사용합니다. JPA는 자바에서 관계형 데이터베이스를 사용하는 방식을 정의한 인터페이스인데요, 인터페이스이므로 실제 사용을 위해서는 ORM 프레임워크를 추가로 선택해야 합니다. 대표적으로는 하이버네이트^hibernate를 많이 사용하죠. 하이버네이트는 JPA 인터페이스를 구현한 구현체이자 자바용 ORM 프레임워크입니다. 내부적으로는 JDBC API를 사용하죠. 하이버네이트의 목표는 자바 객체를 통해 데이터베이스 종류에 상관없이 데이터베이스를 자유자재로 사용할 수 있게 하는 데 있습니다.

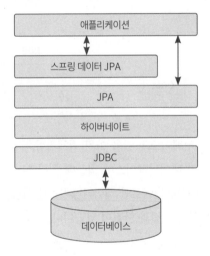

JPA와 하이버네이트의 역할

- JPA(Java Persistence API) : 자바 객체와 데이터베이스를 연결해 데이터를 관리합니다. 객체 지향 도메인 모델과 데이터베이스의 다리 역할을 합니다.
- 하이버네이트(Hibernate) : JPA의 인터페이스를 구현합니다. 내부적으로는 JDBC API를 사용합니다.

엔티티 매니저란?

JPA와 하이버네이트에 대해서 알아보았으니, JPA의 중요한 컨셉 중 하나인 엔티티 매니저와 영속성 컨텍스트를 알아보겠습니다.

엔티티

엔티티entity는 데이터베이스의 테이블과 매핑되는 객체를 의미합니다. 엔티티는 본질적으로는 자바 객체이므로 일반 객체와 다르지 않습니다. **하지만 데이터베이스의 테이블과 직접 연결된다는 아주 특별한 특징이 있어 구분지어 부릅니다.** 즉, 엔티티는 객체이긴 하지만 데이터베이스에 영향을 미치는 쿼리를 실행하는 객체인 것이죠.

엔티티 매니저

엔티티 매니저entity manager는 엔티티를 관리해 데이터베이스와 애플리케이션 사이에서 객체를 생성, 수정, 삭제하는 등의 역할을 합니다. 그리고 이런 엔티티 매니저를 만드는 곳이 엔티티 매니저 팩토리entity manager factory입니다. 앞서 데이터베이스에 여러 사용자가 접근할 수 있다고 했죠? 예를 들어 회원 2명이 동시에 회원 가입을 하려는 경우 엔티티 매니저는 다음과 같이 업무를 처리합니다. 회원 1의 요청에 대해서 가입 처리를 할 엔티티 매니저를 엔티티 매니저 팩토리가 생성하면 이를 통해 가입 처리해 데이터베이스에 회원 정보를 저장하는 것이죠. 회원 2도 마찬가지입니다. 그리고 회원 1, 2를 위해 생성된 엔티티 매니저는 필요한 시점에 데이터베이스와 연결한 뒤에 쿼리합니다.

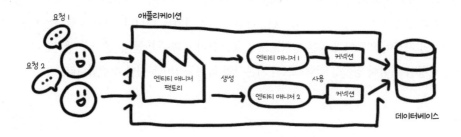

그렇다면 스프링 부트에서도 직접 엔티티 매니저 팩토리를 만들어서 관리할까요? 사실 그렇지 않습니다. 스프링 부트는 내부에서 엔티티 매니저 팩토리를 하나만 생성해서 관리하고 @Persistence Context 또는 @Autowired 애너테이션을 사용해서 엔티티 매니저를 사용합니다.

```
@PersistenceContext
EntityManager em; // 프록시 엔티티 매니저. 필요할 때 진짜 엔티티 매니저 호출
```

그리고 스프링 부트는 기본적으로 빈을 하나만 생성해서 공유하므로 동시성 문제가 발생할 수 있습니다. 그래서 실제로는 엔티티 매니저가 아닌 실제 엔티티 매니저와 연결하는 프록시(가짜) 엔티티 매니저를 사용합니다. 필요할 때 데이터베이스 트랜잭션과 관련된 실제 엔티티 매니저를 호출하는 겁니다.

😀 쉽게 말해 엔티티 매니저는 Spring Data JPA에서 관리하므로 여러분이 직접 생성하거나 관리할 필요가 없습니다.

영속성 컨텍스트란?

또한 엔티티 매니저는 엔티티를 영속성 컨텍스트에 저장한다는 특징이 있습니다. **영속성 컨텍스트는 JPA의 중요한 특징 중 하나로, 엔티티를 관리하는 가상의 공간입니다.** 이것이 있기 때문에 데이터베이스에서 효과적으로 데이터를 가져올 수 있고, 엔티티를 편하게 사용할 수 있는 것이죠.

영속성 컨텍스트에는 1차 캐시, 쓰기 지연, 변경 감지, 지연 로딩이라는 특징이 있는데요. 이 특징들에 대해 간단하게 알아보겠습니다.

기존에는 데이터 조작을 위해 쿼리를 직접 작성해야 했지만 스프링 부트에서는 이런 쿼리를 자바 코드로 작성하고 이를 JPA가 알아서 쿼리로 변경해주는 것이 매우 편리합니다. 그래서 어떤 사람들은 JPA의 영속성 컨텍스트를 몰라도 괜찮다고 이야기하기도 합니다. 하지만 필자는 이를 모르고 지나치면 자신이 의도하지 않은 방향으로 프로그램이 결과를 만들 수 있다고 생각합니다. 그래서 이런 상황을 대비해 영속성 컨텍스트의 기본적인 특징을 알아두기를 추천합니다.

1차 캐시

영속성 컨텍스트는 내부에 1차 캐시를 가지고 있습니다. 이때 캐시의 키는 엔티티의 @Id 애너테이션이 달린 기본키 역할을 하는 식별자이며 값은 엔티티입니다. 엔티티를 조회하면 1차 캐시에서 데이터를 조회하고 값이 있으면 반환합니다. 값이 없으면 데이터베이스에서 조회해 1차 캐시에 저장한 다음 반환합니다. 이를 통해 캐시된 데이터를 조회할 때에는 데이터베이스를 거치치 않아도 되므로 매우 빠르게 데이터를 조회할 수 있습니다.

쓰기 지연

쓰기 지연transactional write-behind은 트랜잭션을 커밋하기 전까지는 데이터베이스에 실제로 질의문을 보내지 않고 쿼리를 모았다가 트랜잭션을 커밋하면 모았던 쿼리를 한번에 실행하는 것을 의미합니다. 예를 들어 데이터 추가 쿼리가 3개라면 영속성 컨텍스트는 트랜잭션을 커밋하는 시점에 3개의 쿼리를 한꺼번에 쿼리를 전송합니다. 이를 통해 적당한 묶음으로 쿼리를 요청할 수 있어 데이터베이스 시스템의 부담을 줄일 수 있습니다.

변경 감지

트랜잭션을 커밋하면 1차 캐시에 저장되어 있는 엔티티의 값과 현재 엔티티의 값을 비교해서 변경된 값이 있다면 변경 사항을 감지해 변경된 값을 데이터베이스에 자동으로 반영합니다. 이를 통해 쓰기 지연과 마찬가지로 적당한 묶음으로 쿼리를 요청할 수 있고, 데이터베이스 시스템의 부담을 줄일 수 있습니다.

지연 로딩

지연 로딩lazy loading은 쿼리로 요청한 데이터를 애플리케이션에 바로 로딩하는 것이 아니라 필요할 때 쿼리를 날려 데이터를 조회하는 것을 의미합니다.

> 반대로 조회할 때 쿼리를 보내 연관된 모든 데이터를 가져오는 즉시 로딩도 있습니다.

이 특징들이 갖는 공통점은 모두 데이터베이스의 접근을 최소화해 성능을 높일 수 있다는 겁니다. 캐시를 하거나, 자주 쓰지 않게 하거나, 변화를 자동 감지해서 미리 준비하거나 하는 등의 방법을 통해 말이죠. 이런 특징을 잘 이해하고 JPA를 사용한다면 문제 상황을 조금 더 잘 이해할 수 있을 겁니다.

엔티티의 상태

엔티티는 4가지 상태를 가집니다. 영속성 컨텍스트가 관리하고 있지 않는 분리detached 상태, 영속성 컨텍스트가 관리하는 관리managed 상태, 영속성 컨텍스트와 전혀 관계가 없는 비영속transient 상태, 삭제된removed 상태로 나눠집니다. 이 상태는 특정 메서드를 호출해 변경할 수 있는데요. 필요에 따라 엔티티의 상태를 조절해 데이터를 올바르게 유지하고 관리할 수 있습니다.

> 이 코드는 실습하지 않고 눈으로 보기만 해도 괜찮습니다.

```java
public class EntityManagerTest {

    @Autowired
    EntityManager em;

    public void example() {
        // ❶ 엔티티 매니저가 엔티티를 관리하지 않는 상태(비영속 상태)
        Member member = new Member(1L, "홍길동");

        // ❷ 엔티티가 관리되는 상태
        em.persist(member);
        // ❸ 엔티티 객체가 분리된 상태
        em.detach(member);
        // ❹ 엔티티 객체가 삭제된 상태
        em.remove(member);
    }
}
```

❶ 엔티티를 처음 만들면 엔티티는 비영속 상태가 됩니다. ❷ persist() 메서드를 사용해 엔티티를 관리 상태로 만들 수 있으며, Member 객체는 영속성 컨텍스트에서 상태가 관리됩니다. ❸ 만약 엔티티를 영속성 컨텍스트에서 관리하고 싶지 않다면 detach() 메서드를 사용해 분리 상태로 만들 수 있습니다. ❹ 또한 더 이상 객체가 필요 없다면 remove() 메서드를 사용해서 엔티티를 영속성 컨텍스트와 데이터베이스에서 삭제할 수 있습니다.

5.4 스프링 데이터와 스프링 데이터 JPA

지금까지 배운 개념에서는 엔티티의 상태를 직접 관리하고, 필요한 시점에 커밋을 해야 하는 등 개발자가 신경 써야 할 부분이 많습니다. 스프링 데이터spring data는 비즈니스 로직에 더 집중할 수 있게 데이터베이스 사용 기능을 클래스 레벨에서 추상화했습니다. 스프링 데이터에서 제공하는 인터페이스를 통해서 스프링 데이터를 사용할 수 있습니다. 이 인터페이스에서는 CRUD를 포함한 여러 메서드가 포함되어 있으며, 알아서 쿼리를 만들어줍니다. 또한 이외에도 페이징 처리 기능과 메서드 이름으로 자동으로 쿼리를 빌딩하는 기능이 제공되는 등 많은 장점이 있습니다. 추가로 각 데이터베이스의 특성에 맞춰 기능을 확장해 제공하는 기술도 제공합니다. 예를 들어 표준 스펙인 JPA는 스프링에서 구현한 스프링 데이터 JPA^{spring data JPA}를, 몽고디비는 스프링 데이터 몽고디비^{spring data MongoDB}를 사용합니다. 이 책에서는 스프링 데이터 JPA를 살펴보겠습니다.

스프링 데이터 JPA란?

스프링 데이터 JPA는 스프링 데이터의 공통적인 기능에서 JPA의 유용한 기술이 추가된 기술입니다. 스프링 데이터 JPA에서는 스프링 데이터의 인터페이스인 PagingAndSortingRepository를 상속받아 JpaRepository 인터페이스를 만들었으며, JPA를 더 편리하게 사용하는 메서드를 제공합니다. 지금까지는 다음과 같이 메서드 호출로 엔티티 상태를 바꿨습니다.

▼ 메서드 호출로 엔티티 상태 변경 예

```
@PersistenceContext
EntityManager em;

public void join() {
  // 기존에 엔티티 상태를 바꾸는 방법(메서드를 호출해서 상태 변경)
  Member member = new Member(1L, "홍길동");
  em.persist(member);
}
```

하지만 스프링 데이터 JPA를 사용하면 리포지터리 역할을 하는 인터페이스를 만들어 데이터베이스의 테이블 조회, 수정, 생성, 삭제 같은 작업을 간단히 할 수 있습니다. 다음과 같이 JpaRepository 인터페이스를 우리가 만든 인터페이스에서 상속받고, 제네릭에는 관리할 **〈엔티티 이름, 엔티티 기본키의 타입〉**을 입력하면 기본 CRUD 메서드를 사용할 수 있습니다.

▼ 기본 CRUD 메서드를 사용하기 위한 JpaRepository 상속 예

```
public interface MemberRepository extends JpaRepository<Member, Long> {
}
```

스프링 데이터 JPA에서 제공하는 메서드 사용해보기

01단계 그러면 JpaRepository에서 제공하는 메서드의 사용 방법을 알아볼까요? Member Repository.java 파일에서 Alt + Enter 를 누르고 [Create Test] 메뉴를 눌러 테스트를 만들어보 겠습니다. 테스트 파일은 기본값을 그대로 두고 [OK]를 눌러 만드세요.

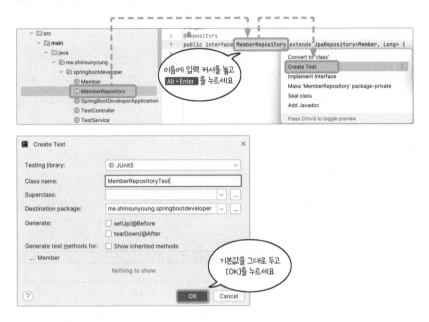

지금부터 학습 테스트라는 것을 하려고 합니다. **학습 테스트는 기능 구현을 위한 테스트라기보다는 우리가 사용하는 라이브러리, 프레임워크에서 지원하는 기능을 검증하며 어떻게 동작하는지 파악하는 테스트라고 생각하면 됩니다.** 이번 테스트 코드를 작성하며 JPA의 메서드 사용법을 제대로 익혀봅 시다.

조회 메서드 사용해보기

가장 먼저 알아볼 메서드는 조회 메서드입니다. SQL 쿼리 공부를 하며 SELECT 문을 공부했었 죠. member 테이블에 있는 모든 데이터를 가져오려면 이런 쿼리문을 작성해야 했습니다. 하지만 JPA에서 데이터를 가져올 때에는 쿼리를 작성하는 대신 findAll( ) 메서드를 사용하면 됩니다.

```
SELECT * FROM member
```

01단계 데이터 조회를 하려면 입력된 데이터가 필요하니 테스트용 데이터를 추가해보겠습니다. [test → resources]에 마우스 우클릭을 하여 insert-members.sql이라는 파일을 만들어주세요. 그런 다음 쿼리문을 다음과 같이 작성하세요. 이 쿼리문은 name이 각각 A, B, C인 멤버를 생성합니다.

```
                                                    insert-members.sql
INSERT INTO member (id, name) VALUES (1, 'A')
INSERT INTO member (id, name) VALUES (2, 'B')
INSERT INTO member (id, name) VALUES (3, 'C')
```

02단계 그런 다음 [test → resources]에 마우스 우클릭을 하여 application.yml 파일을 만들어 다음과 같이 작성하세요. 이 옵션은 src/main/resources 폴더 내에 있는 data.sql 파일을 자동으로 실행하지 않게 하는 옵션입니다.

```
                                                      application.yml
spring:
  sql:
    init:
      mode: never
```

03단계 이제 모든 준비가 끝났으니 실제로 데이터를 잘 가져오는지 검증하는 테스트 코드를 작성해보겠습니다. MemberRepositoryTest.java 파일에 다음 코드를 작성해주세요.

```java
MemberRepositoryTest.java
@DataJpaTest
class MemberRepositoryTest {
  @Autowired
  MemberRepository memberRepository;

  @Sql("/insert-members.sql")
  @Test
  void getAllMembers() {
    // when
    List<Member> members = memberRepository.findAll();

    // then
    assertThat(members.size()).isEqualTo(3);
  }
}
```

@Sql이라는 애너테이션은 처음 보는 애너테이션일텐데요. 이 애너테이션을 사용하면 테스트를 실행하기 전에 SQL 스크립트를 실행시킬 수 있습니다. **01단계**에서 만든 멤버 생성 쿼리문을 실행하고, 조회가 잘 되는지 보는 것이죠.

04단계 실제로 테스트가 잘 돌아가는지 확인해볼까요? 테스트 메서드의 세모 아이콘을 눌러 실행해주세요. 조금 기다리면 테스트가 성공하는 것을 확인할 수 있습니다. 그런데 실제로 가져온 객체가 어떻게 가져와지는지 눈으로 확인하고 싶을 수 있습니다.

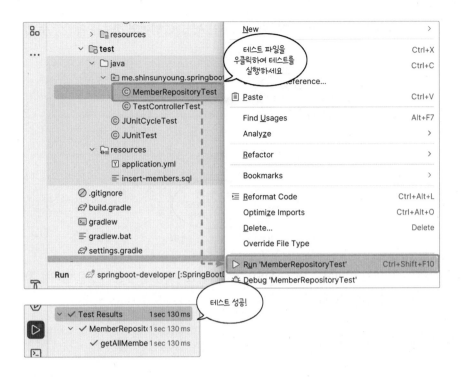

05단계 이번에는 디버그 모드를 사용해 객체를 확인해보겠습니다. ❶ 검증 문을 작성한 줄의 번호를 눌러 빨간색 원 표시를 하고 ❷ 메서드 실행문 왼쪽에 있는 실행 버튼을 누른 다음 벌레 모양 아이콘 🐞을 눌러 디버그 모드를 실행하겠습니다.

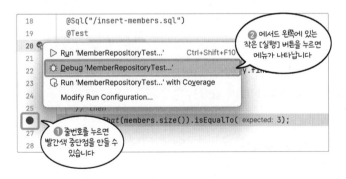

06단계 그러면 테스트 완료 표시가 바로 나타나는 대신 디버그 창이 나타납니다. ❶ 여기에서 디버그 포인트로 잡은 코드에서 members에 마우스를 대면 세부 항목을 볼 수 있는 창이 나타납니다. ❷ 세부 항목을 펼치면 ❸ 그 코드가 실행되는 동안 어떤 값을 가지

🐵 이처럼 디버그는 개발에 엄청난 도움이 됩니다. 디버그의 자세한 사용법은 부록에서 다룰 예정입니다.

고 있는지 확인할 수 있습니다. SQL 문으로 추가한 데이터인 A, B, C 멤버의 정보를 확인할 수 있습니다.

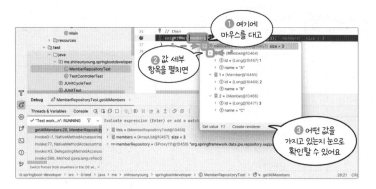

07단계 다시 조회로 돌아와서 이번에는 id로 멤버를 찾아볼까요? 예를 들어 id가 2인 멤버를 찾고 싶으면 쿼리문을 이렇게 짜면 됩니다.

```sql
SELECT * FROM member WHERE id = 2;
```

하지만 JPA로는 이렇게 짜면 되죠. 다음 코드를 따라 입력한 후 테스트해보세요. 결과를 확인하면 잘 동작하는 것을 알 수 있습니다.

```java
... 생략 ...
@Sql("/insert-members.sql")
@Test
void getMemberById() {
  // when
  Member member = memberRepository.findById(2L).get();

  // then
  assertThat(member.getName()).isEqualTo("B");
}
... 생략 ...
```
MemberRepositoryTest.java

쿼리 메서드 사용해보기

그런데 만약 id가 아닌 name으로 찾고 싶을 때는 어떻게 할까요? id는 모든 테이블에서 기본키로 사용하므로 값이 없거나 하지 않습니다. 그러나 name은 값이 있거나 없을 수 있으므로 JPA에서 기본으로 name을 찾아주는 메서드를 지원하지는 않죠. 하지만 JPA는 메서드 이름으로 쿼리를 작성하는 기능을 제공합니다. 그 방법에 대해 알아봅시다.

01단계 예를 들어 name의 값이 'C'인 멤버를 찾아야 하는 경우 이런 SQL 쿼리문이 필요합니다.

```sql
SELECT * FROM member WHERE name = 'C';
```

이런 쿼리를 동적 메서드로 만들어보겠습니다. MemberRepository.java 파일을 연 뒤 findByName() 메서드를 다음과 같이 추가합니다.

```java
@Repository
public interface MemberRepository extends JpaRepository<Member, Long> {
  Optional<Member> findByName(String name);
}
```
MemberRepository.java

이제 이 메서드를 사용하면 되는데요. 이 메서드는 상속받아 구현할 필요도 없습니다. 메서드로 정의한 후 가져다 쓰기만 하면 되죠.

02단계 실제로 잘 동작하는지 확인하기 위해 MemberRepositoryTest.java 파일로 이동해 다음 메서드로 교체해봅시다.

```java
... 생략 ...
@Sql("/insert-members.sql")
@Test
void getMemberByName() {
  // when
  Member member = memberRepository.findByName("C").get();

  // then
  assertThat(member.getId()).isEqualTo(3);
}
... 생략 ...
```
MemberRepositoryTest.java

테스트를 실행하면 테스트가 성공적으로 동작하는 것을 볼 수 있습니다. 신기하죠? **이런 기능을 쿼**

리 메서드라고 하는데요. 쿼리 메서드는 JPA가 정해준 메서드 이름 규칙을 따르면 쿼리문을 특별히 구현하지 않아도 메서드처럼 사용할 수 있습니다. JPA의 쿼리 메서드는 8.2.3절에서 자세히 다루 겠습니다. 지금은 '이런게 있구나~' 정도만 알아도 충분합니다.

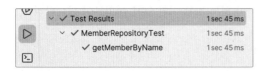

지금까지 조회 메서드를 공부해 보았습니다. 지금까지 배운 내용을 정리하면 다음과 같습니다.

* 전체 조회 → findAll( ) 메서드 사용
* 아이디로 조회 → findById( ) 메서드 사용
* 특정 컬럼으로 조회 → 쿼리 메서드 명명 규칙에 맞게 정의 후 사용

추가, 삭제 메서드 사용해보기

이번에는 데이터를 추가하고 삭제하는 메서드에 대해 알아보겠습니다. 우선 입력부터 알아봅시다. 앞서 쿼리문을 공부할 때 INSERT 문으로 데이터를 추가한다고 했습니다. 예를 들어 새로운 1번 멤버 'A'를 추가하려면 다음과 같은 쿼리문이 필요할 겁니다.

```
INSERT INTO member (id, name)
VALUES (1, 'A');
```

JPA에서는 이 쿼리를 직접 입력하는 대신 save( )라는 메서드를 사용합니다. 거두절미하고 바로 테스트 코드로 확인해보겠습니다. 다음 코드를 작성한 다음 실행해보면 잘 실행될 것입니다. 이번

테스트는 given 절에 새로운 A 멤버 객체를 준비하고, when 절에 실제로 저장한 뒤에 then 절에서는 1번 아이디에 해당하는 멤버의 이름을 가져오고 있습니다. 이번에는 조회 단계와는 다르게 이미 추가된 데이터가 있으면 안 되므로 @Sql 애너테이션을 사용하지 않았습니다.

01단계 MemberRepositoryTest.java 파일을 다음과 같이 수정합니다.

```
... 생략 ...                                          MemberRepositoryTest.java
@Test
void saveMember() {
  // given
  Member member = new Member(1L, "A");

  // when
  memberRepository.save(member);

  // then
  assertThat(memberRepository.findById(1L).get().getName()).isEqualTo("A");
}
... 생략 ...
```

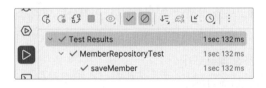

02단계 만약 여러 엔티티를 한꺼번에 저장하고 싶다면 saveAll( ) 메서드를 사용할 수도 있습니다. 다음 코드도 작성하고 실행해봅시다. 추가할 멤버 객체들을 리스트로 만들고 saveAll( ) 메서드로 한꺼번에 추가한 후, 추가한 멤버 객체 수만큼 데이터에 있는지 확인하는 테스트입니다. 이번에도 잘 통과합니다.

```
... 생략 ...                                          MemberRepositoryTest.java
@Test
void saveMembers() {
  // given
  List<Member> members = List.of(new Member(2L, "B"),
          new Member(3L, "C"));
```

```
// when
memberRepository.saveAll(members);

// then
assertThat(memberRepository.findAll().size()).isEqualTo(2);
}
... 생략 ...
```

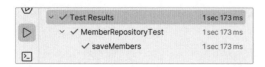

03단계 이번에는 멤버를 삭제해볼까요? 레코드를 삭제할 때는 DELETE 문을 사용했죠. 예를 들어 member 테이블에 있는 id가 2인 멤버를 삭제할 때는 다음과 같이 쿼리문을 작성해야 했습니다.

```
DELETE FROM member WHERE id = 2;
```

JPA에서는 deleteById( )를 사용하면 아이디로 레코드를 삭제할 수 있습니다. 여기서는 미리 스크립트로 작성한 insert-members.sql을 실행하여 3명의 멤버를 추가하고 deleteById( ) 메서드를 사용해 2번 멤버를 삭제한 뒤 2번 아이디를 가진 레코드가 있는지 조회했습니다. 삭제된 데이터이므로 isEmpty( ) 결괏값이 true인지 검증했습니다.

🤖 결과 화면은 생략했습니다.

MemberRepositoryTest.java

```
... 생략 ...
@Sql("/insert-members.sql")
@Test
void deleteMemberById() {
  // when
  memberRepository.deleteById(2L);

  // then
  assertThat(memberRepository.findById(2L).isEmpty()).isTrue();
}
... 생략 ...
```

04단계 만약 실제 값이 그런지 눈으로 확인하려면 디버깅 모드를 사용하면 됩니다. ❶ 검증 문에 브레이크 포인트를 잡고 deleteMemberById( ) 메서드를 디버그 모드로 실행한 후 ❷ 디버그 창의 구문 실행 바를 이용해 memberRepository.findAll( )을 입력하고 [Enter]를 누르면 result 라는 결과가 나타납니다. ❸ result를 펼쳐서 결과를 보면 B를 제외한 A, C만 남은 것을 확인할 수 있습니다.

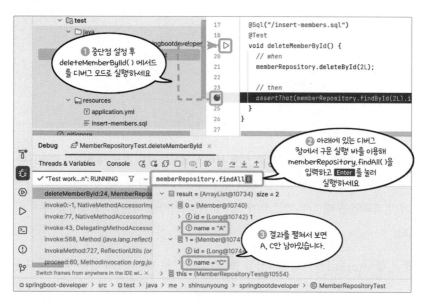

05단계 만약 모든 데이터를 삭제하고 싶다면 deleteAll( ) 메서드를 사용할 수 있습니다. 이 메서드를 쿼리로 변환하면 다음과 같습니다.

```
DELETE FROM member
```

아래 메서드를 MemberRepositoryTest.java 파일에 추가해준 뒤에 실행해보겠습니다. insert-members.sql 스크립트로 3명의 멤버를 추가하고 deleteAll( ) 메서드를 사용해 모든 멤버를 삭제한 뒤 멤버들을 전체 조회한 크기가 0인지 검증하는 코드를 작성합니다. 코드를 실행하면 잘 동작하는 것을 확인할 수 있습니다.

MemberRepositoryTest.java
```
··· 생략 ···
@Sql("/insert-members.sql")
@Test
```

```
void deleteAll() {
    // when
    memberRepository.deleteAll();

    // then
    assertThat(memberRepository.findAll().size()).isZero();
}
... 생략 ...
```

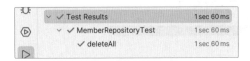

하지만 이 메서드는 정말 모든 데이터를 삭제하므로 실제 서비스 코드에서는 거의 사용하지 않습니다. 그럼 어디에다 쓸까요? 바로 테스트 간의 격리를 보장하기 위해 사용됩니다. 즉, 한 테스트의 실행으로 데이터베이스가 변경되었을 때 다른 테스트가 그 데이터베이스를 사용할 때 영향을 주지 않도록 하기 위함입니다.

06단계 그래서 보통은 @AfterEach 애너테이션을 붙여 cleanUp( ) 메서드와 같은 형태로 사용합니다.

```
MemberRepositoryTest.java

@DataJpaTest
class MemberRepositoryTest {
  @Autowired
  MemberRepository memberRepository;

  @AfterEach
  public void cleanUp() {
      memberRepository.deleteAll();
  }
  ... 생략 ...
```

입력, 삭제는 여기까지입니다. 지금까지 배운 내용을 정리하면 다음과 같습니다. 꼭 기억하고 넘어가세요!

- 레코드 추가 → save( )

- 한꺼번에 여러 레코드 추가 → saveAll( )
- 아이디로 레코드 삭제 → deleteById( )
- 모든 레코드 삭제 → deleteAll( )

수정 메서드 사용해보기

마지막으로는 JPA로 데이터를 수정하는 방법을 알아보겠습니다. 특정 레코드 값을 사용할 때는 UPDATE 문을 이용하는데요. 예를 들어 id가 2인 멤버의 이름을 "BC"로 바꾸려면 아래와 같은 쿼리를 사용했어야 했죠.

```
UPDATE member
SET name = 'BC'
WHERE id = 2;
```

JPA에서 데이터를 수정할 때는 조금 다른 방법을 사용합니다. 왜냐하면 JPA는 트랜잭션 내에서 데이터를 수정해야 하거든요. 따라서 데이터를 수정할 때는 그냥 메서드만 사용하면 안 되고 @Transactional 애너테이션을 메서드에 추가해야 합니다. 그 방법을 알아봅시다.

01단계 이번에는 Member.java 파일에서 다음 메서드를 추가해주세요. 이 메서드는 name의 필드값을 바꾸는 단순한 메서드입니다.

```
public class Member {                                    Member.java
    ... 생략 ...
    public void changeName(String name) {
        this.name = name;
    }
}
```

만약 이 메서드가 @Transactional 애너테이션이 포함된 메서드에서 호출되면 JPA는 변경 감지dirty checking 기능을 통해 엔티티의 필드값이 변경될 때 그 변경 사항을 데이터베이스에 자동으로 반영합니다. 만약 엔티티가 영속 상태일 때 필드값을 변경하고 트랜잭션이 커밋되면 JPA는 변경 사항을 데이터베이스에 자동으로 적용하죠.

02단계 실행을 확인하기 위해 MemberRepositoryTest.java에 다음 코드를 추가해주세요. insert-members.sql 스크립트로 3명의 멤버를 추가하고 id가 2인 멤버를 찾아 이름을 "BC"로 변경한 뒤에 다시 조회해 이름이 "BC"로 변경되었는지 확인했습니다. 이번에도 잘 동작하는 것을 확인할 수 있죠.

```java
... 생략 ...
@Sql("/insert-members.sql")
@Test
void update() {
  // given
  Member member = memberRepository.findById(2L).get();

  // when
  member.changeName("BC");

  // then
  assertThat(memberRepository.findById(2L).get().getName()).isEqualTo("BC");
}
... 생략 ...
```
MemberRepositoryTest.java

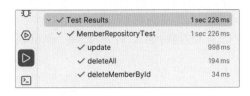

03단계 그런데 이 코드에는 @Transactional 애너테이션이 보이지 않습니다. @Transactional 애너테이션을 붙이지 않았는데도 잘 실행된 이유가 뭘까요? 그 이유는 @DataJpaTest 애너테이션을 사용했기 때문입니다. @DataJpaTest 애너테이션은 테스트를 위한 설정을 제공하며, 자동으로 데이터베이스에 대한 트랜잭션 관리를 설정합니다. @DataJpaTest에 마우스 커서를 대고 있으면 팝업으로 세부 항목을 볼 수 있습니다. 자세히 보니 @Transactional이 보이네요!

하지만 서비스 코드에서 업데이트 기능을 사용하려면 서비스 메서드에 반드시 @Transactional 을 붙여야 합니다. **지금은 @DataJpaTest로 이를 대신했지만 앞으로 트랜잭션을 사용해야 할 때는 @Transactional 애너테이션을 사용하겠습니다.** 구체적인 설명과 예는 6장 '서비스 메서드 코드 작성하기'에서 다루겠습니다. 수정 메서드 사용은 여기까지입니다. 지금까지 배운 내용을 정리해 볼까요?

- 수정 → 조회 후 트랜잭션 범위 내에서 필드값 변경

5.5 예제 코드 살펴보기

지금까지 많은 애너테이션을 사용했는데 이제 애너테이션이 어떤 역할을 하는지 알아볼 차례입니다. 코드를 다시 열어 어떤 애너테이션들을 사용했는지 확인해봅시다.

01단계 `To do` Member.java 파일을 열어보세요.

```java
                                                              Member.java
@Getter
@Entity // ❶ 엔티티로 지정
@NoArgsConstructor(access = AccessLevel.PROTECTED) // ❷ 기본 생성자
@AllArgsConstructor
public class Member {
    @Id // ❸ id 필드를 기본키로 지정
    @GeneratedValue(strategy = GenerationType.IDENTITY)
    // ❹ 기본키를 자동으로 1씩 증가
    @Column(name = "id", updatable = false)
    private Long id;

    @Column(name = "name", nullable = false) // ❺ name이라는 not null 컬럼과 매핑
    private String name;

    public void changeName(String name) {
        this.name = name;
    }
}
```

❶ @Entity 애너테이션은 Member 객체를 JPA가 관리하는 엔티티로 지정합니다. 즉, Member 클래스와 실제 데이터베이스의 테이블을 매핑시킵니다. @Entity의 속성 중에 name을 사용하면

name의 값을 가진 테이블 이름과 매핑되고, 테이블 이름을 지정하지 않으면 클래스 이름과 같은 이름의 테이블과 매핑됩니다. 여기서는 테이블 이름을 지정하지 않았으므로 클래스 이름과 같은 데이터베이스의 테이블인 member 테이블과 매핑됩니다. @Entity 애너테이션에서 테이블을 지정하고 싶다면 다음과 같이 name 파라미터에 값을 지정해주세요.

▼ name 파라미터로 Article 클래스와 member_list 테이블 매핑하기 예

```java
@Entity(name = "member_list") // 'member_list'라는 이름을 가진 테이블과 매핑
public class Article {
  ... 생략 ...
}
```

❷ protected 기본 생성자입니다. 엔티티는 반드시 기본 생성자가 있어야 하고, 접근 제어자는 public 또는 protected여야 합니다. public보다는 protected가 더 안전하므로 접근 제어자가 protected인 기본 생성자를 생성합니다. ❸ @Id는 Long 타입의 id 필드를 테이블의 기본키로 지정합니다. ❹ @GeneratedValue는 기본키의 생성 방식을 결정합니다. 여기서는 자동으로 기본키가 증가되도록 지정했습니다. 자동키 생성 설정 방식은 다음과 같습니다.

자동키 생성 설정 방식

· AUTO : 선택한 데이터베이스 방언(dialect)에 따라 방식을 자동으로 선택(기본값)

· IDENTITY : 기본키 생성을 데이터베이스에 위임(= AUTO_INCREMENT)

· SEQUENCE : 데이터베이스 시퀀스를 사용해서 기본키를 할당하는 방법. 오라클에서 주로 사용

· TABLE : 키 생성 테이블 사용

❺ @Column 애너테이션은 데이터베이스의 컬럼과 필드를 매핑해줍니다. 대표적인 @Column 애너테이션의 속성을 알아보겠습니다.

@Column 애너테이션의 속성

· name : 필드와 매핑할 컬럼 이름. 설정하지 않으면 필드 이름으로 지정해줍니다.

· nullable : 컬럼의 null 허용 여부. 설정하지 않으면 true(nullable)

· unique : 컬럼의 유일한 값(unique) 여부. 설정하지 않으면 false(non·unique)

· columnDefinition : 컬럼 정보 설정. default 값을 줄 수 있습니다.

```
@Repository                                              MemberRepository.java
public interface MemberRepository extends JpaRepository<Member, Long> {
  Optional<Member> findByName(String name);
}
```

리포지터리는 엔티티에 있는 데이터들을 조회하거나 저장, 변경, 삭제를 할 때 사용하는 인터페이
스로, 스프링 데이터 JPA에서 제공하는 인터페이스인 JpaRepository 클래스를 상속받아 간단하
게 구현할 수 있습니다.

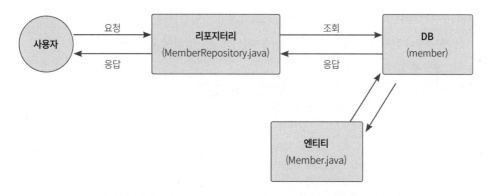

JpaRepository 클래스를 상속받을 때, 엔티티 Member와 엔티티의 기본키 타입 Long을 인수
로 넣어줍니다. 이제 해당 리포지터리를 사용할 때 JpaRepository에서 제공하는 여러 메서드를
사용할 수 있게 됩니다.

ORM부터 JPA, 하이버네이트, 스프링 데이터 JPA를 알아보았습니다. ORM은 관계형 데이터베이스와 프로그램 간의 통신 개념, JPA는 자바 애플리케이션에서 관계형 데이터베이스를 사용하는 방식을 정의한 기술 명세, 하이버네이트는 JPA의 구현체, 스프링 데이터 JPA는 JPA를 쓰기 편하게 만들어 놓은 모듈입니다. 이점을 혼동하지 말기 바랍니다.

핵심 요약

1 **ORM**은 객체와 데이터베이스를 연결하는 프로그래밍 기법입니다.

2 **JPA**는 자바에서 관계형 데이터베이스를 사용하는 방식을 정의한 인터페이스입니다.

- 엔티티는 영속성을 가진 객체를 의미합니다.
- 엔티티 매니저는 엔티티를 관리하며 조회, 삭제, 수정, 생성하는 역할을 합니다.
- 엔티티 매니저를 만드는 곳이 엔티티 매니저 팩토리입니다.
- 엔티티 매니저는 엔티티를 영속성 컨텍스트에 저장한다는 특징이 있습니다.
- 영속성 컨텍스트는 1차 캐시, 쓰기 지연, 변경 감지, 지연 로딩의 특징을 가지고 있습니다.
- 엔티티의 상태는 분리, 관리, 비영속, 삭제 상태로 나뉩니다.

3 **하이버네이트**는 JPA의 대표적인 구현체로, 자바 언어를 위한 ORM 프레임워크입니다.

4 **스프링 데이터 JPA**는 JPA를 쓰기 편하게 만들어놓은 모듈입니다.

연습문제

1 다음 데이터베이스 용어 설명 중 틀린 설명을 고르세요.

① 테이블 : 데이터를 구성하기 위한 가장 기본적인 단위인 행과 열로 구성된다.

② 행 : 테이블의 가로로 배열된 데이터의 집합, ID가 1번인 회원의 이메일, 나이 같은 정보가 모여 있는 집합이 1번 회원에 대한 행이라고 할 수 있다.

③ 열 : 행에 저장되는 유형의 데이터, 예를 들어 회원 테이블이 있다고 할 때 열은 각 요소에 대한 속성을 나타낸다.

④ 기본키 : 행을 구분할 수 있는 식별자로, NULL값이 들어갈 수도 있다.

⑤ 쿼리문 : 데이터베이스에서 데이터를 조회하거나 삭제, 생성, 수정과 같은 처리를 위해 사용하는 명령문이다.

2 객체와 데이터베이스를 연결하는 프로그래밍 기법을 무엇이라고 할까요?

3 다음 중 영속성 컨테이너의 특징이 아닌 것을 고르세요.

① 연결 풀링　　　　　　　　　② 쓰기 지연

③ 변경 감지　　　　　　　　　④ 지연 로딩

⑤ 1차 캐시

4 엔티티에서 사용되는 애너테이션이 아닌 것을 고르세요

① @Column　　　　　　② @Id

③ @Entity　　　　　　④ @GeneratedValue

⑤ @Transactional

5 데이터베이스에 접근해 CRUD 작업을 수행하는 메서드를 제공하는 스프링 데이터 JPA의 인터페이스는 무엇일까요?

---

1 정답 ④ NULL이 될 수 없습니다.

2 정답 ORM

3 정답 ①

4 정답 ⑤ @Transactional 이외에는 모두 엔티티에서 사용하는 애너테이션입니다.

5 정답 JpaRepository

레벨 2

스프링 부트 3로
블로그
제대로 만들기

이론 중심으로 배우면 책을 다 읽어도 뭐 하나 만들기가 어렵습니다. 이제부터는 지금까지 익힌 내용을 바탕으로 '나만의 블로그 만들기'에 도전합니다. 블로그 화면 구성하기, 글쓰기, 글 삭제하기, 로그인 기능까지 구현합니다. 이 과정에서 RESTful API, Thymeleaf, 스프링 시큐리티, JWT, OAuth(소셜 로그인)를 배우게 될 겁니다.

블로그 글을 만들고(create), 조회하고(read), 업데이트하고(update), 삭제하는(delete) RESTful API를 만들고 스프링 부트 3와 JPA를 어떻게 사용하는지 알아봅니다.

• REST API   • CRUD   • 테스트 코드   • 롬복

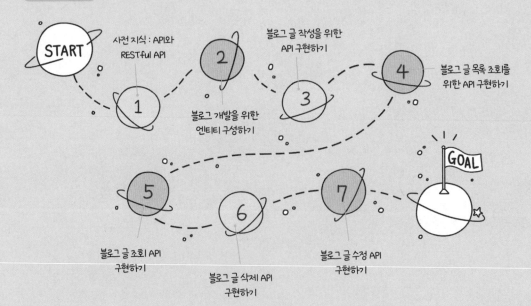

사전 지식 : API와
RESTful API

블로그 글 작성을 위한
API 구현하기

블로그 글 목록 조회를
위한 API 구현하기

블로그 개발을 위한
엔티티 구성하기

블로그 글 조회 API
구현하기

블로그 글 삭제 API
구현하기

블로그 글 수정 API
구현하기

난이도	★★☆☆
이름	블로그 API 만들기
프로젝트 폴더	Springboot-developer/chapter5
미션	블로그 글 CRUD API 구현
기능	• 블로그 글 작성 • 블로그 글 조회 (단건 조회/전체 목록 조회) • 블로그 글 삭제 • 블로그 글 수정
활용 기술	• 스프링 부트 • 스프링 데이터 JPA • 롬복(Lombok) • H2

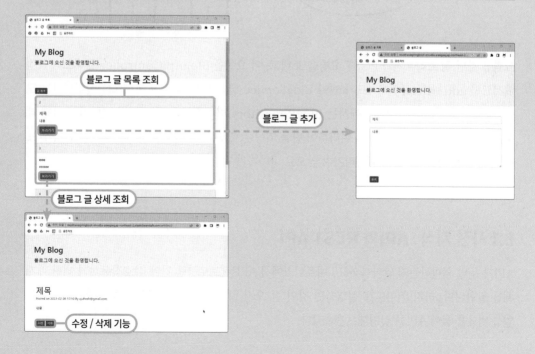

6.0 그림으로 이해하는 프로젝트

여기부터 블로그 기능을 하나씩 만들어갑니다. 다음은 블로그 기능 중 블로그 글 1개를 추가하는 과정에 필요한 클래스와 메서드, 데이터베이스 테이블을 나타낸 것입니다.

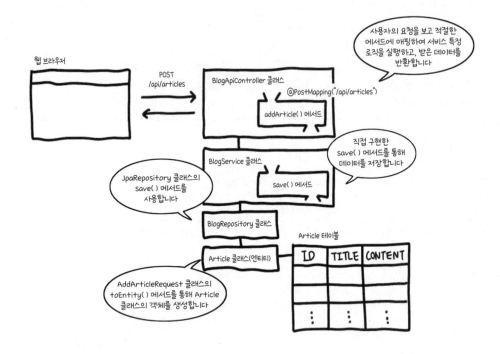

그림을 보면 웹 브라우저가 POST 요청을 보내고, 이 요청을 BlogApiController 클래스의 특정 메서드인 addArticle() 메서드가 받아 BlogService 클래스의 save() 메서드를 실행시키는 모습입니다. 이후 save() 메서드에서는 BlogRepository 클래스, Article 클래스를 거쳐 실제 테이블에 데이터를 저장하죠. 이후 여러분이 만들 기능은 대부분 이런 구성입니다. 혹시라도 공부 도중 혼란스럽다면 이 그림을 떠올려가며 앞으로 나아가기 바랍니다.

6.1 사전 지식 : API와 REST API

API가 무얼 의미하는지 알아볼까요? 네트워크에서 API는 프로그램 간에 상호작용하기 위한 매개체를 말합니다. 하지만 이렇게 설명하면 감이 잘 오지 않을 거에요. 여기서는 식당에서 벌어지는 일을 비유를 들어 API를 설명해보겠습니다.

식당으로 알아보는 API

여러분은 식당에 가면 어떻게 하나요? 주방으로 달려가서 요리를 주문하나요? 그렇지 않습니다. 식당에 들어가면 점원에게 요리를 주문합니다. 그리고 점원은 주방에 가서 '요리를 만들어달라!'라고 요청하죠. 그리고 요리가 완성되면 다시 점원이 손님에게 요리를 전달합니다.

여기서 손님은 클라이언트, 주방에서 일하는 요리사를 서버라고 생각하면 됩니다. 그리고 중간에 있는 점원을 API라고 생각하면 되죠! 이 상황을 우리가 웹 사이트에 방문하는 상황에 적용해서 생각해봅시다. 우리는 웹 사이트의 주소를 입력해서 '구글 메인 화면을 보여줘'라고 요청을 할 겁니다. 그러면 API는 이 요청을 받아서 서버에게 가져다줍니다. 그러면 서버는 API가 준 요청을 처리해 결과물을 만들고 이것을 다시 API로 전달하죠. 그러면 API는 최종 결과물을 브라우저에 보내주고 여러분은 화면을 볼 수 있게 됩니다. 어때요, API 별로 어렵지 않죠? 이처럼 API는 클라이언트의 요청을 서버에 잘 전달하고, 서버의 결과물을 클라이언트에게 잘 돌려주는 역할을 합니다. 그러면 REST API는 무엇일까요?

웹의 장점을 최대한 활용하는 REST API

REST API는 웹의 장점을 최대한 활용하는 API입니다. REST는 Representational State Transfer를 줄인 표현인데요, 풀어서 말하면 자원을 이름으로 구분해 자원의 상태를 주고받는 API 방식입니다. 이것도 너무 어렵죠? 쉽게 말해서 명확하고 이해하기 쉬운 API를 말합니다. **보통 처음에 REST API라는 말을 들으면 우리가 배우는 스프링 부트나 리액트, Vue.js와 같은 기술이라고 착각하기 쉬운데요. REST API는 URL의 설계 방식을 말합니다.** 그래서 이 설계 방식을 따랐을 때 얻을 수 있는 개발자 입장에서의 장점이 있고, 또 단점도 있습니다. 그럼 REST API가 무엇인지 자세히 알아볼까요?

REST API의 특징

REST API는 서버/클라이언트 구조, 무상태, 캐시 처리 가능, 계층화, 인터페이스 일관성과 같은 특징이 있습니다. 지금 당장은 이 특징을 모두 이해할 필요는 없습니다. 이 내용을 설명하기에는 너무 많은 용어를 설명해야 하고 웹에 대해서도 설명해야 하기 때문인데요, 지금 당장은 이런 것들이 있구나 정도만 이해하고 추후에 웹을 공부할 때 자세히 찾아보는 것을 추천합니다.

REST API의 장점과 단점

REST API의 장점은 URL만 보고도 무슨 행동을 하는 API인지 명확하게 알 수 있다는 겁니다. 그리고 상태가 없다는 특징이 있어서 클라이언트와 서버의 역할이 명확하게 분리됩니다. 그리고 HTTP 표준을 사용하는 모든 플랫폼에서 사용할 수 있죠. 단점으로는 HTTP 메서드, 즉, GET, POST와 같은 방식의 개수에 제한이 있고, 설계를 하기 위해 공식적으로 제공되는 표준 규약이 없다는 겁니다. **그럼에도 REST API는 주소와 메서드만 보고 요청의 내용을 파악할 수 있다는 강력한 장점이 있어 많은 개발자가 사용합니다.** 심지어 'REST하게 디자인한 API'를 RESTful API라 부르기도 합니다. 그러면 REST API는 어떻게 사용할까요?

REST API를 사용하는 방법

규칙 1. URL에는 동사를 쓰지 말고, 자원을 표시해야 한다

URL은 자원을 표시해야 한다는 말에서 자원은 무엇을 말할까요? 자원은 가져오는 데이터를 말합니다. 예를 들어 학생 중에 id가 1인 학생의 정보를 가져오는 URL은 이렇게 설계할 수 있습니다.

한 걸음 더

URL 설계 예

· /students/1

· /get-student?student_id=1

처음에 이 URL을 보면 '어떻게 해도 괜찮은 것 아닐까?'라고 생각할 수도 있을 텐데요. 하지만 REST API에 더 맞는, 그러니까 RESTful API는 1번입니다. 왜냐하면 2번의 경우 자원이 아닌 다른 표현을 섞어 사용했기 때문이죠. 2번의 경우 동사를 사용해서 추후 개발 시에 혼란을 줄 수 있습니다. 예를 들어서 서버에서 데이터를 요청하는 URL를 설계할 때 어떤 개발자는 get을 어떤 개발자는 show를 쓰면 어떻게 될까요? 그러면 URL의 구조가 get-student, show-data와 같이 엉망이 될 겁니다. 행위는 '데이터를 가져온다'지만 표현이 중구난방이 될테니 말이죠. **그래서 RESTful API를 설계할 때는 이런 동사를 쓰지 않습니다.**

예문	적합성	설명
/articles/1	적합	동사 없음, 1번 글을 가져온다는 의미가 명확, 적합
/articles/show/1 /show/articles/1	부적합	show라는 동사가 있음, 부적합

규칙 2. 동사는 HTTP 메서드로

앞서 동사에 대해서 이야기했죠. 이건 HTTP 메서드라는 것으로 해결합니다. HTTP 메서드를 앞서 몇 번 언급했는데 여기서 아마 여러분의 의문이 풀릴 거라 생각합니다. HTTP 메서드는 서버에 요청을 하는 방법을 나눈 것인데요, 주로 사용하는 HTTP 메서드는 POST, GET, PUT, DELETE 입니다. 각각 만들고^{create}, 읽고^{read}, 업데이트하고^{update}, 삭제^{delete}하는 역할을 담당하는데요. 보통 이것들을 묶어서 크루드^{CRUD}라고 부릅니다. HTTP 메서드의 감을 잡기 위해 블로그에 글을 쓰는 설계를 한다고 생각해보겠습니다. 그럼 이런 설계를 생각해볼 수 있는데요. 같은 URL라도 역할이 다른 것을 볼 수 있습니다.

설명	적합한 HTTP 메서드와 URL
id가 1인 블로그 글을 **조회**하는 API	**GET** /articles/1
블로그 글을 **추가**하는 API	**POST** /articles
블로그 글을 **수정**하는 API	**PUT** /articles/1
블로그 글을 **삭제**하는 API	**DELETE** /articles/1

GET, POST, PUT, DELETE는 URL에 입력하는 값이 아니라 내부적으로 처리하는 방식을 미리 정하는 것입니다. 실제로 HTTP 메서드는 내부에서 서로 다른 함수로 처리합니다. 이후 실습을 하며 자세히 알아보겠습니다.

이 외에도 슬래시는 계층 관계를 나타내는 데 사용하거나, 밑줄 대신 하이픈을 사용하거나, 자원의 종류가 컬렉션인지 도큐먼트인지에 따라 단수, 복수를 나누거나 하는 등의 규칙이 있지만 지금 당장은 이 정도만 알아도 충분합니다!

6.2 블로그 개발을 위한 엔티티 구성하기

드디어 필요한 배경지식을 모두 익혔으니 블로그 개발을 본격적으로 구현해보겠습니다. 가장 먼저 엔티티를 구성하고, 구성한 엔티티를 사용하기 위한 리포지터리를 추가하겠습니다.

프로젝트 준비하기

새로운 프로젝트를 시작하기 위해 헷갈리지 않기 위해 이전에 기술들을 익힐 목적으로 작성한 코드를 삭제하겠습니다. src/main/resources 폴더에 있는 application.yml 파일과 SpringBootDeveloperApplication.java 파일을 제외한 나머지 파일을 선택한 뒤 삭제해주세요.

삭제할 파일

src/main/java에서 삭제할 파일

· Member

· MemberRepository

· QuizController

· TestController

· TestService

src/main/resources에서 삭제할 파일

· static/index.html

· data.sql

src/test/java에서 삭제할 파일

· MemberRepositoryTest

· QuizControllerTest

· TestControllerTest

· JunitCycleQuiz

· JUnitCycleTest

· JUnitQuiz

· JUnitTest

src/test/resources에서 삭제할 파일

· application.yml

· insert-members.sql

만약 공부했던 내용을 그대로 두고 새로 시작하고 싶다면 application.yml 파일만 따로 복사해 두고 0장 '프로젝트 생성하기'를 참고해 프로젝트를 새로 만들어주세요. 그 뒤에는 복사해둔 application.yml 파일을 resources 폴더에 붙여넣기 하고, build.gradle은 다음과 같이 작성되었는지 확인해 없는 내용을 추가한 다음 빌드해주세요.

```
                                                                build.gradle
dependencies {
    implementation 'org.springframework.boot:spring-boot-starter-web'
    implementation 'org.springframework.boot:spring-boot-starter-data-jpa'
    runtimeOnly 'com.h2database:h2'
    compileOnly 'org.projectlombok:lombok'
    annotationProcessor 'org.projectlombok:lombok'
    testImplementation 'org.springframework.boot:spring-boot-starter-test'
}
```

이번에는 이전 장과는 다르게 디렉터리를 분리해보겠습니다. 보통 디렉터리는 계층별로 분리하거나 도메인 단위로 구분해서 분리하는데요. 여기서는 계층별로 코드를 디렉터리에 넣어 분리할 예정입니다. 어차피 실습하면서 만들게 될 것이므로 눈으로 보고 넘어가세요.

- 프레젠테이션 계층 : controller
- 비즈니스 계층 : service
- 퍼시스턴스 계층 : repository
- 데이터베이스와 연결되는 DAO : domain

엔티티 구성하기

엔티티를 구성하겠습니다. 만들 엔티티와 매핑되는 테이블 구조는 다음과 같습니다.

컬럼명	자료형	null 허용	키	설명
id	BIGINT	N	기본키	일련번호. 기본키
title	VARCHAR(255)	N		게시물의 제목
content	VARCHAR(255)	N		내용

01단계 `To do` springbootdeveloper 패키지에 domain 패키지를 새로 만들고 domain 패키지에 Article.java 파일을 만든 다음 코드를 작성하세요. 임포트 관련 오류 메시지는 `Alt + Enter` 를 눌러 첫 번째 패키지로 채우면 됩니다.

```
                                                          Article.java
@Entity // 엔티티로 지정
public class Article {

  @Id // id 필드를 기본키로 지정
  @GeneratedValue(strategy = GenerationType.IDENTITY) // 기본키를 자동으로 1씩 증가
  @Column(name = "id", updatable = false)
```

```java
  private Long id;

  @Column(name = "title", nullable = false) // 'title'이라는 not null 컬럼과 매핑
  private String title;

  @Column(name = "content", nullable = false)
  private String content;

  @Builder // 빌더 패턴으로 객체 생성
  public Article(String title, String content) {
    this.title = title;
    this.content = content;
  }

  protected Article() { // 기본 생성자
  }

  // 게터
  public Long getId() {
    return id;
  }

  public String getTitle() {
    return title;
  }

  public String getContent() {
    return content;
  }
}
```

@Builder 애너테이션은 롬복에서 지원하는 애너테이션인데요, 이 애너테이션을 생성자 위에 입력하면 빌더 패턴 방식으로 객체를 생성할 수 있어 편리합니다. 아마 이 책을 읽는 분들은 빌더 패턴이 생소할 텐데요. 빌더 패턴을 사용하면 객체를 유연하고 직관적으로 생성할 수 있기 때문에 개발자들이 애용하는 디자인 패턴입니다. 즉, 빌더 패턴을 사용하면 어느 필드에 어떤 값이 들어가는지 명시적으로 파악할 수 있습니다. 이 설명만 보면 빌터 패턴이 무엇인지 잘 이해되지 않을 수 있습니다. 다음 코드 예를 보며 설명해보겠습니다.

▼ 빌더 패턴 예

```
// 빌더 패턴을 사용하지 않았을 때
new Article("abc", "def");

// 빌더 패턴을 사용했을 때
Article.builder()
  .title("abc")
  .content("def")
  .build();
```

예를 들어 위에서 작성한 Article 객체를 생성할 때 title에는 abc를, content에는 def값으로 초기화한다고 하겠습니다. 빌더 패턴을 사용하지 않으면 abc는 어느 필드에 들어가는 값인지, def는 어디 필드에 들어가는 값인지 파악하기가 어렵죠. 하지만 빌더 패턴을 사용하면 어느 필드에 어느 값이 매칭되는지 바로 보이므로 객체 생성 코드의 가독성이 높습니다. 그리고 @Builder 애너테이션을 사용하면 빌더 패턴을 사용하기 위한 코드를 자동으로 생성하므로 간편하게 빌더 패턴을 사용해 객체를 만들 수 있는 것이죠!

02단계 위 코드에 롬복을 사용해서 코드가 더 깔끔하게 바뀌는지 확인해보겠습니다. getId(), getTitle() 같이 필드의 값을 가져오는 게터 메서드들을 public class Article 위에 @Getter 애너테이션, @NoArgsConstructor 애너테이션으로 대치합니다. protected Article() { } 코드블록, get 관련 메서드를 모두 삭제해주세요.

Article.java
```
@Entity // 엔티티로 지정
@Getter
@NoArgsConstructor(access = AccessLevel.PROTECTED)
public class Article {

  @Id // id 필드를 기본키로 지정
  @GeneratedValue(strategy = GenerationType.IDENTITY) // 기본키를 자동으로 1씩 증가
  @Column(name = "id", updatable = false)
  private Long id;

  @Column(name = "title", nullable = false) // 'title'이라는 not null 컬럼과 매핑
  private String title;

  @Column(name = "content", nullable = false)
  private String content;
```

```
@Builder // 빌더 패턴으로 객체 생성
public Article(String title, String content) {
  this.title = title;
  this.content = content;
  }
}
```

코드를 보면 @NoArgsConstructor 애너테이션을 선언해 접근 제어자가 protected인 기본 생성자를 별도의 코드 없이 생성했고 @Getter 애너테이션으로 클래스 필드에 대해 별도 코드 없이 모든 필드에 대한 접근자 메서드를 만들 수 있게 되었습니다. **이렇게 롬북의 애너테이션을 사용하니 코드를 반복해 입력할 필요가 없어져서 가독성이 향상되었습니다.**

리포지터리 만들기

01단계 To do springbootdeveloper 패키지에 repository 패키지를 새로 만든 다음, repository 패키지에서 BlogRepository.java 파일을 생성해 BlogRepository 인터페이스를 만드세요.

BlogRepository.java

```
public interface BlogRepository extends JpaRepository<Article, Long> {
}
```

JpaRepository 클래스를 상속받을 때 엔티티 Article과 엔티티의 PK 타입 Long을 인수로 넣습니다. 이제 이 리포지터리를 사용할 때 JpaRepository에서 제공하는 여러 메서드를 사용할 수 있겠네요.

6.3 블로그 글 작성을 위한 API 구현하기

엔티티도 구성이 끝났으니 API를 하나씩 구현하겠습니다. 구현 과정은 서비스 클래스에서 메서드를 구현하고, 컨트롤러에서 사용할 메서드를 구현한 다음, API를 실제로 테스트하겠습니다. 그림으로 보면 다음과 같습니다.

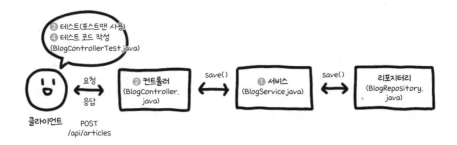

서비스 메서드 코드 작성하기

먼저 블로그에 글을 추가하는 코드를 서비스 계층에 작성하겠습니다. 서비스 계층에서 요청을 받을 객체인 AddArticleRequest 객체를 생성하고, BlogService 클래스를 생성한 다음에 블로그 글 추가 메서드인 save()를 구현하겠습니다.

01단계 To do 먼저 springbootdeveloper 패키지에 dto 패키지를 생성한 다음, dto 패키지를 컨트롤러에서 요청한 본문을 받을 객체인 AddArticleRequest.java 파일을 생성합니다. DTO^{data transfer object}는 계층끼리 데이터를 교환하기 위해 사용하는 객체입니다. 앞서 DAO를 언급했죠? DAO는 데이터베이스와 연결되고 데이터를 조회하고 수정하는 데 사용하는 객체라 데이터 수정과 관련된 로직이 포함되지만 DTO는 단순하게 데이터를 옮기기 위해 사용하는 전달자 역할을 하는 객체이기 때문에 별도의 비즈니스 로직을 포함하지 않습니다. 코드를 작성하는 김에 참고로 알아두기 바랍니다.

```
                                                              AddArticleRequest.java
@NoArgsConstructor  // 기본 생성자 추가
@AllArgsConstructor // 모든 필드 값을 파라미터로 받는 생성자 추가
@Getter
public class AddArticleRequest {

  private String title;
```

```
  private String content;

  public Article toEntity() { // 생성자를 사용해 객체 생성
    return Article.builder()
            .title(title)
            .content(content)
            .build();
  }
}
```

toEntity()는 빌더 패턴을 사용해 DTO를 엔티티로 만들어주는 메서드입니다. 이 메서드는 추후에 블로그 글을 추가할 때 저장할 엔티티로 변환하는 용도로 사용합니다.

02단계 springbootdeveloper 패키지에 service 패키지를 생성한 뒤, service 패키지에서 BlogService.java를 생성해 BlogService 클래스를 구현합니다.

BlogService.java
```
@RequiredArgsConstructor // final이 붙거나 @NotNull이 붙은 필드의 생성자 추가
@Service // 빈으로 등록
public class BlogService {

  private final BlogRepository blogRepository;

  // 블로그 글 추가 메서드
  public Article save(AddArticleRequest request) {
    return blogRepository.save(request.toEntity());
  }
}
```

@RequiredArgsConstructor는 빈을 생성자로 생성하는 롬복에서 지원하는 애너테이션입니다. final 키워드나 @NotNull이 붙은 필드로 생성자를 만들어줍니다. @Service 애너테이션은 해당 클래스를 빈으로 서블릿 컨테이너에 등록해줍니다. save() 메서드는 JpaRepository에서 지원하는 저장 메서드 save()로 AddArticleRequest 클래스에 저장된 값들을 article 데이터베이스에 저장합니다.

한 걸음 더

BlogRepository의 구성 살펴보기

BlogRepository는 JpaRepository를 상속받는데요. JpaRepository의 부모 클래스인 CrudRepository에 바로 save() 메서드가 선언되어 있습니다. 이 메서드를 사용하면 데이터베이스에 Article 엔티티를 저장할 수 있는 것이죠!

컨트롤러 메서드 코드 작성하기

이제 URL에 매핑하기 위한 컨트롤러 메서드를 추가하겠습니다. 앞서 컨트롤러 메서드를 구현한 적이 있죠. 다시 복습하자면 컨트롤러 메서드에는 URL 매핑 애너테이션 @GetMapping, @PostMapping, @PutMapping, @DeleteMapping 등을 사용할 수 있습니다. 이름에서 볼 수 있듯이 각 메서드는 HTTP 메서드에 대응하죠. 여기에서는 /api/articles에 POST 요청이 오면 @PostMapping을 이용해 요청을 매핑한 뒤, 블로그 글을 생성하는 BlogService의 save() 메서드를 호출한 뒤, 생성된 블로그 글을 반환하는 작업을 할 addArticle() 메서드를 작성하겠습니다.

> 😀 이 메서드는 6장 '서비스 메서드 코드 작성하기'에서 구현한 서비스 메서드를 사용해 블로그 글을 생성하고 결과를 응답하는 역할을 합니다.

01단계 `To do` springbootdeveloper 패키지에 controller 패키지를 생성한 뒤, controller 패키지에서 BlogApiController.java 파일을 생성해 다음과 같이 컨트롤러 메서드를 작성합니다.

```
                                                        BlogApiController.java
@RequiredArgsConstructor
@RestController // HTTP Response Body에 객체 데이터를 JSON 형식으로 반환하는 컨트롤러
public class BlogApiController {

  private final BlogService blogService;

  // HTTP 메서드가 POST일 때 전달받은 URL과 동일하면 메서드로 매핑
  @PostMapping("/api/articles")
  // @RequestBody로 요청 본문 값 매핑
  public ResponseEntity<Article> addArticle(@RequestBody AddArticleRequest request) {
    Article savedArticle = blogService.save(request);
```

```
        // 요청한 자원이 성공적으로 생성되었으며 저장된 블로그 글 정보를 응답 객체에 담아 전송
    return ResponseEntity.status(HttpStatus.CREATED)
            .body(savedArticle);
  }
}
```

@RestController 애너테이션을 클래스에 붙이면 HTTP 응답으로 객체 데이터를 JSON 형식으로 반환합니다. @PostMapping() 애너테이션은 HTTP 메서드가 POST일 때 요청받은 URL과 동일한 메서드와 매핑합니다. 지금의 경우 /api/articles는 addArticle() 메서드에 매핑합니다. @RequestBody 애너테이션은 HTTP를 요청할 때 응답에 해당하는 값을 @RequestBody 애너테이션이 붙은 대상 객체인 AddArticleRequest에 매핑합니다. ResponseEntity.status().body()는 응답 코드로 201, 즉, Created를 응답하고 테이블에 저장된 객체를 반환합니다.

꼭 알아두면 좋을 응답 코드

· 200 OK : 요청이 성공적으로 수행되었음

· 201 Created : 요청이 성공적으로 수행되었고, 새로운 리소스가 생성되었음

· 400 Bad Request : 요청 값이 잘못되어 요청에 실패했음

· 403 Forbidden : 권한이 없어 요청에 실패했음

· 404 Not Found : 요청 값으로 찾은 리소스가 없어 요청에 실패했음

· 500 Internal Server Error : 서버 상에 문제가 있어 요청에 실패했음

서비스 메서드, 컨트롤러 메서드를 구현했습니다. 이제 API를 완성했으니 API가 잘 동작하는지 테스트합시다.

API 실행 테스트하기

실제 데이터를 확인하기 위해 H2 콘솔을 활성화해야 합니다. H2 콘솔은 비활성화되어 있습니다. 활성화하려면 속성 파일을 수정해줘야 합니다.

01단계 To do resources 폴더에 application.yml 파일이 있습니다. 파일을 열어 다음 코드를 추가합니다. 코드 입력 시 datasource와 h2의 위치는 spring을 기준으로 공백 2칸을 들여쓰기

해야 합니다. 위치에 주의하여 코드를 입력해주세요.

```yaml
spring:                                              application.yml
... 생략 ...
  datasource:
    url: jdbc:h2:mem:testdb

  h2:
    console:
      enabled: true
```

02단계 이제 스프링 부트 서버를 실행하세요. 그런 다음 포스트맨을 실행하고 HTTP 메서드를 [POST]로, URL에는 http://localhost:8080/api/articles, [Body]는 [raw → JSON]으로 변경한 다음 바로 아래에 보이는 요청 창에 값을 다음과 같이 작성하세요. 그런 다음 [Send]를 눌러 요청을 보내보세요. 아래쪽 [Body]에 Pretty 모드로 결과를 보여줄 겁니다. 실제 값이 스프링 부트 서버에 저장된 것이죠! 바로 이 과정이 HTTP 메서드 POST로 서버에 요청해 값을 저장하는 과정이랍니다.

▼ 요청 창에 작성할 값

```json
{
  "title": "제목",
  "content": "내용"
}
```

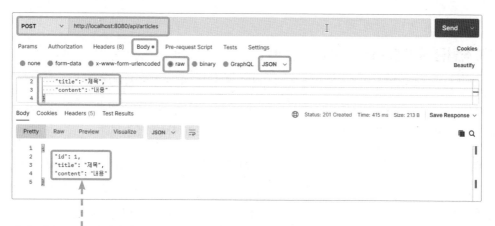

응답 값을 보면 데이터가 잘 저장된 것 같네요. 실제로도 그런지 확인해보겠습니다. 즉, H2 데이터

베이스에 잘 저장됐는지 확인해보겠습니다.

03단계 웹 브라우저에서 localhost:8080/ h2-console에 접속해보세요. 스프링 부트 서 버는 여전히 켠 상태로 유지해야 합니다. H2 콘솔 로그인 화면이 나오면 각 항목의 값을 잘 확인해 입력한 뒤 [Connect]를 눌러 로그인해 주세요. 이렇게 하면 스프링 부트 서버 안에 내 장되어 있는 H2 데이터베이스에 접속하고 데 이터를 확인할 수 있게 됩니다.

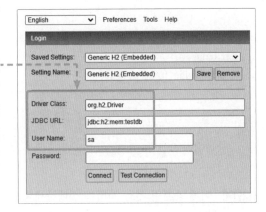

04단계 [SQL statement:]의 입력 창에 **SELECT * FROM ARTICLE**을 입력한 뒤 [Run]을 눌러 쿼리를 실행합니다. 이렇게 하면 H2 데이터베이스에 저장된 데이터를 확인할 수 있습니다. 그리고 왼쪽을 보면 ARTICLE이 라는 테이블도 보입니다. 애플리케이션을 실행 하면 자동으로 생성한 엔티티 내용을 바탕으로 테이블이 생성되고, 우리가 요청한 POST 요청 에 의해 데이터가 실제로 저장된 것이지요.

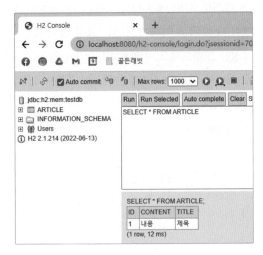

반복 작업을 줄여 줄 테스트 코드 작성하기

지금까지 H2 콘솔에 접속해 쿼리를 입력해 데이터가 저장되는지, 그것이 실제로 들어 있는지 확인 했습니다. 앞으로 개발을 하면서 이런 테스트 과정을 계속 거쳐야 할 텐데요. 매번 이런 방식으로 테스트하려면 매우 불편할 겁니다. 작업을 줄여줄 테스트 코드를 작성하겠습니다.

01단계 (To do) BlogApiController 클래스에 Alt + Enter 를 누르고 [Create Test]를 누르면 테 스트 생성 창이 열립니다. 기본값을 그대로 두고 테스트 코드 파일을 생성하세요. 이 과정은 앞서 한 번 진행했던 것이므로 자세한 설명은 생략하겠습니다. 이 과정을 마치면 /test/java/패키지/ 아래에 BlogApiControllerTest.java 파일이 만들어집니다. 이 파일을 수정해보겠습니다.

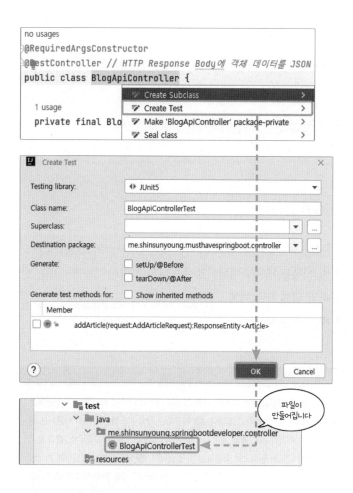

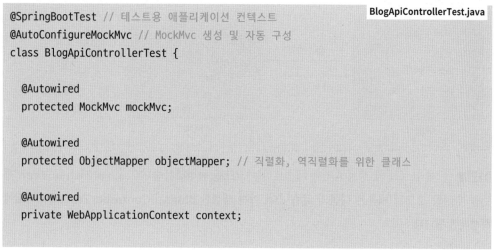

```java
@SpringBootTest // 테스트용 애플리케이션 컨텍스트
@AutoConfigureMockMvc // MockMvc 생성 및 자동 구성
class BlogApiControllerTest {

    @Autowired
    protected MockMvc mockMvc;

    @Autowired
    protected ObjectMapper objectMapper; // 직렬화, 역직렬화를 위한 클래스

    @Autowired
    private WebApplicationContext context;
```

BlogApiControllerTest.java

```
  @Autowired
  BlogRepository blogRepository;

  @BeforeEach // 테스트 실행 전 실행하는 메서드
  public void mockMvcSetUp() {
    this.mockMvc = MockMvcBuilders.webAppContextSetup(context)
            .build();
    blogRepository.deleteAll();
  }
}
```

테스트 관련 애너테이션은 앞에서 다 실습했었습니다. 새로 보이는 것은 ObjectMapper 클래스입니다. 이 클래스로 만든 객체는 자바 객체를 JSON 데이터로 변환하는 직렬화serialization 또는 반대로 JSON 데이터를 자바에서 사용하기 위해 자바 객체로 변환하는 역직렬화deserialization할 때 사용합니다.

😊 ObjectMapper 클래스는 Jackson 라이브러리에서 제공합니다.

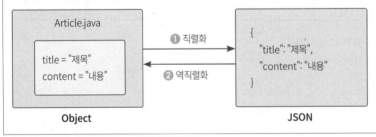
02단계 이제 블로그 글 생성 API를 테스트하는 코드를 작성하겠습니다. given-when-then 패턴을 생성할 코드의 내용은 다음과 같습니다. **아까 생성한 BlogApiControllerTest.java 파일에 작성하면 됩니다.**

Given	블로그 글 추가에 필요한 요청 객체를 만듭니다.
When	블로그 글 추가 API에 요청을 보냅니다. 이때 요청 타입은 JSON이며, given절에서 미리 만들어둔 객체를 요청 본문으로 함께 보냅니다.
Then	응답 코드가 201 Created인지 확인합니다. Blog를 전체 조회해 크기가 1인지 확인하고, 실제로 저장된 데이터와 요청 값을 비교합니다.

```java
                                                              BlogApiControllerTest.java
@SpringBootTest
@AutoConfigureMockMvc
class BlogApiControllerTest {

... 생략 ...

  @DisplayName("addArticle: 블로그 글 추가에 성공한다.")
  @Test
  public void addArticle() throws Exception {
    // given
    final String url = "/api/articles";
    final String title = "title";
    final String content = "content";
    final AddArticleRequest userRequest = new AddArticleRequest(title, content);

    // 객체 JSON으로 직렬화
    final String requestBody = objectMapper.writeValueAsString(userRequest);

    // when
    // 설정한 내용을 바탕으로 요청 전송
    ResultActions result = mockMvc.perform(post(url)
            .contentType(MediaType.APPLICATION_JSON_VALUE)
            .content(requestBody));

    // then
    result.andExpect(status().isCreated());

    List<Article> articles = blogRepository.findAll();

    assertThat(articles.size()).isEqualTo(1);  // 크기가 1인지 검증
    assertThat(articles.get(0).getTitle()).isEqualTo(title);
```

> import static org.springframework.test.web.servlet.request.MockMvcRequestBuilders.post;를 임포트하세요

```
    assertThat(articles.get(0).getContent()).isEqualTo(content);
  }
}
```

writeValueAsString( ) 메서드를 사용해서 객체를 JSON으로 직렬화해줍니다. 그 이후에는 MockMvc를 사용해 HTTP 메서드, URL, 요청 본문, 요청 타입 등을 설정한 뒤 설정한 내용을 바탕으로 테스트 요청을 보냅니다. contentType( ) 메서드는 요청을 보낼 때 JSON, XML 등 다양한 타입 중 하나를 골라 요청을 보냅니다. 여기에서 JSON 타입의 요청을 보낸다고 명시했습니다. assertThat( ) 메서드로는 블로그 글의 개수가 1인지 확인합니다. 자주 사용하는 메서드를 표로 정리했으니 참고해주세요.

코드	설명
assertThat(articles.size( )).isEqualTo(1);	블로그 글 크기가 1이어야 합니다.
assertThat(articles.size( )).isGreaterThan(2);	블로그 글 크기가 2보다 커야 합니다.
assertThat(articles.size( )).isLessThan(5);	블로그 글 크기가 5보다 작아야 합니다.
assertThat(articles.size( )).isZero( );	블로그 글 크기가 0이어야 합니다.
assertThat(article.title( )).isEqualTo("제목");	블로그 글의 title값이 "제목"이어야 합니다.
assertThat(article.title( )).isNotEmpty( );	블로그 글의 title값이 비어 있지 않아야 합니다.
assertThat(article.title( )).contains("제");	블로그 글의 title값이 "제"를 포함해야 합니다.

03단계 테스트 코드를 실행해 코드가 잘 동작하는지 확인합니다. 테스트 코드 실행 방법은 4장 '스프링 부트 3와 테스트'에서 설명했으므로 생략하겠습니다.

6.4 블로그 글 목록 조회를 위한 API 구현하기

클라이언트는 데이터베이스에 직접 접근할 수 없죠. 그러니 이 역시도 API를 구현해볼 수 있도록 해야 합니다. 여기서는 블로그 글을 조회하기 위한 API를 구현합니다. 모든 글을 조회하는 API, 글 내용을 조회하는 API를 순서대로 구현하겠습니다.

서비스 메서드 코드 작성하기

01단계 `To do` BlogService.java 파일을 열어 데이터베이스에 저장되어 있는 글을 모두 가져오는 findAll() 메서드를 추가하겠습니다.

save( ) 메서드 아래에 구현하세요.

```java
@RequiredArgsConstructor
@Service
public class BlogService {

  private final BlogRepository blogRepository;

  ··· 생략 ···

  public List<Article> findAll() {
    return blogRepository.findAll();
  }
}
```

BlogService.java

JPA 지원 메서드인 findAll()을 호출해 article 테이블에 저장되어 있는 모든 데이터를 조회합니다. 이제 요청을 받아 서비스에 전달하는 컨트롤러를 만들겠습니다.

컨트롤러 메서드 코드 작성하기

/api/articles GET 요청이 오면 글 목록을 조회할 findAllArticles() 메서드를 작성하겠습니다. 이 메서드는 전체 글 목록을 조회하고 응답하는 역할을 합니다.

01단계 `To do` 응답을 위한 DTO를 먼저 작성하겠습니다. dto 디렉터리에 ArticleResponse. java 파일을 생성하고 다음과 같이 코드를 작성하세요.

```java
                                                         ArticleResponse.java
@Getter
public class ArticleResponse {

  private final String title;
  private final String content;

  public ArticleResponse(Article article) {
    this.title = article.getTitle();
    this.content = article.getContent();
  }
}
```

글은 제목과 내용 구성이므로 해당 필드를 가지는 클래스를 만든 다음, 엔티티를 인수로 받는 생성
자를 추가했습니다.

02단계 controller 디렉터리에 있는 BlogApiController.java 파일을 열어 전체 글을 조회한
뒤 반환하는 findAllArticles() 메서드를 추가합니다.

```java
                                                         BlogApiController.java
@RequiredArgsConstructor
@RestController // HTTP Response Body에 객체 데이터를 JSON 형식으로 반환하는 컨트롤러
public class BlogApiController {

  private final BlogService blogService;

  ... 생략 ...

  @GetMapping("/api/articles")
  public ResponseEntity<List<ArticleResponse>> findAllArticles() {
    List<ArticleResponse> articles = blogService.findAll()
            .stream()
            .map(ArticleResponse::new)
            .toList();

    return ResponseEntity.ok()
            .body(articles);
  }
}
```

/api/articles GET 요청이 오면 글 전체를 조회하는 findAll( ) 메서드를 호출한 다음 응답용 객체인 ArticleResponse로 파싱해 body에 담아 클라이언트에게 전송합니다. 이 코드에는 스트림을 적용하였습니다.

🙂 스트림은 여러 데이터가 모여 있는 컬렉션을 간편하게 처리하기 위한 자바 8에서 추가된 기능입니다.

실행 테스트하기

01단계 `To do` 테스트를 쉽게 하기 위해 data.sql 파일을 생성하겠습니다. resource 디렉터리에 data.sql 파일을 만들어 다음과 같이 코드를 작성하세요.

```
                                                                              data.sql
INSERT INTO article (title, content) VALUES ('제목 1', '내용 1')
INSERT INTO article (title, content) VALUES ('제목 2', '내용 2')
INSERT INTO article (title, content) VALUES ('제목 3', '내용 3')
```

02단계 포스트맨을 열고 HTTP 메서드는 GET으로 하고 [Params] 탭으로 변경한 다음 URL은 http://localhost:8080/api/articles라고 입력해 [Send]를 눌러보세요. 아래쪽에 그림과 같은 결과가 나오면 제대로 된 겁니다!

🙂 만약 제대로 되지 않는다면 스프링 부트 서버를 다시 실행해보세요.

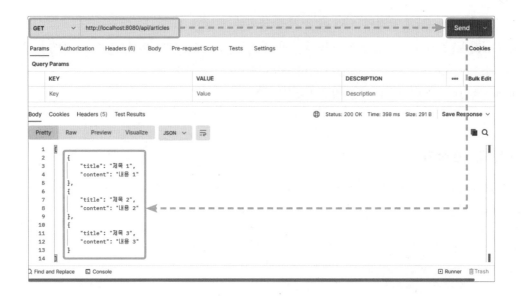

테스트 코드 작성하기

01단계 `To do` 글 조회 테스트 역시 편의를 위해 테스트 코드 작성을 하겠습니다. 다음과 같은 given-when-then 패턴으로 코드를 작성하겠습니다. 코드는 BlogApiControllerTest.java에 이어 작성해주세요.

Given	블로그 글을 저장합니다.
When	목록 조회 API를 호출합니다.
Then	응답 코드가 200 OK이고, 반환받은 값 중에 0번째 요소의 content와 title이 저장된 값과 같은지 확인합니다.

```java
                                                    BlogApiControllerTest.java
@SpringBootTest
@AutoConfigureMockMvc
class BlogApiControllerTest {

... 생략 ...

  @DisplayName("findAllArticles: 블로그 글 목록 조회에 성공한다.")
  @Test
  public void findAllArticles() throws Exception {
    // given
```

```
    final String url = "/api/articles";
    final String title = "title";
    final String content = "content";

    blogRepository.save(Article.builder()
            .title(title)
            .content(content)
            .build());
    // when
    final ResultActions resultActions = mockMvc.perform(get(url)
            .accept(MediaType.APPLICATION_JSON));

    // then
    resultActions
            .andExpect(status().isOk())
            .andExpect(jsonPath("$[0].content").value(content))
            .andExpect(jsonPath("$[0].title").value(title));
    }
}
```

> import static org.springframework.test.web.servlet.request.MockMvcRequestBuilders.get;을 임포트하세요

> import static org.springframework.test.web.servlet.result.MockMvcResultMatchers.jsonPath;를 임포트하세요

코드 작성을 완료했다면 테스트 코드를 실행해 코드가 잘 동작하는지 확인하세요.

6.5 블로그 글 조회 API 구현하기

블로그 글 전체를 조회할 API를 구현했으니 이번에는 글 하나를 조회하는 API를 구현합니다.

서비스 메서드 코드 작성하기

01단계 To do BlogService.java 파일을 열어 블로그 글 하나를 조회하는 메서드인 findById()

메서드를 추가합니다. 이 메서드는 데이터베이스에 저장되어 있는 글의 ID를 이용해 글을 조회합니다.

```java
                                                          BlogService.java
@RequiredArgsConstructor
@Service
public class BlogService {

... 생략 ...

  public Article findById(long id) {
    return blogRepository.findById(id)
        .orElseThrow(() -> new IllegalArgumentException("not found: " + id));
  }
}
```

여기서 구현한 findById() 메서드는 JPA에서 제공하는 findById() 메서드를 사용해 ID를 받아 엔티티를 조회하고 없으면 IllegalArgumentException 예외를 발생합니다.

컨트롤러 메서드 코드 작성하기

01단계 `To do` /api/articles/{id} GET 요청이 오면 블로그 글을 조회하기 위해 매핑할 findArticle() 메서드를 작성하겠습니다. BlogApiController.java 파일을 열어 작성해주세요.

```java
                                                      BlogApiController.java
@RequiredArgsConstructor
@RestController
public class BlogApiController {

... 생략 ...

  @GetMapping("/api/articles/{id}")
  // URL 경로에서 값 추출         ┌─ URL에서 {id}에 해당하는 값이 id로 들어옴 ─┐
  public ResponseEntity<ArticleResponse> findArticle(@PathVariable("id") long id) {
    Article article = blogService.findById(id);

    return ResponseEntity.ok()
            .body(new ArticleResponse(article));
```

```
    }
}
```

@PathVariable 애너테이션은 URL에서 값을 가져오는 애너테이션입니다. 이 애너테이션이 붙은 메서드의 동작 원리는 /api/articles/3 GET 요청을 받으면 id에 3이 들어옵니다. 그리고 이 값은 앞서 만든 서비스 클래스의 findById() 메서드로 넘어가 3번 블로그 글을 찾습니다. 글을 찾으면 3번 글의 정보를 body에 담아 웹 브라우저로 전송합니다.

테스트 코드 작성하기

01단계 `To do` 테스트 코드를 작성해 글 조회가 잘되는지 확인하겠습니다.

Given	블로그 글을 저장합니다.
When	저장한 블로그 글의 id값으로 API를 호출합니다.
Then	응답 코드가 200 OK이고, 반환받은 content와 title이 저장된 값과 같은지 확인합니다.

```
                                                    BlogApiControllerTest.java
@SpringBootTest
@AutoConfigureMockMvc
class BlogApiControllerTest {

... 생략 ...

  @DisplayName("findArticle: 블로그 글 조회에 성공한다.")
  @Test
  public void findArticle() throws Exception {
    // given
    final String url = "/api/articles/{id}";
    final String title = "title";
    final String content = "content";

    Article savedArticle = blogRepository.save(Article.builder()
            .title(title)
            .content(content)
            .build());
```

```
    // when
    final ResultActions resultActions = mockMvc.perform(get(url, savedArticle.
getId()));

    // then
    resultActions
            .andExpect(status().isOk())
            .andExpect(jsonPath("$.content").value(content))
            .andExpect(jsonPath("$.title").value(title));
  }
}
```

글 조회 API는 제목과 글 내용을 가져옵니다. 이 테스트 코드를 작성하고 돌리면 테스트가 잘 통과
하는 것을 확인할 수 있습니다.

6.6 블로그 글 삭제 API 구현하기

블로그 글 삭제 기능도 필요하겠죠? 이번에는 ID에 해당하는 블로그 글을 삭제하는 API를 구현합
니다.

서비스 메서드 코드 작성하기

01단계 To do BlogService.java 파일을 열어 delete() 메서드를 추가합니다. 이 메서드는 블로
그 글의 ID를 받은 뒤 JPA에서 제공하는 deleteById() 메서드를 이용해 데이터베이스에서 데이
터를 삭제합니다.

```java
                                                               BlogService.java
@RequiredArgsConstructor
@Service
public class BlogService {

  ... 생략 ...

  public void delete(long id) {
    blogRepository.deleteById(id);
  }
}
```

컨트롤러 메서드 코드 작성하기

01단계 To do /api/articles/{id} DELETE 요청이 오면 글을 삭제하기 위한 findArticles() 메서드를 작성하겠습니다.

```java
                                                          BlogApiController.java
@RequiredArgsConstructor
@RestController
public class BlogApiController {

  private final BlogService blogService;

  ... 생략 ...                              ┌─────────────────────────────────┐
                                          │ URL에서 {id}에 해당하는 값이 id로 들어옴 │
                                          └─────────────────────────────────┘
  @DeleteMapping("/api/articles/{id}")
  public ResponseEntity<Void> deleteArticle(@PathVariable("id") long id) {
    blogService.delete(id);

    return ResponseEntity.ok()
            .build();
  }
}
```

/api/ariticles/{id} DELETE 요청이 오면 {id}에 해당하는 값이 @PathVariable 애너테이션을 통해 들어옵니다.

실행 테스트하기

01단계 `To do` 로직이 모두 완성되었으니 실제로 테스트하는 방법을 알아보겠습니다. 포스트맨에서 [DELETE]로 HTTP 메서드를 설정하고 URL에는 http://localhost:8080/api/articles/1을 입력하세요. 화면을 참고해 똑같이 설정했는지 확인한 후에 [Send]를 누르세요.

새로 작성한 코드를 적용하기 위해 스프링 부트 서버를 재실행해야 합니다.

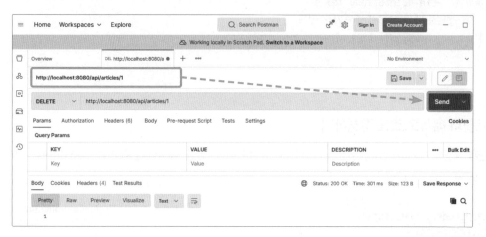

02단계 그 이후에 앞서 만들어둔 블로그 글을 조회하는 API에 요청을 보내보겠습니다. 포스트맨에서 HTTP 메서드를 GET으로 하고 http://localhost:8080/api/articles 요청을 해봅시다.

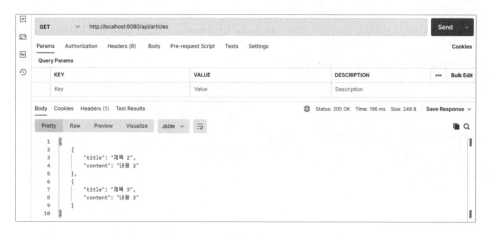

ID가 1인 글은 삭제되었네요. 이제는 2개의 글만 보입니다.

테스트 코드 작성하기

01단계 `To do` 이제 테스트 코드를 작성하며 삭제 API 구현을 마무리하겠습니다.

Given	블로그 글을 저장합니다.
When	저장한 블로그 글의 id값으로 삭제 API를 호출합니다.
Then	응답 코드가 200 OK이고, 블로그 글 리스트를 전체 조회해 조회한 배열 크기가 0인지 확인합니다.

```java
                                                    BlogApiControllerTest.java
@SpringBootTest
@AutoConfigureMockMvc
class BlogApiControllerTest {
... 생략 ...

  @DisplayName("deleteArticle: 블로그 글 삭제에 성공한다.")
  @Test
  public void deleteArticle() throws Exception {
    // given
    final String url = "/api/articles/{id}";
    final String title = "title";
    final String content = "content";

    Article savedArticle = blogRepository.save(Article.builder()
            .title(title)
            .content(content)
            .build());

    // when
    mockMvc.perform(delete(url, savedArticle.getId()))
            .andExpect(status().isOk());

    // then
    List<Article> articles = blogRepository.findAll();

    assertThat(articles).isEmpty();
  }
}
```

코드 작성을 완료했고, 이상이 없다면 다음과 같은 결과를 확인할 수 있을 겁니다.

6.7 블로그 글 수정 API 구현하기

이제 글 수정 API를 구현합니다. 여기까지 하면 블로그의 핵심 기능은 모두 구현한 겁니다! 조금만 더 힘을 내서 가봅시다.

서비스 메서드 코드 작성하기

이제 개발 패턴에 많이 익숙해졌을 겁니다. 수정 API도 서비스 메서드 코드부터 작성합니다. 여기서 작성할 update() 메서드는 특정 아이디의 글을 수정합니다.

01단계 `To do` 엔티티에 요청받은 내용으로 값을 수정하는 메서드를 작성하겠습니다. Articles. java 파일을 열어 다음과 같이 작성해주세요.

```java
@NoArgsConstructor(access = AccessLevel.PROTECTED)
@Getter
@Entity
public class Article {

... 생략 ...

  public void update(String title, String content) {
    this.title = title;
    this.content = content;
  }
}
```

Article.java

02단계 그런 다음 블로그 글 수정 요청을 받을 DTO를 작성해야 합니다. dto 디렉터리에 UpdateArticleRequest.java 파일을 만들어 다음과 같이 작성하세요.

```
                                                              UpdateArticleRequest.java
@NoArgsConstructor
@AllArgsConstructor
@Getter
public class UpdateArticleRequest {
  private String title;
  private String content;
}
```

글에서 수정해야 하는 내용은 제목과 내용이므로 그에 맞게 제목과 내용 필드로 구성했습니다.

03단계 DTO가 완성되었으니 BlogService.java 파일을 열어 리포지터리를 사용해 글을 수정하는 update() 메서드를 추가하겠습니다.

```
                                                              BlogService.java
@RequiredArgsConstructor
@Service
public class BlogService {

... 생략 ...

  @Transactional // 트랜잭션 메서드
  public Article update(long id, UpdateArticleRequest request) {
    Article article = blogRepository.findById(id)
        .orElseThrow(() -> new IllegalArgumentException("not found: " + id));

    article.update(request.getTitle(), request.getContent());

    return article;
  }
}
```

@Transactional 애너테이션은 매칭한 메서드를 하나의 트랜잭션으로 묶는 역할을 합니다. 스프링에서는 트랜잭션을 적용하기 위해 다른 작업을 할 필요 없이 @Transactionl 애너테이션만 사용하면 됩니다. 이제 update() 메서드는 엔티티의 필드 값이 바뀌면 중간에 에러가 발생해도 제대로 된 값 수정을 보장하게 되었습니다.

컨트롤러 메서드 코드 작성하기

01단계 **To do** /api/articles/{id} PUT 요청이 오면 글을 수정하기 위한 updateArticle() 메서드를 작성하겠습니다. BlogApiController.java 파일을 열어 수정해주세요.

```java
                                                    BlogApiController.java
@RequiredArgsConstructor
@RestController
public class BlogApiController {

  private final BlogService blogService;

... 생략 ...

  @PutMapping("/api/articles/{id}")
  public ResponseEntity<Article> updateArticle(@PathVariable("id") long id,
      @RequestBody UpdateArticleRequest request) {
    Article updatedArticle = blogService.update(id, request);

    return ResponseEntity.ok()
        .body(updatedArticle);
  }
}
```

/api/articles/{id} PUT 요청이 오면 Request Body 정보가 request로 넘어옵니다. 그리고 다시 서비스 클래스의 update() 메서드에 id와 request를 넘겨주죠. 응답 값은 body에 담아 전송합니다.

실행 테스트하기

01단계 `To do` 포스트맨에서 HTTP 메서드는 [PUT]으로 설정하세요. 그리고 URL은 http://localhost:8080/api/articles/1이라고 입력하세요. 수정 내용을 입력하려면 [Body] 탭을 사용해야 합니다. 또 [raw], [JSON]으로 설정한 다음 여기에 수정할 내용을 { "title":..., "content":... } 형식으로 입력하세요. 입력을 마치면 [Send]를 눌러 요청을 날려보세요! 😊 요청을 날리기 전에 스프링 부트 서버를 재실행하세요.

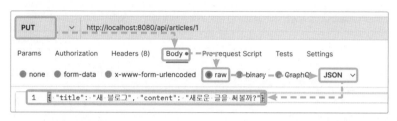

▼ Body에 쓸 예

```
{ "title": "새 블로그", "content": "새로운 글을 써볼까?"}
```

02단계 수정된 글은 글 전체 조회 API로 확인하면 됩니다. 아직 사이트가 없지만 포스트맨을 통해 블로그를 쓰는 느낌도 조금 나지요? 전체 글을 조회해보면 ID가 1인 글이 수정되었음을 알 수 있습니다. 다음 그림을 참고해서 GET 요청을 날려보세요.

테스트 코드 작성하기

01단계 `To do` 여기서도 수정 테스트를 위한 코드를 작성하겠습니다. BlogApiControllerTest. java 파일에 코드를 추가합니다.

Given	블로그 글을 저장하고, 블로그 글 수정에 필요한 요청 객체를 만듭니다.
When	UPDATE API로 수정 요청을 보냅니다. 이때 요청 타입은 JSON이며, given절에서 미리 만들어둔 객체를 요청 본문으로 함께 보냅니다.
Then	응답 코드가 200 OK인지 확인합니다. 블로그 글 id로 조회한 후에 값이 수정되었는지 확인합니다.

```java
                                                    BlogApiControllerTest.java
@SpringBootTest
@AutoConfigureMockMvc
class BlogApiControllerTest {

... 생략 ...

  @DisplayName("updateArticle: 블로그 글 수정에 성공한다.")
  @Test
  public void updateArticle() throws Exception {
    // given
    final String url = "/api/articles/{id}";
    final String title = "title";
    final String content = "content";

    Article savedArticle = blogRepository.save(Article.builder()
        .title(title)
        .content(content)
        .build());

    final String newTitle = "new title";
    final String newContent = "new content";

    UpdateArticleRequest request = new UpdateArticleRequest(newTitle,
newContent);

    // when
    ResultActions result = mockMvc.perform(put(url, savedArticle.getId())
        .contentType(MediaType.APPLICATION_JSON_VALUE)
```

```
            .content(objectMapper.writeValueAsString(request)));

    // then
    result.andExpect(status().isOk());

    Article article = blogRepository.findById(savedArticle.getId()).get();

    assertThat(article.getTitle()).isEqualTo(newTitle);
    assertThat(article.getContent()).isEqualTo(newContent);
    }
}
```

다음과 같이 결과가 나오면 제대로 테스트가 된 겁니다!

✓ Test Results	1 sec 425 ms
✓ BlogApiControllerTest	1 sec 425 ms
✓ deleteArticle: 블로그 글 삭제에 성공한다.	1 sec 115 ms
✓ findArticle: 블로그 글 조회에 성공한다.	147 ms
✓ findAllArticles: 블로그 글 목록 조회에 성공한다.	31 ms
✓ addArticle: 블로그 글 추가에 성공한다.	81 ms
✓ updateArticle: 블로그 글 수정에 성공한다.	51 ms

이제 BlogApiController에 대한 테스트 코드를 모두 작성했습니다. 이 테스트 코드들은 추후에 BlogApiController가 변경되면 기존 코드가 모두 잘 작동한다는 사실을 보증합니다. 결국 개발자 입장에서는 코드를 추가할 때마다 기존에 작성해둔 코드에 영향은 가지 않을지에 대한 걱정을 하지 않을 수 있고, 기존 기능에 대해 직접 테스트하지 않아도 된다는 이점을 얻을 수 있지요!

이 장에서 다루진 않았지만 BlogService에 대해서도 테스트 코드를 작성하는 것이 좋습니다.

스프링 부트를 사용해서 CRUD를 작성하는 방법과 테스트 코드를 작성하는 방법을 알아보았습니다. CRUD는 모든 기능의 기반이 되는 기능입니다. 즉, 이번에 작성한 코드는 여러분이 앞으로 여러 프로젝트를 진행할 때 가장 기초적인 모델이 될 겁니다.

핵심 요약

1 **REST API**는 웹의 장점을 최대한 활용하는 API로, 자원을 이름으로 구분해 자원의 상태를 주고받는 방식입니다.

2 **JpaRepository**를 상속받으면 Spring Data JPA에서 지원하는 여러 메서드를 간편하게 사용할 수 있습니다.

3 **롬복**을 사용하면 더 깔끔하게 코드를 작성할 수 있습니다.

4 **테스트 코드**를 작성하면 코드의 기능이 제대로 작동한다는 것을 검증할 수 있습니다.

1 다음 중 REST API의 디자인 규칙을 따르지 않은 것을 고르세요

　❶ URL에는 동사를 쓰지 말고, 자원을 표시한다.

　❷ 동사는 HTTP 메서드로 표현한다.

　❸ 무조건 복수를 사용한다.

　❹ 슬래시는 계층 관계를 나타내는 데 사용한다.

　❺ 밑줄 대신 하이픈을 사용한다.

2 코드의 가독성, 생산성을 올리기 위해 @Getter, @Setter, @AllArgsArguments 등의
애너테이션을 지원하는 라이브러리는 무엇일까요?

3 계층끼리 데이터를 교환하기 위한 목적으로 사용하는 객체를 무엇이라고 할까요?

4 스프링에서 트랜잭션을 적용하기 위해 추가해야 하는 애너테이션은 무엇일까요?

1 **정답** ❸ 자원의 종류가 컬렉션인지 도큐먼트인지에 따라 단수, 복수를 나눕니다.

2 **정답** 롬복

3 **정답** DTO

4 **정답** @Transactional

07장

PROJECT

블로그 화면 구성하기

학습 목표

스프링 부트에서 제공하는 템플릿 엔진인 타임리프를 사용해서 블로그 화면을 개발합니다. 여기서 개발할 블로그 화면은 총 3개입니다. 우리가 흔히 쓰는 블로그를 생각하면 되죠. 글 목록을 볼 수 있는 화면, 글 내용을 확인할 수 있는 상세 화면, 수정이나 생성할 수 있는 수정 화면으로 구성합니다.

핵심 키워드

• 템플릿 엔진   • 타임리프   • 모델

학습 코스

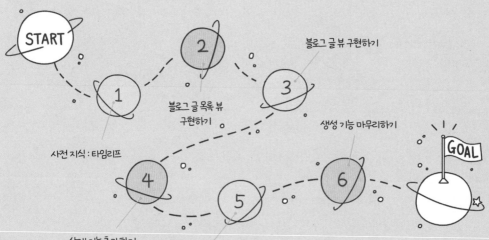

사전 지식 : 타임리프

블로그 글 목록 뷰
구현하기

블로그 글 뷰 구현하기

생성 기능 마무리하기

삭제 기능 추가하기

수정/생성 기능 추가하기

7.1 사전 지식 : 타임리프

타임리프는 템플릿 엔진입니다. 템플릿 엔진이 뭘까요? 템플릿 엔진은 스프링 서버에서 데이터를 받아 우리가 보는 웹 페이지, 즉, HTML 상에 그 데이터를 넣어 보여주는 도구입니다. 다만 템플릿 엔진은 HTML과 함께 템플릿 엔진을 위한 문법을 살짝 섞어 사용해야 합니다. 템플릿 엔진 문법은 어렵지 않으므로 실습을 통해 금방 익숙해질 수 있을 거예요. 그럼 템플릿 개념을 잡기 위해 간단한 예로 설명해보겠습니다.

😀 혹시 HTML에 대한 지식이 없다면 '생활코딩 HTML'을 검색해서 공부해보세요. 이 책에서 소개하는 HTML 지식은 금방 익힐 수 있습니다.

템플릿 엔진 개념 잡기

우선 아주 간단한 템플릿 문법을 살펴봅니다. 코드를 보면 HTML과 뭔가 섞인 듯한 느낌입니다.

▼ 간단한 템플릿 문법을 위한 예

```
<h1 text=${이름}>
<p text=${나이}>
```

h1 태그에는 ${이름}이 text 어트리뷰트로 할당되어 있습니다. p 태그도 비슷하지요? 바로 이것이 템플릿 문법입니다. 이렇게 해두면 서버에서 이름, 나이라는 키로 데이터를 템플릿 엔진에 넘겨주고 템플릿 엔진은 이를 받아 HTML에 값을 적용합니다.

▼ 서버에서 보내준 데이터 예

```
{
    이름: "홍길동"
    나이: 11
}
```

값이 달라지면 그때그때 화면에 반영하니 동적인 웹 페이지를 만들 수 있게 되는 것이죠. 그림으로 본다면 다음과 같은 구조를 생각할 수 있습니다.

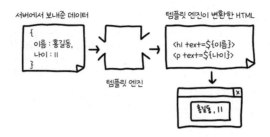

서버에서 보내준 데이터   템플릿 엔진이 변환한 HTML

템플릿 엔진

템플릿 엔진은 각각 문법이 미묘하게 달라서 템플릿 엔진마다 문법을 새로 배워야 하는데요. 대부분의 구조는 비슷해서 한 번 배워 두면 다른 템플릿 엔진은 금방 익숙하게 다룰 수 있습니다. 대표적인 템플릿 엔진으로는 JSP, 타임리프, 프리마커 등이 있습니다. 스프링은 타임리프를 권장하고 있으므로 우리는 타임리프를 사용하겠습니다.

타임리프 표현식과 문법

타임리프의 문법은 앞에서 보듯 직관적이므로 쉽게 배울 수 있습니다. 자주 사용하는 표현식과 문법은 다음과 같습니다. 주요 표현식과 문법은 표로 정리했으니 간단히 읽어보고, 구체적인 사용 방법은 실습을 통해 알아보겠습니다. 여기에서 소개하는 표현식은 전달받은 데이터를 사용자들이 볼 수 있는 뷰로 만들기 위해 사용되는 표현식입니다.

▼ 타임리프 표현식

표현식	설명
${...}	변수의 값 표현식
#{...}	속성 파일 값 표현식
@{...}	URL 표현식
*{...}	선택한 변수의 표현식. th:object에서 선택한 객체에 접근

▼ 타임리프 문법

표현시	설명	예세
th:text	텍스트를 표현할 때 사용	th:text=${person.name}
th:each	컬렉션을 반복할 때 사용	th:each="person : ${persons}"
th:if	조건이 true인 때만 표시	th:if="${person.age} >= 20"

th:unless	조건이 false인 때만 표시	th:unless="${person.age} >= 20"
th:href	이동 경로	th:href="@{/persons(id= ${person.id})}"
th:with	변숫값으로 지정	th:with="name = ${person.name}"
th:object	선택한 객체로 지정	th:object="${person}"

타임리프 사용을 위한 의존성 추가하기

01단계 `To do` 타임리프를 사용하기 위해 build.gradle 파일 에 의존성을 추가하고 새로고침을 눌러 그레이들 변경 사항을 적용합니다.

🐘 그레이들 탭은 오른쪽에 코끼리 모양의 버튼을 누르면 나타납니다.

```gradle
                                                            build.gradle
dependencies {
  ... 생략 ...
  implementation 'org.springframework.boot:spring-boot-starter-thymeleaf'
}
```

타임리프 문법 익히기용 컨트롤러 작성하기

타임리프 문법을 사용해볼까요? 문법을 공부하기 위해 문법 익히기용 컨트롤러를 하나 임시로 만듭시다. 여기서는 /thymeleaf/example GET 요청이 오면 특정 데이터를 뷰, 즉, HTML로 넘겨주는 모델 객체에 추가하는 컨트롤러 메서드를 작성합니다. 이 과정을 통해 타임리프 문법에 익숙해지기 바랍니다.

01단계 `To do` controller 패키지에 ExampleController.java 파일을 만들고 코드를 다음과 같이 작성합니다.

```java
@Controller // 컨트롤러라는 것을 명시적으로 표시            ExampleController.java
public class ExampleController {

  @GetMapping("/thymeleaf/example")
  public String thymeleafExample(Model model) { // 뷰로 데이터를 넘겨주는 모델 객체
    Person examplePerson = new Person();
    examplePerson.setId(1L);
    examplePerson.setName("홍길동");
    examplePerson.setAge(11);
    examplePerson.setHobbies(List.of("운동", "독서"));

    model.addAttribute("person", examplePerson); // Person 객체 저장
    model.addAttribute("today", LocalDate.now());

    return "example"; // example.html라는 뷰 조회
  }

  @Setter
  @Getter
  class Person {
    private Long id;
    private String name;
    private int age;
    private List<String> hobbies;
  }
}
```

> import org.springframework.ui.Model을 임포트하세요.

코드를 보면 처음 접하는 Model이라는 것이 있습니다. 모델 객체는 뷰, 즉, HTML 쪽으로 값을 넘겨주는 객체입니다. 모델 객체는 따로 생성할 필요 없이 코드처럼 인자로 선언하기만 하면 스프링이 알아서 만들어주므로 편리하게 사용할 수 있습니다. addAttribute() 메서드로 모델에 값을 저장합니다. 여기서는 "person"이라는 키에 사람 정보를, "today"라는 키에 날짜 정보를 저장합니다. thymeleafExample() 메서드가 반환하는 값은 "example"이죠? 이 값은 클래스에 붙은 애너테이션이 @Controller이므로 뷰의 이름을 반환하는 겁니다. 즉, 스프링 부트는 컨트롤러의 @Controller 애너테이션을 보고 '반환하는 값의 이름을 가진 뷰의 파일 찾으라는 것이구나!'라고

이해하고 resource/templates 디렉터리에서 example.html을 찾은 다음 웹 브라우저에서 해당 파일을 보여줍니다.

모델의 역할 살펴보기

이제 모델에는 "person", "today" 이렇게 두 키를 가진 데이터가 들어 있을 겁니다. 컨트롤러는 이렇게 모델을 통해 데이터를 설정하고, 모델은 뷰로 이 데이터를 전달해 키에 맞는 데이터를 뷰에서 조회할 수 있게 하죠. 모델은 컨트롤러와 뷰의 중간다리 역할을 해준다고 생각하면 됩니다.

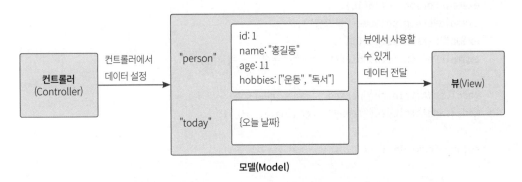

모델(Model)

이제 정말 그런지 눈으로 확인하기 위해 뷰를 작성할 차례입니다.

뷰 작성하기

01단계 `To do` src/main/resources/templates 디렉터리에 example.html 파일을 생성하세요. 파일을 만들 때는 HTML 5 file을 선택합니다. 파일을 생성했다면 다음과 같이 HTML 코드를 작성하세요.

```html
<!DOCTYPE html>
<html xmlns:th="http://www.thymeleaf.org">
<head>
  <meta charset="UTF-8">
  <title>Title</title>
</head>
<body>
<h1>타임리프 익히기</h1>
<!-- LocalDate를 yyyy-MM-dd 포맷으로 변경 -->
```

example.html

```
<p th:text="${#temporals.format(today, 'yyyy-MM-dd')}"></p>
<div th:object="${person}"> <!-- person을 선택한 객체로 지정 -->
  <p th:text="|이름 : *{name}|"></p>
  <p th:text="|나이 : *{age}|"></p>
  <p>취미</p>
  <ul th:each="hobby : *{hobbies}"> <!-- hobbies 개수만큼 반복 -->
    <li th:text="${hobby}"></li>
    <!-- 반복 대상이 운동이라면 '대표 취미'라는 표시 추가 -->
    <span th:if="${hobby == '운동'}">(대표 취미)</span>
  </ul>
</div>
<!-- 1번 블로그 글을 보러 이동 -->
<a th:href="@{/api/articles/{id}(id=${person.id})}">글 보기</a>
</body>
</html>
```

#temporals.format() 함수로 LocalDate 타입인 오늘 날짜를 yyyy-MM-dd 형식의 String 타입으로 포매팅합니다. 그리고 th:object를 사용해 모델에서 받은 객체 중 "person"이라는 키를 가진 객체의 데이터를 하위 태그에 지정합니다. 그러면 하위 태그에서는 *{...}를 사용해 부모 태그에 적용한 객체 값에 접근할 수 있습니다. th:text는 텍스트를 표현합니다. 여기서는 '이름 : '이라는 문자열과 person 객체의 name값인 홍길동을 이어 붙이겠죠! th:each는 객체의 hobbies 개수만큼 반복하는 반복자입니다. th:if는 말 그대로 if문이고요. 그러면 실제 결과물이 어떻게 나오는지 스프링 부트 서버를 실행해서 확인하겠습니다.

뷰 테스트하기

01단계 `To do` 스프링 부트 서버를 실행한 다음 웹 브라우저에서 http://localhost:8080/thymeleaf/example에 접속해보세요. 어때요! 정말 신기하지 않나요?

😮 만약 화면이 보이지 않는다면 실수로 test 디렉터리에 파일을 저장했을 수도 있습니다. 확인해보세요!

7.2 블로그 글 목록 뷰 구현하기

이제 타임리프에 필요한 지식을 모두 익혔으니 본격적인 구현을 시작해보겠습니다. 여기서는 컨트롤러의 메서드를 만들고, HTML 뷰를 만든 다음 뷰를 테스트합니다.

컨트롤러 메서드 작성하기

요청을 받아 사용자에게 뷰를 보여주려면 뷰 컨트롤러가 필요합니다. 6장 '블로그 기획하고 API 만들기'에서는 API를 만들기 위해 컨트롤러 메서드가 데이터를 직렬화한 JSON 문자열을 반환했지만 뷰 컨트롤러 메서드는 뷰의 이름을 반환하고, 모델 객체에 값을 담습니다. 반환하는 값이 다를 뿐 전체적인 구조는 비슷하니 어렵지 않을 겁니다.

01단계 `To do` 뷰에게 데이터를 전달하기 위한 객체를 생성하겠습니다. dto 패키지에 ArticleListViewResponse.java 파일을 만들고 나서 다음 코드를 작성하세요.

```
                                              ArticleListViewResponse.java
@Getter
public class ArticleListViewResponse {

  private final Long id;
  private final String title;
  private final String content;
```

```
    public ArticleListViewResponse(Article article) {
        this.id = article.getId();
        this.title = article.getTitle();
        this.content = article.getContent();
    }
}
```

02단계 controller 패키지에 BlogViewController.java 파일을 만들어 /articles GET 요청을 처리할 코드를 작성합니다. 여기서는 블로그 글 전체 리스트를 담은 뷰를 반환합니다.

```
                                                         BlogViewController.java
@RequiredArgsConstructor
@Controller
public class BlogViewController {

  private final BlogService blogService;

  @GetMapping("/articles")
  public String getArticles(Model model) {
    List<ArticleListViewResponse> articles = blogService.findAll().stream()
            .map(ArticleListViewResponse::new)
            .toList();
    model.addAttribute("articles", articles); // ❶ 블로그 글 리스트 저장

    return "articleList"; // ❷ articleList.html라는 뷰 조회
  }
}
```

❶ addAttribute() 메서드를 사용해 모델에 값을 저장했습니다. 여기서는 "articles" 키에 블로그 글들을, 즉, 글 리스트를 저장합니다. ❷ 반환값인 "articleList"는 resource/templates/articleList.html을 찾도록 뷰의 이름을 적은 겁니다.

HTML 뷰 만들고 테스트하기

01단계 (To do) resource/templates 디렉터리에 articleList.html을 만들고 모델에 전달한 블로그 글 리스트 개수만큼 반복해 글 정보를 보여주도록 코드를 작성합니다.

```
<!DOCTYPE html>
<html xmlns:th="http://www.thymeleaf.org">
<head>
  <meta charset="UTF-8">
  <title>블로그 글 목록</title>
  <link rel="stylesheet" href="https://stackpath.bootstrapcdn.com/
bootstrap/4.1.3/css/bootstrap.min.css">
</head>
<body>
<div class="p-5 mb-5 text-center</> bg-light">
  <h1 class="mb-3">My Blog</h1>
  <h4 class="mb-3">블로그에 오신 것을 환영합니다.</h4>
</div>

<div class="container">
  <div class="row-6" th:each="item : ${articles}"> <!-- ❶ article 개수만큼 반복 -->
    <div class="card">
      <div class="card-header" th:text="${item.id}"> <!-- ❷ item의 id 출력 -->
      </div>
      <div class="card-body">
        <h5 class="card-title" th:text="${item.title}"></h5>
        <p class="card-text" th:text="${item.content}"></p>
        <a href="#" class="btn btn-primary">보러 가기</a>
      </div>
    </div>
    <br>
  </div>
</div>
</body>
```

❶ th:each로 "articles" 키에 담긴 데이터 개수만큼 반복합니다. ❷ th:text는 반복 대상 객체의 id, "text"를 출력합니다. 이때 화면을 쉽고 간편하게 만들 수 있는 부트스트랩을 사용했습니다.

부트스트랩은 웹 애플리케이션의 화면을 쉽고 빠르게 만들어주는 라이브러리입니다. 궁금하다면 공식 사이트 https://getbootstrap.com/를 둘러보고 돌아오세요.

02단계 스프링 부트 서버를 재시작한 다음 http://localhost:8080/articles에 접속해보세요. 뷰가 잘 나올 겁니다.

7.3 블로그 글 뷰 구현하기

이번에는 블로그 화면 상의 [보러 가기] 버튼을 누르면 블로그 글이 보이도록 블로그 글 뷰를 구현합니다. 엔티티에 생성 시간, 수정 시간을 추가하고, 컨트롤러 메서드를 만든 다음 HTML 뷰를 만들고 확인하는 과정으로 개발해봅시다.

엔티티에 생성, 수정 시간 추가하기

엔티티에 생성 시간과 수정 시간을 추가해 글이 언제 생성되었는지 뷰에서 확인하겠습니다.

01단계 To do Article.java 파일을 열고 다음 필드를 추가합니다.

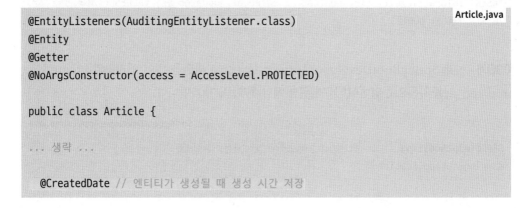

```java
                                                                    Article.java
@EntityListeners(AuditingEntityListener.class)
@Entity
@Getter
@NoArgsConstructor(access = AccessLevel.PROTECTED)

public class Article {

... 생략 ...

  @CreatedDate // 엔티티가 생성될 때 생성 시간 저장
```

```
    @Column(name = "created_at")
    private LocalDateTime createdAt;

    @LastModifiedDate // 엔티티가 수정될 때 수정 시간 저장
    @Column(name = "updated_at")
    private LocalDateTime updatedAt;

    ... 생략 ...
}
```

@CreatedDate 애너테이션을 사용하면 엔티티가 생성될 때 생성 시간을 created_at 컬럼에 저장합니다. 마찬가지로 @LastModifiedDate 애너테이션을 사용하면 엔티티가 수정될 때 마지막으로 수정된 시간을 updated_at 컬럼에 저장합니다. 또한 엔티티의 생성 및 수정 시간을 자동으로 감시하고 기록하기 위해 @EntityListeners(AuditingEntityListener.class) 애너테이션도 추가해줍니다.

02단계 엔티티를 생성하면 생성 시간과 수정 시간이 자동으로 저장됩니다. 하지만 스프링 부트 서버를 실행할 때마다 SQL문으로 데이터를 넣는 data.sql 파일은 created_at과 update_at을 바꾸지 않습니다. 최초 파일 생성에도 이 값을 수정하도록 data.sql 파일을 수정해 실행할 때마다 create_at, update_at이 바뀌도록 해봅시다.

data.sql
```
INSERT INTO article (title, content, created_at, updated_at) VALUES ('제목 1', '내
용 1', NOW(), NOW())
INSERT INTO article (title, content, created_at, updated_at) VALUES ('제목 2', '내
용 2', NOW(), NOW())
INSERT INTO article (title, content, created_at, updated_at) VALUES ('제목 3', '내
용 3', NOW(), NOW())
```

03단계 이제 SpringBootDeveloperApplication.java 파일을 열어 엔티티의 created_at, updated_at을 자동으로 업데이트하기 위한 애너테이션을 추가합니다.

SpringBootDeveloperApplication.java
```
@EnableJpaAuditing // created_at, updated_at 자동 업데이트
@SpringBootApplication
```

```java
public class SpringBootDeveloperApplication {
  public static void main(String[] args) {
    SpringApplication.run(SpringBootDeveloperApplication.class, args);
  }
}
```

컨트롤러 메서드 작성하기

01단계 `To do` 뷰에서 사용할 DTO를 만들겠습니다. dto 디렉터리에 ArticleViewResponse. java를 생성한 뒤 클래스를 구현합니다.

```java
                                                          ArticleViewResponse.java
@NoArgsConstructor
@Getter
public class ArticleViewResponse {

  private Long id;
  private String title;
  private String content;
  private LocalDateTime createdAt;

  public ArticleViewResponse(Article article) {
    this.id = article.getId();
    this.title = article.getTitle();
    this.content = article.getContent();
    this.createdAt = article.getCreatedAt();
  }
}
```

02단계 DTO를 만들었으니, 이제 블로그 글을 반환할 컨트롤러의 메서드를 작성하겠습니다. BlogViewController.java 파일을 열어 getArticle() 메서드를 추가해줍니다.

```java
                                                          BlogViewController.java
@RequiredArgsConstructor
@Controller
public class BlogViewController {
  ... 생략 ...
```

```
@GetMapping("/articles/{id}")
public String getArticle(@PathVariable("id") Long id, Model model) {
  Article article = blogService.findById(id);
  model.addAttribute("article", new ArticleViewResponse(article));

  return "article";
}
}
```

getArticle() 메서드는 인자 id에 URL로 넘어온 값을 받아 findById() 메서드로 넘겨 글을 조회하고, 화면에서 사용할 모델에 데이터를 저장한 다음, 보여줄 화면의 템플릿 이름을 반환합니다.

HTML 뷰 만들기

01단계 To do resource/templates 디렉터리에 article.html을 만들어 화면을 작성합니다.

```
article.html
<!DOCTYPE html>
<html xmlns:th="http://www.thymeleaf.org">
<head>
  <meta charset="UTF-8">
  <title>블로그 글</title>
  <link rel="stylesheet" href="https://stackpath.bootstrapcdn.com/
bootstrap/4.1.3/css/bootstrap.min.css">
</head>
<body>
<div class="p-5 mb-5 text-center</> bg-light">
  <h1 class="mb-3">My Blog</h1>
  <h4 class="mb-3">블로그에 오신 것을 환영합니다.</h4>
</div>

<div class="container mt-5">
  <div class="row">
    <div class="col-lg-8">
      <article>
        <header class="mb-4">
          <h1 class="fw-bolder mb-1" th:text="${article.title}"></h1>
          <div class="text-muted fst-italic mb-2" th:text="|Posted on
${#temporals.format(article.createdAt, 'yyyy-MM-dd HH:mm')}|"></div>
```

```
        </header>
        <section class="mb-5">
          <p class="fs-5 mb-4" th:text="${article.content}"></p>
        </section>
        <button type="button" class="btn btn-primary btn-sm">수정</button>
        <button type="button"
                class="btn btn-secondary btn-sm">삭제</button>
      </article>
    </div>
  </div>
</div>
</body>
```

템플릿 함수 중 ${#temporals.format()}은 날짜 형식을 yyyy-MM-dd HH:mm으로 포매팅합니다. 포매팅한 날짜 형식을 || 기호와 함께 Posted on이라는 텍스트와 붙인 점도 봐주세요. 그러면 블로그 결과물에 '2099-99-31 23:11 Posted on' 같이 글을 게시한 시간 알림을 표시할 수 있습니다.

02단계 글 상세 화면은 글 리스트 화면에서 보러 갈 수 있어야 하겠죠? 글 리스트 화면에 있는 [보러 가기] 버튼을 수정합니다. 다른 코드는 그대로 두고 [보러 가기] 버튼 쪽을 수정해주세요.

```
                                                              articleList.html
<body>
<div class="p-5 mb-5 text-center</> bg-light">
  <h1 class="mb-3">My Blog</h1>
  <h4 class="mb-3">블로그에 오신 것을 환영합니다.</h4>
</div>

<div class="container">
  <div class="row-6" th:each="item : ${articles}">
    <div class="card">
      <div class="card-header" th:text="${item.id}">
      </div>
      <div class="card-body">
        <h5 class="card-title" th:text="${item.title}"></h5>
        <p class="card-text" th:text="${item.content}"></p>
        <!-- 여기를 수정해주세요! -->
        <a th:href="@{/articles/{id}(id=${item.id})}"
           class="btn btn-primary">보러 가기</a>
```

```
        </div>
      </div>
      <br>
    </div>
  </div>
</body>
```

href 속성을 th:href 속성으로 변경하고 URL 표현식 @{...}을 사용해 [보러 가기]를 눌렀을 때 주소창의 값을 /articles/{item.id}로 변경해 글 상세 화면으로 이동할 겁니다.

실행 테스트하기

01단계 `To do` 애플리케이션을 실행해준 뒤, 주소창에 http://localhost:8080/articles를 입력하고, [보러 가기] 버튼을 누르면 상세 글이 보입니다. URL 은 /articles/1로 변경되었고 데이터도 잘 나오네요.

😮 잊지 마세요! 코드 변경 후에는 스프링 부트 서버를 재실행해야 합니다.

7.4 삭제 기능 추가하기

이번에는 글 상세 화면에서 [삭제] 버튼을 눌러 글을 삭제해봅시다. 삭제 API로 요청을 보낼 코드를 작성하고 테스트해봅시다.

삭제 기능 코드 작성하기

삭제 코드를 작성하겠습니다. 삭제 코드는 자바스크립트로 작성합니다.

😺 자바스크립트는 책 한 권으로 설명할 만큼 많은 내용을 공부해야 하는 언어입니다. 여기서는 자바스크립트에 대한 설명을 필요한 만큼만 하고 생략합니다.

01단계 (To do) src/main/resources/static 디렉터리에 js 디렉터리를 만들고 article.js 파일을 만드세요. 파일 생성 후에 다음과 같이 코드를 작성하세요.

😺 만약 디렉터리를 생성하면서 파일을 한 번에 만들고 싶다면 static 디렉터리에서 파일을 생성할 때 파일 이름을 js/article.js라고 /를 이용해 파일을 생성하면 됩니다.

😺 static.js라고 폴더가 보이는 것은 인텔리제이의 폴더를 축약하여 보여주는 기능입니다.

```javascript
// 삭제 기능
const deleteButton = document.getElementById('delete-btn');

if (deleteButton) {
  deleteButton.addEventListener('click', event => {
    let id = document.getElementById('article-id').value;
    fetch(`/api/articles/${id}`, {
      method: 'DELETE'
    })
    .then(() => {
      alert('삭제가 완료되었습니다.');
      location.replace('/articles');
    });
  });
}
```
article.js

이 자바스크립트 코드는 HTML에서 id를 delete-btn으로 설정한 엘리먼트를 찾아 그 엘리먼트에서 클릭 이벤트가 발생하면 fetch() 메서드를 통해 /api/articles/ DELETE 요청을 보내는 역할을 합니다. fetch() 메서드에 이어지는 then() 메서드는 fetch()가 잘 완료되면 연이어 실행되는 메서드입니다. alert() 메서드는 then() 메서드가 실행되는 시점에 웹 브라우저 화면으로 삭제가 완료되었음을 알리는 팝업을 띄워주는 메서드이고, location.replace() 메서드는 실행 시 사용자의 웹 브라우저 화면을 현재 주소를 기반해 옮겨주는 역할을 합니다.

02단계 [삭제] 버튼을 눌렀을 때 삭제하도록 [삭제] 버튼, 즉, button 엘리먼트에 delete-btn이라는 아이디 값을 추가하고 앞서 작성한 article.js가 이 화면에서 동작하도록 임포트합니다.

```html
<!DOCTYPE html>
... 생략 ...

<div class="container mt-5">
  <div class="row">
    <div class="col-lg-8">
      <article>
        <!-- 블로그 글 id 추가 -->
        <input type="hidden" id="article-id" th:value="${article.id}">
        <header class="mb-4">
          <h1 class="fw-bolder mb-1" th:text="${article.title}"></h1>
          <div class="text-muted fst-italic mb-2" th:text="|Posted on
${#temporals.format(article.createdAt, 'yyyy-MM-dd HH:mm')}|"></div>
        </header>
        <section class="mb-5">
          <p class="fs-5 mb-4" th:text="${article.content}"></p>
        </section>
        <button type="button" class="btn btn-primary btn-sm">수정</button>
        <!-- [삭제] 버튼에 id 추가 -->
        <button type="button" id="delete-btn"
                class="btn btn-secondary btn-sm">삭제</button>

      </article>
    </div>
  </div>
</div>

<script src="/js/article.js"></script> <!-- article.js 파일 추가 -->
</body>
```
article.html

실행 테스트하기

01단계 (To do) 스프링 부트 서버를 다시 실행하고 웹 브라우저에서 http://localhost:8080/articles/1에 접속한 다음 상세 글에서 [삭제] 버튼을 클릭해 삭제가 잘되는지 확인해봅시다. 팝업

창이 나타난 다음 [확인]을 누르면 삭제가 완료되고, 글 목록 화면으로 이동했을 때 '제목 1' 글이
사라져 있어야 합니다.

7.5 수정/생성 기능 추가하기

삭제 기능도 완성했네요! 이제는 글 수정/생성 기능을 추가하겠습니다. 수정과 생성을 함께 개발하
는 이유는 바로 다음 글을 통해 알아보죠!

수정/생성 뷰 컨트롤러 작성하기

보통 블로그 글 수정과 생성은 같은 화면에서 벌어집니다. 다음 화면을 보면 무슨 말인지 금방 눈
치챌 수 있을 겁니다. 왼쪽이 생성, 오른쪽이 수정 화면입니다.

그림에서 보듯 생성과 수정은 버튼도 다르고, 기존 값의 유무가 다를 겁니다. 그러므로 URL의 설계와 흐름도 다릅니다. 다음 그림을 봅시다.

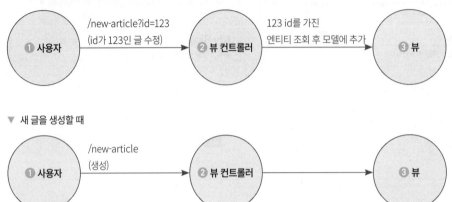

▼ 이미 생성한 글을 수정할 때

▼ 새 글을 생성할 때

그림을 보면 글을 생성할 때는 URL에 별도 쿼리 파라미터가 없습니다. 하지만 수정할 때는 URL에 ?id=123과 같이 수정할 글의 id를 쿼리 파라미터에 추가해 요청하죠. 쿼리 파라미터란 HTTP 요청에서 URL의 끝에 '?'로 시작하는 키 값으로 이루어진 문자열이며 '&'로 구분합니다. 예를 들어 ?id=123일 때에는 키는 id, 값은 123이 되는 것이죠. 즉, 쿼리 파라미터가 있는 경우 컨트롤러 메서드를 수정해야 하므로 엔티티를 조회해 기존 글 데이터를 모델에 넣어 화면에 보여줘야 합니다. 쿼리 파라미터가 없는 때에는 새 글이므로 화면에 아무것도 보여줄 필요가 없겠죠. 또한 뷰에서는 쿼리 파라미터의 id 여부에 따라 [수정]과 [생성] 중 적절한 버튼을 보여줘야 합니다.

01단계 To do 수정 화면을 보여주기 위한 컨트롤러 메서드를 추가하겠습니다. BlogViewController.java 파일에 newArticle() 메서드를 추가하세요.

```java
                                                        BlogViewController.java
@RequiredArgsConstructor
@Controller
public class BlogViewController {
... 생략 ...

  @GetMapping("/new-article")
  // ❶ id 키를 가진 쿼리 파라미터의 값을 id 변수에 매핑(id는 없을 수도 있음)
  public String newArticle(@RequestParam(required = false) Long id, Model model) {
    if (id == null) { // ❷ id가 없으면 생성
```

```
        model.addAttribute("article", new ArticleViewResponse());
    } else {  // ❸ id가 없으면 수정
        Article article = blogService.findById(id);
        model.addAttribute("article", new ArticleViewResponse(article));
    }

    return "newArticle";
  }
}
```

❶ 쿼리 파라미터로 넘어온 id값은 newArticle() 메서드의 Long 타입 id 인자에 매핑합니다. 앞서 언급했듯이 이 값은 없을 수도 있으므로, 즉, ❸ id가 있으면 수정, 없으면 생성이므로 ❷ id가 없는 경우 기본 생성자를 이용해 빈 ArticleViewResponse 객체를 만들고, id가 있으면 기존 값을 가져오는 findById() 메서드를 호출합니다.

수정/생성 뷰 만들기

01단계 <small>To do</small> 이제 컨트롤러 메서드에서 반환하는 newArticle.html을 구현하겠습니다. resource/templates 디렉터리에 newArticle.html 파일을 생성해 다음과 같이 코드를 작성하세요.

```
                                                              newArticle.html
<!DOCTYPE html>
<html xmlns:th="http://www.thymeleaf.org">
<head>
  <meta charset="UTF-8">
  <title>블로그 글</title>
  <link rel="stylesheet" href="https://stackpath.bootstrapcdn.com/
bootstrap/4.1.3/css/bootstrap.min.css">
</head>
<body>
<div class="p-5 mb-5 text-center</> bg-light">
  <h1 class="mb-3">My Blog</h1>
  <h4 class="mb-3">블로그에 오신 것을 환영합니다.</h4>
</div>

<div class="container mt-5">
```

```
 <div class="row">
   <div class="col-lg-8">
     <article>
       <!-- 아이디 정보 저장 -->
       <input type="hidden" id="article-id" th:value="${article.id}">

       <header class="mb-4">
         <input type="text" class="form-control" placeholder="제목" id="title"
th:value="${article.title}">
       </header>
       <section class="mb-5">
         <textarea class="form-control h-25" rows="10" placeholder="내용"
id="content" th:text="${article.content}"></textarea>
       </section>
       <!-- id가 있을 때는 [수정] 버튼을, 없을 때는 [등록] 버튼이 보이게 함 -->
       <button th:if="${article.id} != null" type="button" id="modify-btn"
class="btn btn-primary btn-sm">수정</button>
       <button th:if="${article.id} == null" type="button" id="create-btn"
class="btn btn-primary btn-sm">등록</button>
     </article>
   </div>
 </div>
</div>

<script src="/js/article.js"></script>
</body>
```

수정할 때는 id가 필요하므로 input 엘리먼트의 type을 hidden으로 설정해 엘리먼트를 숨깁니다. 또 th:value로 글의 id를 저장합니다. th:if로는 id가 있을 때 [수정] 버튼, 없을 때 [등록] 버튼이 나타나도록 합니다.

02단계 이제 실제 수정, 생성 기능을 위한 API를 구현합니다. static 디렉터리의 article.js 파일을 열어 다음 코드를 추가하세요.

article.js

```
... 생략 ...

// 수정 기능
// ❶ id가 modify-btn인 엘리먼트 조회
```

```
const modifyButton = document.getElementById('modify-btn');

if (modifyButton) {
  // ❷ 클릭 이벤트가 감지되면 수정 API 요청
  modifyButton.addEventListener('click', event => {
    let params = new URLSearchParams(location.search);
    let id = params.get('id');

    fetch(`/api/articles/${id}`, {
      method: 'PUT',
      headers: {
        "Content-Type": "application/json",
      },
      body: JSON.stringify({
        title: document.getElementById('title').value,
        content: document.getElementById('content').value
      })
    })
    .then(() => {
      alert('수정이 완료되었습니다.');
      location.replace(`/articles/${id}`);
    });
  });
}
```

자바스크립트 관련 설명은 필요한 만큼만 하겠습니다. 이 코드는 id가 modify-btn인 엘리먼트
를 찾고 그 엘리먼트에서 클릭 이벤트가 발생하면 id가 title, content인 엘리먼트의 값을 가져
와 fetch() 메서드를 통해 수정 API로 /api/articles/ PUT 요청을 보냅니다. 요청을 보낼 때는
headers에 요청 형식을 지정하고, body에 HTML에 입력한 데이터를 JSON 형식으로 바꿔 보냅
니다. 요청이 완료되면 then() 메서드로 마무리 작업을 합니다.

03단계 이제 article.html 파일을 열어 [수정] 버튼에 id값과 클릭 이벤트를 추가합니다. 기존에
입력했던 수정 버튼을 수정하면 됩니다.

```
                                                                    article.html
<!DOCTYPE html>
<html xmlns:th="http://www.thymeleaf.org">
<head>
```

```
  <meta charset="UTF-8">
  <title>블로그 글</title>
  <link rel="stylesheet" href="https://stackpath.bootstrapcdn.com/
bootstrap/4.1.3/css/bootstrap.min.css">
</head>
<body>
<div class="p-5 mb-5 text-center</> bg-light">
  <h1 class="mb-3">My Blog</h1>
  <h4 class="mb-3">블로그에 오신 것을 환영합니다.</h4>
</div>

<div class="container mt-5">
  <div class="row">
    <div class="col-lg-8">
      <article>
... 생략 ...
        <section class="mb-5">
          <p class="fs-5 mb-4" th:text="${article.content}"></p>
        </section>
        <button type="button" id="modify-btn"
                th:onclick="|location.href='@{/new-article?id={articleId}
(articleId=${article.id})}'|"
                class="btn btn-primary btn-sm">수정</button>

        <button type="button" id="delete-btn"
                class="btn btn-secondary btn-sm">삭제</button>
      </article>
    </div>
  </div>
</div>

<script src="/js/article.js"></script>

</body>
```

실행 테스트하기

01단계 `To do` 스프링 부트 서버를 재실행한 다음 http://localhost:8080/articles/1에 접속해 [수정] 버튼을 눌러보세요. 수정 뷰가 뜨는 것을 확인하고, 제목과 내용을 각각 여러분 마음대로 수정해보세요.

7.6 생성 기능 마무리하기

이제 글 생성 기능을 추가하여 블로그의 기초 기능을 마무리하겠습니다.

생성 기능 작성하기

01단계 `To do` /resources/static/js 디렉터리에 있는 article.js 파일을 열어 [등록] 버튼을 누르면 입력 칸에 있는 데이터를 가져와 게시글 생성 API에 글 생성 관련 요청을 보내주는 코드를 추가하겠습니다.

```js
                                                                    article.js
... 생략 ...

// 등록 기능
// ❶ id가 create-btn인 엘리먼트
const createButton = document.getElementById("create-btn");
```

```
if (createButton) {
  // ❷ 클릭 이벤트가 감지되면 생성 API 요청
  createButton.addEventListener("click", (event) => {
    fetch("/api/articles", {
      method: "POST",
      headers: {
        "Content-Type": "application/json",
      },
      body: JSON.stringify({
        title: document.getElementById("title").value,
        content: document.getElementById("content").value,
      }),
    }).then(() => {
      alert("등록 완료되었습니다.");
      location.replace("/articles");
    });
  });
}
```

❶ id가 create-btn인 엘리먼트를 찾아 그 엘리먼트에서 ❷ 클릭 이벤트가 발생하면 id가 title, content인 엘리먼트의 값을 가져와 fetch() 메서드를 통해 생성 API로 /api/articles/ POST 요청을 보내줍니다.

02단계 계속해서 articleList.html 파일을 수정해 id가 create-btn인 [생성] 버튼을 추가하겠습니다.

```
                                                                    articleList.html
<!DOCTYPE html>
<html xmlns:th="http://www.thymeleaf.org">
<head>
  <meta charset="UTF-8">
  <title>블로그 글 목록</title>
  <link rel="stylesheet" href="https://stackpath.bootstrapcdn.com/
bootstrap/4.1.3/css/bootstrap.min.css">
</head>
<body>
<div class="p-5 mb-5 text-center bg-light">
  <h1 class="mb-3">My Blog</h1>
  <h4 class="mb-3">블로그에 오신 것을 환영합니다.</h4>
```

```
</div>

<div class="container">
  <button type="button" id="create-btn"
          th:onclick="|location.href='@{/new-article}'|"
          class="btn btn-secondary btn-sm mb-3">글 등록</button>

  <div class="row-6" th:each="item : ${articles}"> <!-- article 개수만큼 반복 -->
... 생략 ...
  </div>
</div>
</body>
```

실행 테스트하기

01단계 To do 스프링 부트 서버를 다시 실행한 다음 http://localhost:8080/articles에 접속한
뒤 [글 등록] 버튼을 눌러 제대로 기능이 동작하는지 확인해보세요.

학습 마무리

템플릿 엔진인 타임리프를 사용해서 게시글 리스트 뷰, 상세 뷰, 삭제 기능, 수정 기능, 생성 기능을 추가했습니다. 타임리프는 템플릿 엔진을 사용하는 회사에서 많이 채택하는 기술입니다. 타임리프의 문법과 표현식은 직관적이기 때문에 쉽게 익힐 수 있고, 다양한 방법으로 사용할 수 있습니다.

핵심 요약

1 **@Controller**는 반환값으로 뷰를 찾아 보여주는 애너테이션입니다.

2 **템플릿 엔진**은 데이터를 넘겨받아 HTML에 데이터를 넣어 동적인 웹페이지를 만들어주는 도구입니다.

3 **타임리프**는 스프링의 대표적인 템플릿 엔진입니다. 컨트롤러에서 모델^{Model}을 통해 데이터를 설정하면, 모델은 뷰에서 사용할 수 있게 데이터를 전달해줍니다.

▼ 타임리프의 표현식

표현식	설명
${...}	변수의 값 표현식
#{...}	속성 파일 값 표현식
@{...}	URL 표현식
*{...}	선택한 변수의 표현식. th:object에서 선택한 객체에 접근

▼ 타임리프의 문법

표현식	설명	예제
th:text	텍스트를 표현할 때 사용	th:text="${person.name}"
th:each	컬렉션을 반복할 때 사용	th:each="person : ${persons}"
th:if	조건이 true인 때만 표시	th:if="${person.age} >= 20"
th:unless	조건이 false인 때만 표시	th:unless="${person.age} >= 20"
th:href	이동 경로	th:href="@{/persons(id= ${person.id})}"
th:with	변숫값으로 지정	th:with="name = ${person.name}"
th:object	선택한 객체로 지정	th:object="${person}"

1 서버에서 데이터를 받아 우리가 보는 웹페이지에 데이터를 넣어 보여주는 도구를 무엇이라고 할까요?

2 타임리프에서 변수나 메시지를 출력할 때 어떤 문법을 사용해야 할까요?

❶ th:with ❷ th:unless ❸ th:object

❹ th:text ❺ th:if

3 컨트롤러와 뷰 간의 데이터 전달을 담당하는 클래스가 무엇일까요?

4 스프링 부트에서 생성 시간, 수정 시간을 업데이트하기 위해 @CreatedDate, @LastModifiedDate 애너테이션을 사용합니다. 이 애너테이션이 동작하려면 JPA Auditing을 활성화해야 하죠. 어떤 애너테이션을 추가해야 JPA Auditing이 활성화될까요?

1 **정답** 템플릿 엔진
2 **정답** ❹ th:with : 변수를 정의하고 할당합니다. / th:unless : 조건이 false일 때에만 표시합니다. / th:object : 객체를 참조할 때 사용합니다. / th:if : 조건이 true일 때에만 표시합니다.
3 **정답** 모델
4 **정답** @EnableJpaAuditing

08장

PROJECT

스프링 시큐리티로 로그인/로그아웃, 회원 가입 구현하기

스프링 기반의 애플리케이션의 보안(인증, 인가)을 담당하는 스프링 하위 프레임워크인 스프링 시큐리티를 사용해서 회원 가입, 로그인, 로그아웃 기능을 구현합니다.

• 인증   • 인가   • 스프링 시큐리티   • SecurityFilterChain   • UserDetails

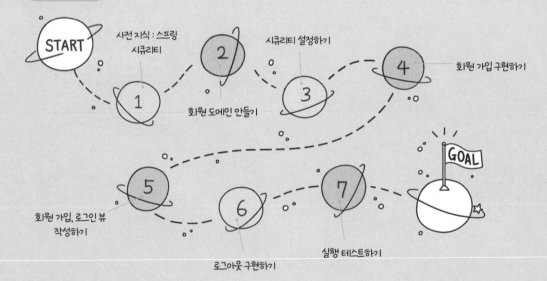

START

사전 지식 : 스프링 시큐리티

2

시큐리티 설정하기

4

회원 가입 구현하기

1

3

회원 도메인 만들기

5

회원 가입, 로그인 뷰 작성하기

6

로그아웃 구현하기

7

실행 테스트하기

GOAL

8.0 그림으로 이해하는 프로젝트

이번에는 로그인, 회원 가입을 구현합니다. 다음은 두 기능 중 로그인의 구조를 표현한 것입니다. 회원 가입의 구조는 로그인의 구조와 비슷합니다. 그림을 잘 살펴보고 회원 가입에도 대입하여 생각해보기 바랍니다.

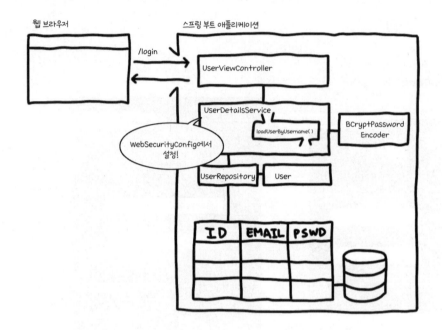

그림을 보면 /login 요청이 들어올 때 UserViewController가 해당 요청에 대한 분기 처리를 하고 WebSecurityConfig에 설정한 보안 관련 내용들을 실행합니다. UserViewController가 분기 처리를 하여 UserDetailsService를 실행하면 요청을 성공했을 때 defaultSuccessUrl로 설정한 /articles로 리다이렉트하거나 csrf를 disable한다거나 등의 작업을 합니다. UserDetailsService에서는 loadUserByUsername( ) 메서드를 실행하여 이메일로 유저를 찾고 반환합니다. 여기서 유저는 직접 정의한 User 클래스의 객체이고, UserRepository에서 실제 데이터를 가져옵니다.

😀 회원 가입도 이와 비슷한 방식으로 구성되어 있습니다.

😀 BCryptPasswordEncoder는 로그인, 회원 가입 시 비밀번호를 암호화합니다.

다음은 로그아웃의 구성입니다. 로그아웃의 구성은 아주 단순합니다. /logout 요청이 오면 UserApiController 클래스에서 로그아웃 로직을 실행합니다. 로그아웃 로직은 SecurityContextLogoutHander에서 제공하는 logout( ) 메서드를 실행합니다.

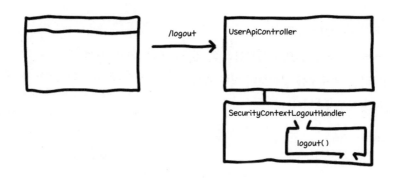

8.1 사전 지식 : 스프링 시큐리티

스프링 시큐리티spring security는 스프링 기반의 애플리케이션 보안(인증, 인가, 권한)을 담당하는 스프링 하위 프레임워크입니다. 스프링 시큐리티를 이해하려면 인증과 인가에 대한 개념을 알아야 합니다. 그럼 시작해볼까요?

인증과 인가

인증authentication은 사용자의 신원을 입증하는 과정입니다. 예를 들어 사용자가 사이트에 로그인을 할 때 누구인지 확인하는 과정을 인증이라고 합니다. 인가authorization는 인증과는 다릅니다. 인가는 사이트의 특정 부분에 접근할 수 있는지 권한을 확인하는 작업입니다. 예를 들어 관리자는 관리자 페이지에 들어갈 수 있지만 일반 사용자는 관리자 페이지에 들어갈 수 없습니다. 이런 권한을 확인하는 과정을 인가라고 합니다. 인증과 인가 관련 코드를 아무런 도구의 도움 없이 작성하려면 굉장히 많은 시간이 필요한데요, 스프링 시큐리티를 사용하면 아주 쉽게 처리할 수 있습니다.

스프링 시큐리티

스프링 시큐리티는 스프링 기반 애플리케이션의 보안을 담당하는 스프링 하위 프레임워크입니다. 보안 관련 옵션을

CSRF 공격은 사용자의 권한을 가지고 특정 동작을 수행하도록 유도하는 공격을 말합니다.

많이 제공하죠. 그리고 애너테이션으로 설정도 매우 쉽습니다. CSRF 공격, 세션 고정session fixation 공격을 방어해주고, 요청 헤더도 보안 처리를 해주므로 개발자가 보안 관련 개발을 해야 하는 부담을 크게 줄여줍니다.

> 세션 고정 공격은 사용자의 인증 정보를 탈취하거나 변조하는 공격을 말합니다.

필터 기반으로 동작하는 스프링 시큐리티

스프링 시큐리티는 필터 기반으로 동작합니다. 스프링 시큐리티의 필터 구조를 살펴보며 어떤 필터가 동작하는지 알아보겠습니다.

> 스프링 시큐리티의 필터 구조가 굉장히 복잡해보여 처음에는 부담스러울 수 있지만 이 구조는 결국 스프링 시큐리티를 사용하려면 알아야 하는 내용입니다. 그냥 넘어가지 말고 꼭 공부하고 넘어가세요!

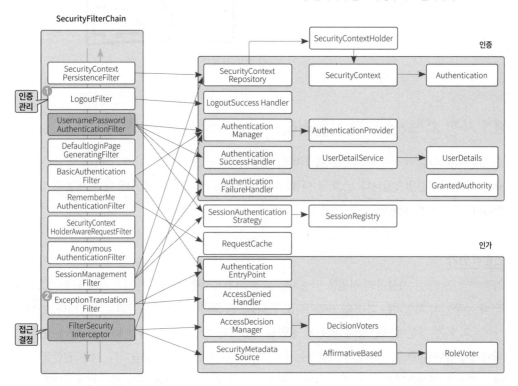

스프링 시큐리티는 이렇게 다양한 필터들로 나누어져 있으며, 각 필터에서 인증, 인가와 관련된 작업을 처리합니다.

SecurityContextPersistenceFilter부터 시작해서 아래로 내려가며 FilterSecurityInterceptor까지 순서대로 필터를 거칩니다. 필터를 실행할 때는 회색 화살표로 연결된 오른쪽 박스의 클래스를 거치며 실행합니다. 특정 필터를 제거하거나 필터 뒤에 커스텀 필터를 넣는 등의 설정

도 가능합니다. 여기서 눈여겨볼 필터는 회색으로 색칠한 UsernamePasswordAuthentica
tionFilter와 FilterSecurityInterceptor입니다. ❶ UsernamePasswordAuthenticatio
nFilter는 아이디와 패스워드가 넘어오면 인증 요청을 위임하는 인증 관리자 역할을 합니다. ❷
FilterSecurityInterceptor는 권한 부여 처리를 위임해 접근 제어 결정을 쉽게 하는 접근 결정
관리자 역할을 합니다.

필터명	설명
SecurityContextPersistenceFilter	SecurityContextRepository에서 SecurityContext(접근 주체와 인증에 대한 정보를 담고 있는 객체)를 가져오거나 저장하는 역할을 합니다.
LogoutFilter	설정된 로그아웃 URL로 오는 요청을 확인해 해당 사용자를 로그아웃 처리합니다.
UsernamePassword AuthenticationFilter	인증 관리자입니다. 폼 기반 로그인을 할 때 사용되는 필터로 아이디, 패스워드 데이터를 파싱해 인증 요청을 위임합니다. 인증이 성공하면 AuthenticationSuccessHandler를, 인증에 실패하면 AuthenticationFailureHandler를 실행합니다.
DefaultLoginPageGenerating Filter	사용자가 로그인 페이지를 따로 지정하지 않았을 때 기본으로 설정하는 로그인 페이지 관련 필터입니다.
BasicAuthenticationFilter	요청 헤더에 있는 아이디와 패스워드를 파싱해서 인증 요청을 위임합니다. 인증이 성공하면 AuthenticationSuccessHandler를, 인증에 실패하면 AuthenticationFailureHandler를 실행합니다.
RequestCacheAwareFilter	로그인 성공 후, 관련 있는 캐시 요청이 있는지 확인하고 캐시 요청을 처리해줍니다. 예를 들어 로그인하지 않은 상태로 방문했던 페이지를 기억해두었다가 로그인 이후에 그 페이지로 이동시켜줍니다.
SecurityContextHolderAware RequestFilter	HttpServletRequest 정보를 감쌉니다. 필터 체인 상의 다음 필터들에게 부가 정보를 제공하기 위해 사용합니다.
AnonymousAuthentication Filter	필터가 호출되는 시점까지 인증되지 않았다면 익명 사용자 전용 객체인 Anonymous Authentication을 만들어 SecurityContext에 넣어줍니다.
SessionManagementFilter	인증된 사용자와 관련된 세션 관련 작업을 진행합니다. 세션 변조 방지 전략을 설정하고, 유효하지 않은 세션에 대한 처리를 하고, 세션 생성 전략을 세우는 등의 작업을 처리합니다.
ExceptionTranslationFilter	요청을 처리하는 중에 발생할 수 있는 예외를 위임하거나 전달합니다.
FilterSecurityInterceptor	접근 결정 관리자입니다. AccessDecisionManager로 권한 부여 처리를 위임함으로써 접근 제어 결정을 쉽게 해준ㅣ다. 이 과정에서는 이미 사용자가 인증되어 있으므로 유효한 사용자인지도 알 수 있습니다. 즉, 인가 관련 설정을 할 수 있습니다.

가장 많이 사용하는 아이디와 패스워드 기반 폼 로그인을 시도하면 스프링 시큐리티에서는 어떤
절차로 인증 처리를 하는지 그림을 보면서 알아보겠습니다.

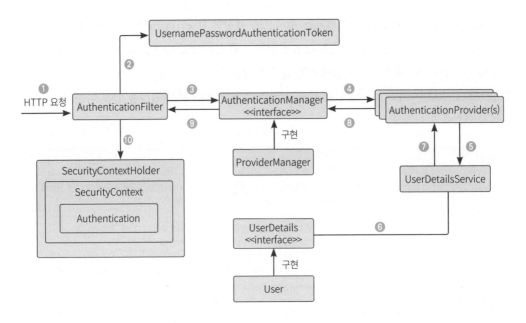

❶ 사용자가 폼에 아이디와 패스워드를 입력하면, HTTPServletRequest에 아이디와 비밀번호 정보가 전달됩니다. 이때 AuthenticationFilter가 넘어온 아이디와 비밀번호의 유효성 검사를 합니다. ❷ 유효성 검사가 끝나면 실제 구현체인 UsernamePasswordAuthenticationToken 을 만들어 넘겨줍니다. ❸ 전달받은 인증용 객체인 UsernamePasswordAuthenticationTok en을 AuthenticationManager에게 보냅니다. ❹ UsernamePasswordAuthenticationTo ken을 AuthenticationProvider에 보냅니다.

❺ 사용자 아이디를 UserDetailService에 보냅니다. UserDetailService는 사용자 아이디로 찾은 사용자의 정보를 UserDetails 객체로 만들어 AuthenticationProvider에게 전달합니다. ❻ DB에 있는 사용자 정보를 가져옵니다. ❼ 입력 정보와 UserDetails의 정보를 비교해 실제 인증 처리를 합니다. ❽ ~ ❿ 까지 인증이 완료되면 SecurityContextHolder에 Authentication 을 저장합니다. 인증 성공 여부에 따라 성공하면 AuthenticationSuccessHandler, 실패하면 AuthenticationFailureHandler 핸들러를 실행합니다.

여기까지 스프링 시큐리티 폼 로그인의 인증 흐름을 알아보았습니다. 스프링 시큐리티의 폼 로그 인을 설정하는 것은 간단하지만 실제로는 이러한 복잡한 내부 동작을 실행합니다. 물론 이 동작을 모두 다 외워야 하는 것은 아니지만 어떠한 흐름으로 로그인이 동작하는지 이해하면 스프링 시큐 리티를 더 잘 이해하고 활용할 수 있습니다.

8.2 회원 도메인 만들기

지금부터 스프링 시큐리티를 사용해 인증, 인가 기능을 구현하겠습니다. 먼저 회원 정보를 저장할 테이블을 만들고 테이블과 연결할 도메인을 만든 다음, 이 테이블과 연결할 회원 엔티티를 만듭니다. 그리고 나서 회원 엔티티와 연결되어 데이터를 조회하게 해줄 리포지터리를 만든 후, 마지막으로 스프링 시큐리티에서 사용자 정보를 가져오는 서비스를 만들겠습니다.

의존성 추가하기

01단계 To do 스프링 시큐리티를 사용하기 위해 build.gradle 파일에 의존성을 추가하고 그레이들을 새로고침하세요.

```
                                                                build.gradle
dependencies {
... 생략 ...
  // ❶ 스프링 시큐리티를 사용하기 위한 스타터 추가
  implementation 'org.springframework.boot:spring-boot-starter-security'
  // ❷ 타임리프에서 스프링 시큐리티를 사용하기 위한 의존성 추가
  implementation 'org.thymeleaf.extras:thymeleaf-extras-springsecurity6'
  // ❸ 스프링 시큐리티를 테스트하기 위한 의존성 추가
  testImplementation 'org.springframework.security:spring-security-test'
}
```

엔티티 만들기

회원 엔티티와 매핑할 테이블의 구조는 다음과 같습니다. 이 구조를 참고해 회원 엔티티를 만들겠습니다.

컬럼명	자료형	null 허용	키	설명
id	BIGINT	N	기본키	일련번호, 기본키
email	VARCHAR(255)	N		이메일
password	VARCHAR(255)	N		패스워드(암호화하여 저장)
created_at	DATETIME	N		생성 일자
updated_at	DATETIME	N		수정 일자

01단계 `To do` domain 패키지에 User.java 파일을 생성하고 UserDetails 클래스를 상속하는 User 클래스를 만듭니다.

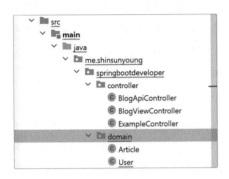

```java
                                                                    User.java
@Table(name = "users")
@NoArgsConstructor(access = AccessLevel.PROTECTED)
@Getter
@Entity
public class User implements UserDetails { // UserDetails를 상속받아 인증 객체로 사용

  @Id
  @GeneratedValue(strategy = GenerationType.IDENTITY)
  @Column(name = "id", updatable = false)
  private Long id;

  @Column(name = "email", nullable = false, unique = true)
  private String email;

  @Column(name = "password")
  private String password;

  @Builder
  public User(String email, String password, String auth) {
    this.email = email;
    this.password = password;
  }


  @Override // 권한 반환
  public Collection<? extends GrantedAuthority> getAuthorities() {
```

```java
    return List.of(new SimpleGrantedAuthority("user"));
}

// 사용자의 id를 반환(고유한 값)
@Override
public String getUsername() {
  return email;
}

// 사용자의 패스워드 반환
@Override
public String getPassword() {
  return password;
}

// 계정 만료 여부 반환
@Override
public boolean isAccountNonExpired() {
  // 만료되었는지 확인하는 로직
  return true; // true -> 만료되지 않았음
}

// 계정 잠금 여부 반환
@Override
public boolean isAccountNonLocked() {
  // 계정 잠금되었는지 확인하는 로직
  return true; // true -> 잠금되지 않았음
}

// 패스워드의 만료 여부 반환
@Override
public boolean isCredentialsNonExpired() {
  // 패스워드가 만료되었는지 확인하는 로직
  return true; // true -> 만료되지 않았음
}

// 계정 사용 가능 여부 반환
@Override
public boolean isEnabled() {
```

```
    // 계정이 사용 가능한지 확인하는 로직
    return true; // true -> 사용 가능
  }
}
```

User 클래스가 상속한 UserDetails 클래스는 스프링 시큐리티에서 사용자의 인증 정보를 담아 두는 인터페이스입니다. 스프링 시큐리티에서 해당 객체를 통해 인증 정보를 가져오려면 필수 오버라이드 메서드들을 여러 개 사용해야 합니다. 그래서 입력할 코드도 굉장히 많죠!

메서드	반환 타입	설명
getAuthorities()	Collection<? extends GrantedAuthority>	사용자가 가지고 있는 권한의 목록을 반환합니다. 현재 예제 코드에서는 사용자 이외의 권한이 없기 때문에 user 권한만 담아 반환합니다.
getUsername()	String	사용자를 식별할 수 있는 사용자 이름을 반환합니다. 이때 사용되는 사용자 이름은 반드시 고유해야 합니다. 현재 예제 코드는 유니크 속성이 적용된 이메일을 반환합니다.
getPassword()	String	사용자의 비밀번호를 반환합니다. 이때 저장되어 있는 비밀번호는 암호화해서 저장해야 합니다.
isAccountNonExpired()	boolean	계정이 만료되었는지 확인하는 메서드입니다. 만약 만료되지 않은 때는 true를 반환합니다.
isAccountNonLocked()	boolean	계정이 잠금되었는지 확인하는 메서드입니다. 만약 잠금되지 않은 때는 true를 반환합니다.
isCredentialsNonExpired()	boolean	비밀번호가 만료되었는지 확인하는 메서드입니다. 만약 만료되지 않은 때는 true를 반환합니다.
isEnabled()	boolean	계정이 사용 가능한지 확인하는 메서드입니다. 만약 사용 가능하다면 true를 반환합니다.

리포지터리 만들기

01단계 `To do` User 엔티티에서 대한 리포지터리를 만들겠습니다. repository 디렉터리에 UserRepository.java 파일을 생성하고 다음과 같이 인터페이스를 만들어줍니다.

```
                                                                        UserRepository.java
public interface UserRepository extends JpaRepository<User, Long> {
  Optional<User> findByEmail(String email); // ❶ email로 사용자 정보를 가져옴
}
```

앞서 설명한 것처럼 이메일로 사용자를 식별할 수 있습니다. 즉, 사용자 이름으로 봐도 됩니다. 따라서 사용자 정보를 가져오기 위해서는 스프링 시큐리티가 이메일을 전달받아야 합니다. 스프링 데이터 JPA는 메서드 규칙에 맞춰 메서드를 선언하면 이름을 분석해 자동으로 쿼리를 생성해줍니다. findByEmail() 메서드는 실제 데이터베이스에 회원 정보를 요청할 때 다음 쿼리를 실행합니다.

▼ findByEmail() 메서드가 요청하는 쿼리 예

```
FROM users
WHERE email = #{email}
```

자주 사용하는 쿼리 메서드의 명명 규칙은 다음과 같습니다.

코드	설명	쿼리
findByName()	"name" 컬럼의 값 중 파라미터로 들어오는 값과 같은 데이터 반환	... WHERE name = ?1
findByNameAndAge()	파라미터로 들어오는 값 중 첫 번째 값은 "name" 컬럼에서 조회하고, 두 번째 값은 "age" 컬럼에서 조회한 데이터 반환	... WHERE name = ?1 AND age = ?2
findByNameOrAge()	파라미터로 들어오는 값 중 첫 번째 값이 "name" 컬럼에서 조회되거나 두 번째 값이 "age"에서 조회되는 데이터 반환	... WHERE name = ?1 OR age = ?2
findByAgeLessThan()	"age" 컬럼의 값 중 파라미터로 들어온 값보다 작은 데이터 반환	... WHERE age < ?1
findByAgeGreaterThan()	"age" 컬럼의 값 중 파라미터로 들어온 값보다 큰 데이터 반환	... WHERE age > ?1
findByName(Is)Null()	"name" 컬럼의 값 중 null인 데이터 반환	... WHERE name IS NULL

서비스 메서드 코드 작성하기

01단계 `To do` 엔티티와 리포지터리가 완성되었으니 스프링 시큐리티에서 로그인을 진행할 때 사용자 정보를 가져오는 코드를 작성하겠습니다. service 디렉터리에 UserDetailService.java 파일을 생성하고 다음 코드를 작성하세요.

```java
                                                              UserDetailService.java
@RequiredArgsConstructor
@Service
// 스프링 시큐리티에서 사용자 정보를 가져오는 인터페이스
public class UserDetailService implements UserDetailsService {

  private final UserRepository userRepository;

  // 사용자 이름(email)으로 사용자의 정보를 가져오는 메서드
  @Override
  public User loadUserByUsername(String email) {
    return userRepository.findByEmail(email)
            .orElseThrow(() -> new IllegalArgumentException((email)));
  }
}
```

스프링 시큐리티에서 사용자의 정보를 가져오는 UserDetailsService 인터페이스를 구현합니다. 필수로 구현해야 하는 loadUserByUsername() 메서드를 오버라이딩해서 사용자 정보를 가져오는 로직을 작성합니다.

8.3 시큐리티 설정하기

01단계 `To do` 인증을 위한 도메인과 리포지터리, 서비스가 완성되었으니 실제 인증 처리를 하는 시큐리티 설정 파일 WebSecurityConfig.java를 작성하겠습니다. 이 파일은 같은 패키지 내에 config 패키지를 새로 만들어 생성하면 됩니다.

```
                                                                         WebSecurityConfig.java
@Configuration
@EnableWebSecurity
@RequiredArgsConstructor
public class WebSecurityConfig {

  private final UserDetailService userService;

  // ❶ 스프링 시큐리티 기능 비활성화
  @Bean
  public WebSecurityCustomizer configure() {
    return (web) -> web.ignoring()
          .requestMatchers(toH2Console())
          .requestMatchers(new AntPathRequestMatcher("/static/**"));
  }

  // ❷ 특정 HTTP 요청에 대한 웹 기반 보안 구성
  @Bean
  public SecurityFilterChain filterChain(HttpSecurity http) throws Exception {
    return http
          .authorizeRequests(auth -> auth // ❸ 인증, 인가 설정
                .requestMatchers(
                      new AntPathRequestMatcher("/login"),
                      new AntPathRequestMatcher("/signup"),
                      new AntPathRequestMatcher("/user")
                ).permitAll()
                .anyRequest().authenticated())
          .formLogin(formLogin -> formLogin // ❹ 폼 기반 로그인 설정
                .loginPage("/login")
                .defaultSuccessUrl("/articles")
          )
```

```
        .logout(logout -> logout // ❺ 로그아웃 설정
                .logoutSuccessUrl("/login")
                .invalidateHttpSession(true)
        )
        .csrf(AbstractHttpConfigurer::disable) // ❻ csrf 비활성화
        .build();
}
```

> import org.springframework.security.config.annotation.web.configurers.AbstractHttpConfigurer;를 임포트하세요.

```
    // ❼ 인증 관리자 관련 설정
    @Bean
    public AuthenticationManager authenticationManager(HttpSecurity http,
BCryptPasswordEncoder bCryptPasswordEncoder, UserDetailService userDetailService)
throws Exception {
        DaoAuthenticationProvider authProvider = new DaoAuthenticationProvider();
        authProvider.setUserDetailsService(userService); // ❽ 사용자 정보 서비스 설정
        authProvider.setPasswordEncoder(bCryptPasswordEncoder);
        return new ProviderManager(authProvider);
    }

    // ❾ 패스워드 인코더로 사용할 빈 등록
    @Bean
    public BCryptPasswordEncoder bCryptPasswordEncoder() {
        return new BCryptPasswordEncoder();
    }
}
```

설명할 내용이 많아 번호를 붙여 설명하겠습니다. ❶은 스프링 시큐리티의 모든 기능을 사용하지 않게 설정하는 코드입니다. 즉, 인증, 인가 서비스를 모든 곳에 적용하지는 않습니다. 일반적으로 정적 리소스(이미지, HTML 파일)에 설정합니다. 정적 리소스만 스프링 시큐리티 사용을 비활성화 하는 데 static 하위 경로에 있는 리소스와 h2의 데이터를 확인하는 데 사용하는 h2-console 하위 url을 대상으로 ignoring() 메서드를 사용합니다. ❷는 특정 HTTP 요청에 대해 웹 기반 보안을 구성합니다. 이 메서드에서 인증/인가 및 로그인, 로그아웃 관련 설정할 수 있습니다. ❸은 특정 경로에 대한 액세스 설정을 합니다. 각 설정은 다음과 같습니다.

* requestMatchers( ) : 특정 요청과 일치하는 url에 대한 액세스를 설정합니다.
* permitAll( ) : 누구나 접근이 가능하게 설정합니다. 즉, "/login", "/signup", "/user"로 요청이 오면 인증/인가 없이도 접근할 수 있습니다.

- anyRequest( ) : 위에서 설정한 url 이외의 요청에 대해서 설정합니다.
- authenticated( ) : 별도의 인가는 필요하지 않지만 인증이 성공된 상태여야 접근할 수 있습니다.

❹는 폼 기반 로그인 설정을 합니다. 각 설정은 다음과 같습니다.

- loginPage( ) : 로그인 페이지 경로를 설정합니다.
- defaultSuccessUrl( ) : 로그인이 완료되었을 때 이동할 경로를 설정합니다.

❺ 로그아웃 설정은 다음과 같습니다.

- logoutSuccessUrl( ) : 로그아웃이 완료되었을 때 이동할 경로를 설정합니다.
- invalidateHttpSession( ) : 로그아웃 이후에 세션을 전체 삭제할지 여부를 설정합니다.

❻ CSRF 설정을 비활성화합니다. CSRF 공격을 방지하기 위해서는 활성화하는 게 좋지만 실습을 편리하게 하기 위해 비활성화해두겠습니다.

❼ 인증 관리자 관련 설정입니다. 사용자 정보를 가져올 서비스를 재정의하거나, 인증 방법, 예를 들어 LDAP, JDBC 기반 인증 등을 설정할 때 사용합니다.

❽ 사용자 서비스를 설정합니다.

- userDetailsService( ) : 사용자 정보를 가져올 서비스를 설정합니다. 이때 설정하는 서비스 클래스는 반드시 UserDetails Service를 상속받은 클래스여야 합니다.
- passwordEncoder( ) : 비밀번호를 암호화하기 위한 인코더를 설정합니다.

❾ 패스워드 인코더를 빈으로 등록합니다.

8.4 회원 가입 구현하기

시큐리티 설정이 완료되었으니 회원 가입을 구현하겠습니다. 회원 정보를 추가하는 서비스 메서드를 작성한 뒤에 회원 가입 컨트롤러를 구현하겠습니다.

서비스 메서드 코드 작성하기

01단계 To do 가장 먼저 사용자 정보를 담고 있는 객체를 작성하겠습니다. dto 디렉터리에 AddUserRequest.java 파일을 추가한 뒤, 다음 코드를 따라 작성해주세요.

```java
                                                                    AddUserRequest.java
@Getter
@Setter
public class AddUserRequest {
  private String email;
  private String password;
}
```

02단계 이어서 AddUserRequest 객체를 인수로 받는 회원 정보 추가 메서드를 작성하겠습니다. service 디렉터리에 UserService.java 파일을 생성하고 아래 코드를 따라 작성해주세요.

```java
                                                                       UserService.java
@RequiredArgsConstructor
@Service
public class UserService {

  private final UserRepository userRepository;
  private final BCryptPasswordEncoder bCryptPasswordEncoder;

  public Long save(AddUserRequest dto) {
    return userRepository.save(User.builder()
            .email(dto.getEmail())
            // ❶ 패스워드 암호화
            .password(bCryptPasswordEncoder.encode(dto.getPassword()))
            .build()).getId();
  }
}
```

❶ 패스워드를 저장할 때 시큐리티를 설정하며 패스워드 인코딩용으로 등록한 빈을 사용해서 암호화한 후에 저장합니다.

컨트롤러 작성하기

이제 회원 가입 폼에서 회원 가입 요청을 받으면 서비스 메서드를 사용해 사용자를 저장한 뒤, 로그인 페이지로 이동하는 signup() 메서드를 작성해보겠습니다.

01단계 To do controller 디렉터리에 UserApiController.java 파일을 만들어 다음 코드를 입력하세요.

```java
                                                                    UserApiController.java
@RequiredArgsConstructor
@Controller
public class UserApiController {

  private final UserService userService;

  @PostMapping("/user")
  public String signup(AddUserRequest request) {
    userService.save(request); // 회원 가입 메서드 호출
    return "redirect:/login"; // 회원 가입이 완료된 이후에 로그인 페이지로 이동
  }
}
```

회원 가입 처리가 된 다음 로그인 페이지로 이동하기 위해 redirect: 접두사를 붙였습니다. 이렇게 하면 회원 가입 처리가 끝나면 강제로 /login URL에 해당하는 화면으로 이동합니다.

8.5 회원 가입, 로그인 뷰 작성하기

회원 가입과 로그인 코드를 모두 작성했으니 사용자가 회원 가입, 로그인 경로에 접근하면 회원 가입, 로그인 화면으로 연결해주는 컨트롤러를 생성하고 사용자가 실제로 볼 수 있는 화면을 작성합니다.

뷰 컨트롤러 구현하기

01단계 `To do` 로그인, 회원 가입 경로로 접근하면 뷰 파일을 연결하는 컨트롤러를 생성합니다. controller 디렉터리에 UserViewController.java 파일을 만들어 다음과 같이 코드를 작성하세요.

```java
                                                                    UserViewController.Java
@Controller
public class UserViewController {
  @GetMapping("/login")
  public String login() {
    return "login";
```

```
  }

  @GetMapping("/signup")
  public String signup() {
    return "signup";
  }
}
```

/login 경로로 접근하면 login() 메서드가 login.html을, /signup 경로에 접근하면 signup() 메서드는 signup.html를 반환할 겁니다.

뷰 작성하기

01단계 To do 이제 뷰를 작성하겠습니다. templates 디렉터리에 login.html을 생성하세요. 여기는 애플리케이션 화면에 필요한 HTML 코드를 작성합니다. 코드가 꽤 기므로 깃허브에서 복사해 사용하기 바랍니다.

login.html
```
<!-- https://github.com/shinsunyoung/springboot-developer-2rd/blob/main/chapter8/
src/main/resources/templates/login.html에 접속해 복사한 코드를 붙여넣으세요 -->
```

02단계 그런 다음 회원 가입 뷰를 작성합니다. templates 디렉터리에 signup.html 파일을 생성하고 깃허브에서 코드를 복사해 붙여넣으세요.

signup.html
```
<!-- https://github.com/shinsunyoung/springboot-developer-2rd/blob/main/chapter8/
src/main/resources/templates/signup.html 에 접속해 복사한 코드를 붙여넣으세요 -->
```

8.6 로그아웃 구현하기

마지막으로 로그아웃 기능을 구현하고 회원 가입, 로그인, 로그아웃 테스트를 하겠습니다.

로그아웃 메서드 추가하기

01단계 `To do` UserApiController.java 파일을 다음과 같이 수정하세요. logout() 메서드를 추가하면 됩니다.

```java
public class UserApiController {                              UserApiController.java

    ... 생략 ...

  @GetMapping("/logout")
  public String logout(HttpServletRequest request, HttpServletResponse response) {
    new SecurityContextLogoutHandler().logout(request, response,
SecurityContextHolder.getContext().getAuthentication());
    return "redirect:/login";
  }
}
```

/logout GET 요청을 하면 로그아웃을 담당하는 핸들러인 SecurityContextLogoutHandler의 logout() 메서드를 호출해서 로그아웃합니다.

로그아웃 뷰 추가하기

01단계 `To do` 이제 로그아웃을 위한 뷰를 작성하겠습니다. 블로그 글 목록 뷰 파일 articleList.html을 열어준 뒤 [로그아웃] 버튼을 추가해주세요.

```html
    ... 생략 ...                                                   articleList.html
        <div class="card-body">
          <h5 class="card-title" th:text="${item.title}"></h5>
          <p class="card-text" th:text="${item.content}"></p>
          <a th:href="@{/articles/{id}(id=${item.id})}" class="btn btn-primary">
보러가기</a>
        </div>
      </div>
      <br>
    </div>

    <button type="button" class="btn btn-secondary" onclick="location.href=
```

```
'/logout'">로그아웃</button>
  </div>

  <script src="/js/article.js"></script>
</body>
```

8.7 실행 테스트하기

기능이 모두 완성되었으니 실제로 잘 동작하는지 테스트하겠습니다.

테스트를 위한 환경 변수 추가하기

01단계 `To do` 테스트를 진행하기 위해 application.yml에 환경 변수를 추가하겠습니다. application.yml 파일을 열어 코드를 수정해주세요.

```
                                                        application.yml
spring:
  jpa:
    show-sql: true
    properties:
      hibernate:
        format_sql: true
    defer-datasource-initialization: true
  datasource: # ❶ 데이터베이스 정보 추가
    url: jdbc:h2:mem:testdb
    username: sa
  h2: # ❷ H2 콘솔 활성화
    console:
      enabled: true
```

❶에 데이터베이스 정보를 추가했습니다. 우리가 쓰는 데이터베이스는 H2입니다. H2 관련 설정 내용에 url은 jdbc:h2:mem:testdb를 사용자 이름에는 sa를 입력해주세요. ❷는 실제로 데이터 베이스에 추가되는 데이터를 확인하기 위해 콘솔을 활성화하는 옵션입니다.

로그인, 회원 가입 실행 테스트하기

01단계 <u>To do</u> 스프링 부트 서버를 실행하고 http://localhost:8080/articles에 접근하면 /articles는 인증된 사용자만 들어갈 수 있는 페이지이므로 로그인 페이지인 /login으로 리다이렉트됩니다.

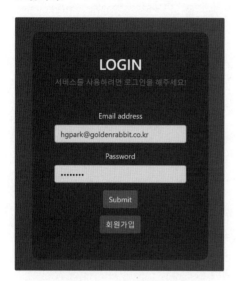

02단계 이제 회원 가입을 진행하겠습니다. 주소창에 http://localhost:8080/signup을 입력하거나 [회원 가입] 버튼을 눌러 회원 가입 페이지로 이동합니다. 회원 가입 페이지는 permitAll() 메서드를 사용했으므로 별도 인증 없이 접근할 수 있습니다. 이동 후 회원 가입을 진행해보세요.

03단계 회원 가입이 끝났다면 로그인 페이지로 이동합니다. 이제 아이디와 비밀번호를 입력하고 [Submit] 버튼을 눌러보세요. 로그인을 성공하면 글 목록 페이지로 이동합니다.

04단계 그럼 실제로 회원 가입한 데이터가 데이터베이스에 있을까요? http://localhost:8080/ h2-console에 접속한 뒤 다음 화면을 참고해 데이터베이스 접속을 위한 정보를 입력하고 [Connect] 버튼을 눌러 H2 콘솔에 접속합니다.

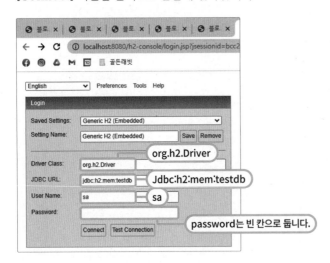

05단계 SQL statement에 **SELECT * FROM users** 쿼리를 작성하세요. 이 쿼리는 데이터베이스에 저장된 사용자 정보를 모두 조회합니다. 데이터를 보면 PASSWORD가 암호화된 것도 확인할 수 있습니다.

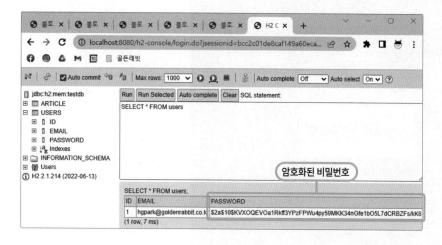

로그아웃 실행 테스트하기

로그인 상태에서 로그아웃 테스트를 진행하겠습니다.

01단계 To do /logout으로 이동하거나 [로그아웃] 버튼을 눌러 제대로 로그아웃이 되는지 확인하겠습니다. [로그아웃] 버튼은 글 목록 마지막 위치에 있습니다. 로그아웃이 완료되면 로그인 페이지로 이동합니다. /articles로 이동해보면 인증 정보가 없으므로 다시 로그인 페이지로 이동됩니다.

인증, 인가를 간편하게 구현할 수 있는 스프링 하위 프레임워크인 스프링 시큐리티를 사용해 로그인, 회원 가입, 로그아웃을 구현했습니다. 지금까지 구현한 내용은 스프링 시큐리티에서 가장 기본적으로 제공하는 폼 로그인 방식입니다. 다음 장부터는 OAuth2와 JWT를 사용해 인증, 인가를 구현하는 방법을 다룹니다.

핵심 요약

1 **인증**은 보호된 리소스에 접근하는 것을 허용하기 이전에 등록된 사용자의 신원을 입증하는 과정입니다.

2 **인가**는 특정 부분에 접근할 수 있는지에 확인하는 작업입니다.

3 **스프링 시큐리티**Spring Security는 스프링 기반의 애플리케이션 보안(인증, 인가, 권한)을 담당하는 스프링 하위 프레임워크입니다. 스프링 시큐리티는 필터 기반으로 동작합니다. 각 필터에

서 인증, 인가와 관련된 작업을 처리합니다. 기본적으로 세션 & 쿠키 방식으로 인증을 처리합니다.

- 스프링 시큐리티에서 사용자의 인증, 인가 정보를 UserDetails 객체에 담습니다. 이 클래스를 상속받은 뒤 메서드를 오버라이드 해 사용하면 됩니다.
- 스프링 시큐리티에서 사용자의 정보를 가져오는 데 사용하는 UserDetailService를 사용합니다. 이 클래스를 상속받은 뒤 loadUserByUsername()을 오버라이드하면 스프링 시큐리티에서 사용자의 정보를 가져올 때 오버라이드된 메서드를 사용합니다.

연습문제

1 다음 문장을 읽고 용어를 채워보세요.

_____은 사용자의 신원을 입증하는 과정이고, _____는 사이트의 특정 부분에 접근할 수 있는지에 권한을 확인하는 작업입니다.

2 스프링 시큐리티에서 인증이 완료된 후 Authentication 객체를 저장하는 곳은 어디일까요?

3 회원 도메인에서 구현할 수 있으며 사용자의 인증 정보와 권한 정보를 저장하는 메서드를 제공하는 인터페이스는 무엇일까요?

4 스프링 데이터 JPA에서 제공하는 기능 중 하나인 '규칙에 맞게 메서드를 선언하면 이름을 분석하여 자동 쿼리 생성'하는 기능으로 다음 쿼리를 만들려면 네이밍을 어떻게 지어야 할까요?

```
WHERE name = ?1 OR age = ?2
```

5 HttpSecurity에서 메서드 체인을 사용하여 인증 설정을 할 수 있습니다. 그중 authorize
  Requests( ) 메서드는 인증 및 권한 부여 설정을 담당합니다. authorizeRequests( ) 메
  서드에서 사용할 수 있는 메서드 중 틀린 것은 무엇일까요?

  ❶ permitAdmin( ) : 관리자만 접근하도록 설정

  ❷ requestMatchers( ) : 특정 요청과 일치하는 url에 대한 액세스 설정

  ❸ permitAll( ) : 누구나 접근이 가능하도록 설정

  ❹ anyRequest( ) : 위에서 설정한 url 이외의 요청에 대해서 설정

  ❺ authenticated( ) : 별도의 인가는 필요하지 않지만 인증해야 접근 가능

1 **정답** 인증, 인가
2 **정답** SecurityContextHolder
3 **정답** UserDetails
4 **정답** findByNameOrAge(String name, Integer age)
5 **정답** ❶

09장

PROJECT

JWT로
로그인/로그아웃
구현하기

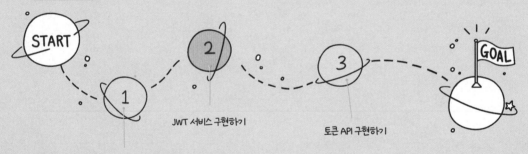

학습 목표

토큰 기반 인증과 JWT, 리프레시 토큰의 개념을 이해하고 토큰 기반 인증인 JWT 토큰 서비스를 구현하고 적용합니다.

핵심 키워드

• 토큰 기반 인증 • JWT • 리프레시 토큰 • 필터

학습 코스

START

1

2

3

GOAL

JWT 서비스 구현하기

토큰 API 구현하기

사전 지식 : 토큰 기반 인증

JWT를 도입하여 액세스 토큰, 리프레시 토큰을 사용해 토큰 유효성 검사를 하여 사용자를 인증합니다. JWT를 적용한 프로젝트의 구성은 다음과 같습니다.

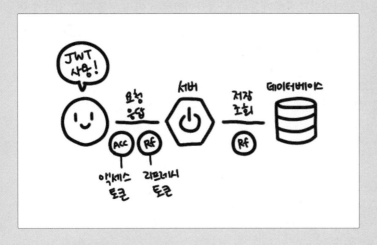

9.1 사전 지식 : 토큰 기반 인증

토큰 기반 인증이란?

사용자가 서버에 접근할 때 이 사용자가 인증된 사용자인지 확인하는 방법은 다양합니다. 대표적인 사용자 인증 확인 방법으로 서버 기반 인증과 토큰 기반 인증이 있습니다. 스프링 시큐리티에서는 기본적으로 세션 기반 인증을 제공해주는데요, 8장 '스프링 시큐리티로 로그인/로그아웃, 회원가입 구현하기'에서는 기본적으로 제공해주는 세션 기반 인증을 사용해 사용자마다 사용자의 정보를 담은 세션을 생성하고 저장해서 인증을 했습니다. 이를 세션 기반 인증이라고 합니다. 토큰 기반 인증은 토큰을 사용하는 방법입니다. 토큰은 서버에서 클라이언트를 구분하기 위한 유일한 값인데 서버가 토큰을 생성해서 클라이언트에게 제공하면, 클라이언트는 이 토큰을 갖고 있다가 여러 요청을 이 토큰과 함께 신청합니다. 그럼 서버는 토큰만 보고 유효한 사용자인지 검증하죠.

토큰을 전달하고 인증받는 과정

토큰은 요청과 응답에 함께 보냅니다. 실제 과정은 어떨까요? 다음은 클라이언트와 서버가 토큰을 주고받으며 통신하는 과정입니다.

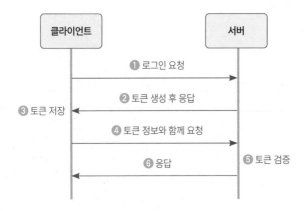

❶ 클라이언트가 아이디와 비밀번호를 서버에게 전달하면서 인증을 요청하면 ❷ 서버는 아이디와 비밀번호를 확인해 유효한 사용자인지 검증합니다. 유효한 사용자면 토큰을 생성해서 응답합니다. ❸ 클라이언트는 서버에서 준 토큰을 저장합니다. ❹ 이후 인증이 필요한 API를 사용할 때 토큰을 함께 보냅니다. ❺ 그러면 서버는 토큰이 유효한지 검증합니다. ❻ 토큰이 유효하다면 클라이언트가 요청한 내용을 처리합니다.

토큰 기반 인증의 특징

과정만 보면 아주 간단합니다. 그렇다면 이런 토큰 기반 인증은 어떤 특징이 있는 걸까요? 대표적으로 세 가지 특징을 듭니다. 토큰 기반 인증은 무상태성, 확장성, 무결성이라는 특징이 있습니다. 하나씩 알아봅시다.

무상태성

무상태성은 사용자의 인증 정보가 담겨 있는 토큰이 서버가 아닌 클라이언트에 있으므로 서버에 저장할 필요가 없습니다. 서버가 뭔가 데이터를 유지하고 있으려면 그만큼 자원을 소비해야 하죠. 그런데 토큰 기반 인증에서는 클라이언트에서 인증 정보가 담긴 토큰을 생성하고 인증합니다. 따라서 클라이언트에서는 사용자의 인증 상태를 유지하면서 이후 요청을 처리해야 하는데 이것을 상태를 관리한다고 합니다. 이렇게 하면 서버 입장에서는 클라이언트의 인증 정보를 저장하거나 유지하지 않아도 되기 때문에 완전한 무상태stateless로 효율적인 검증을 할 수 있습니다.

확장성

무상태성은 확장성에 영향을 줍니다. 서버를 확장할 때 상태 관리를 신경 쓸 필요가 없으니 서버 확장에도 용이한 것이죠. 예를 들어 볼까요? 물건을 파는 서비스가 있고, 결제를 위한 서버와 주문을 위한 서버가 분리되어 있다고 가정해보겠습니다. 세션 인증 기반은 각각 API에서 인증을 해야 되는 것과는 달리 토큰 기반 인증에서는 토큰을 가지는 주체는 서버가 아니라 클라이언트이기 때문에 가지고 있는 하나의 토큰으로 결제 서버와 주문 서버에게 요청을 보낼 수 있습니다. 추가로 페이스북 로그인, 구글 로그인 같이 토큰 기반 인증을 사용하는 다른 시스템에 접근해 로그인 방식을 확장할 수도 있고, 이를 활용해 다른 서비스에 권한을 공유할 수도 있습니다.

무결성

토큰 방식은 HMAChash-based message authentication 기법이라고도 부르는데요. 토큰을 발급한 이후에는 토큰 정보를 변경하는 행위를 할 수 없습니다. 즉, 토큰의 무결성이 보장됩니다. 만약 누군가 토큰을 한 글자라도 변경하면 서버에서는 유효하지 않은 토큰이라고 판단하는 것이죠.

이제 토큰 기반 인증에 대해 대충 알아보았으니 JWT가 무엇이고, 어떻게 구성되어 있는지 알아보겠습니다.

JWT

발급받은 JWT를 이용해 인증을 하려면 HTTP 요청 헤더 중에 Authorization 키값에 **Bearer + JWT 토큰값**을 넣어 보내야 합니다.

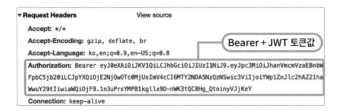

그렇다면 JWT는 어떠한 구조로 이루어져 있을까요? JWT는 .을 기준으로 헤더header, 내용payload, 서명signature으로 이루어져 있습니다. 각각 무슨 역할을 하는지 간단하게 알아보겠습니다.

aaaaa . bbbbbb . cccccc

      헤더   내용   서명

헤더에는 토큰의 타입과 해싱 알고리즘을 지정하는 정보를 담습니다. 다음의 경우 JWT 토큰, HS256 해싱 알고리즘을 사용한다는 내용입니다.

▼ 토큰 타입과 해싱 알고리즘 지정 예

```
{
  "typ": "JWT",
  "alg": "HS256"
}
```

해더의 구성을 표로 정리하면 다음과 같습니다.

이름	설명
typ	토큰의 타입을 지정합니다. JWT라는 문자열이 들어가게 됩니다.
alg	해싱 알고리즘을 지정합니다.

내용에는 토큰과 관련된 정보를 담습니다. 내용의 한 덩어리를 클레임claim이라고 부르며, 클레임은 키값의 한 쌍으로 이루어져 있습니다. 클레임은 등록된 클레임, 공개 클레임, 비공개 클레임으로

나눌 수 있습니다.

등록된 클레임registered claim은 토큰에 대한 정보를 담는 데 사용합니다.

이름	설명
iss	토큰 발급자(issuer)
sub	토큰 제목(subject)
aud	토큰 대상자(audience)
exp	토큰의 만료 시간(expiraton). 시간은 NumericDate 형식으로 하며(예: 1480849147370), 항상 현재 시간 이후로 설정합니다.
nbf	토큰의 활성 날짜와 비슷한 개념으로 nbf는 Not Before를 의미합니다. NumericDate 형식으로 날짜를 지정하며, 이 날짜가 지나기 전까지는 토큰이 처리되지 않습니다.
iat	토큰이 발급된 시간으로 iat은 issued at을 의미합니다.
jti	JWT의 고유 식별자로서 주로 일회용 토큰에 사용합니다.

공개 클레임public claim은 공개되어도 상관없는 클레임을 의미합니다. 충돌을 방지할 수 있는 이름을 가져야 하며, 보통 클레임 이름을 URI로 짓습니다. 비공개 클레임private claim은 공개되면 안 되는 클레임을 의미합니다. 클라이언트와 서버 간의 통신에 사용됩니다.

예를 들어 다음과 같은 JWT의 내용이 있다고 합시다.

▼ JWT 예

```
{
  "iss": "ajufresh@gmail.com",          // 등록된 클레임
  "iat": 1622370878,                     // 등록된 클레임
  "exp": 1622372678,                     // 등록된 클레임
  "https://shinsunyoung.com/jwt_claims/is_admin": true,   // 공개 클레임
  "email": "ajufresh@gmail.com",         // 비공개 클레임
  "hello": "안녕하세요!"                   // 비공개 클레임
}
```

iss, iat, exp는 JWT 자체에서 등록된 클레임이고, URI로 네이밍된 https://shinsunyoung.com/jwt_claims/is_admin은 공개 클레임입니다. 그 외에 등록된 클레임도, 공개 클레임도 아닌 email과 hello는 비공개 클레임 값입니다.

서명은 해당 토큰이 조작되었거나 변경되지 않았음을 확인하는 용도로 사용하며, 헤더의 인코딩 값과 내용의 인코딩값을 합친 후에 주어진 비밀키를 사용해 해시값을 생성합니다.

토큰 유효기간

그런데 만약 토큰을 주고받는 환경이 보안에 취약해서 토큰 자체가 노출되면 어떻게 될까요? 이를 테면 여러분이 산 영화 티켓의 정보가 노출되어서 다른 사람이 이 티켓으로 영화를 보려 한다고 해봅시다. 어떻게 해야 이 문제를 막을 수 있을까요? 토큰은 이미 발급되면 그 자체로 인증 수단이 되므로 서버는 토큰과 함께 들어온 요청이 토큰을 탈취한 사람의 요청인지 확인할 수 없습니다.

리프레시 토큰이 있다면?

토큰의 유효기간이 하루라면 어떨까요? 하루 동안은 그 토큰으로 무엇이든 할 수 있을 테니 큰일입니다. 그러면 토큰의 유효기간이 짧으면 되겠군요. 그렇지만 토큰의 유효기간이 짧으면 사용자 입장에서는 받은 토큰을 너무 짧은 시간만 활용할 수 있으니 불편합니다. 이러한 불편한 지점을 해결하기 위해 리프레시 토큰이 등장합니다. 리프레시 토큰은 액세스 토큰과 별개의 토큰입니다. 사용자를 인증하기 위한 용도가 아닌 액세스 토큰이 만료되었을 때 새로운 액세스 토큰을 발급하기 위해 사용하죠. 액세스 토큰의 유효 기간을 짧게 설정하고, 리프레시 토큰의 유효 기간을 길게 설정하면 공격자가 액세스 토큰을 탈취해도 몇 분 뒤에는 사용할 수 없는 토큰이 되므로 더 안전하겠죠?

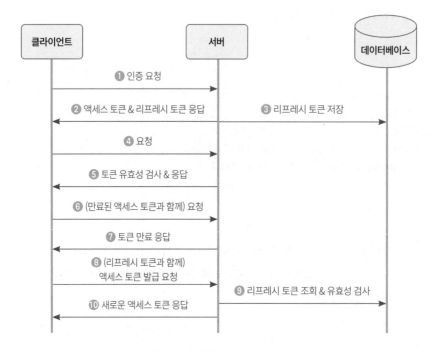

❶ 클라이언트가 서버에게 인증을 요청합니다. ❷ 서버는 클라이언트에서 전달한 정보를 바탕으로 인증 정보가 유효한지 확인한 뒤, 액세스 토큰과 리프레시 토큰을 만들어 클라이언트에게 전달합니다. 클라이언트는 전달받은 토큰을 저장합니다. ❸ 서버에서 생성한 리프레시 토큰은 DB에도 저장해둡니다. ❹ 인증을 필요로 하는 API를 호출할 때 클라이언트에 저장된 액세스 토큰과 함께 API를 요청합니다. ❺ 서버는 전달받은 액세스 토큰이 유효한지 검사한 뒤에 유효하다면 클라이언트에서 요청한 내용을 처리합니다. ❻ 시간이 지나고 액세스 토큰이 만료된 뒤에 클라이언트에서 원하는 정보를 얻기 위해 서버에게 API 요청을 보냅니다. ❼ 서버는 액세스 토큰이 유효한지 검사합니다. 만료된 토큰이면 유효하지 않기 때문에 토큰이 만료되었다는 에러를 전달합니다. ❽ 클라이언트는 이 응답을 받고 저장해둔 리프레시 토큰과 함께 새로운 액세스 토큰을 발급하는 요청을 전송합니다. ❾ 서버는 전달받은 리프레시 토큰이 유효한지, DB에서 리프레시 토큰을 조회한 후 저장해둔 리프레시 토큰과 같은지 확인합니다. ❿ 만약 유효한 리프레시 토큰이라면 새로운 액세스 토큰을 생성한 뒤 응답합니다. 그 이후에 클라이언트는 ❹번과 같이 다시 API를 요청합니다.

9.2 JWT 서비스 구현하기

이제 실제로 JWT를 생성하고, 검증하는 서비스를 구현하겠습니다. 의존성과 토큰 제공자를 추가하고 나서 리프레시 토큰 도메인과 토큰 필터를 구현하면 JWT 서비스를 사용할 준비가 된 겁니다. 여기서 만든 클래스들은 다음 장에서 구현할 OAuth 서비스에서 사용합니다.

의존성 추가하기

01단계 `To do` build.gradle에 필요한 의존성을 추가하고 **그레이들 탭에서 새로고침을 눌러 의존성을 내려받으세요.**

```
                                                               build.gradle
dependencies {
 ... 생략 ...
  testAnnotationProcessor 'org.projcctlombok:lombok'
  testImplementation 'org.projectlombok:lombok'
  implementation 'io.jsonwebtoken:jjwt:0.9.1' // 자바 JWT 라이브러리
  implementation 'javax.xml.bind:jaxb-api:2.3.1' // XML 문서와 Java 객체 간 매핑 자동화
}
```

자바에서 JWT를 사용하기 위한 라이브러리를 추가하고 XML 문서와 자바 객체 간 매핑을 자동화하는 jax-api를 추가합니다.

토큰 제공자 추가하기

jwt를 사용해서 JWT를 생성하고 유효한 토큰인지 검증하는 역할을 하는 클래스를 추가하겠습니다.

01단계 (To do) JWT 토큰을 만들려면 이슈 발급자^{issuer}, 비밀키^{secret_key}를 필수로 설정해야 합니다. 이 값들을 선언할 설정 파일을 수정합니다.

```yml
                                                                  application.yml
spring:
  jpa:
    show-sql: true
    properties:
      hibernate:
        format_sql: true
    defer-datasource-initialization: true
  datasource:
    url: jdbc:h2:mem:testdb
    username: sa
  h2:
    console:
      enabled: true
jwt:
  issuer: ajufresh@gmail.com
  secret_key: study-springboot
```

02단계 해당 값들을 변수로 접근하는 데 사용할 JwtProperties 클래스를 만듭니다. config/jwt 패키지에 JwtProperties.java 파일을 만들어 코드를 작성하세요. 이렇게 하면 issuer 필드에는 application.yml에서 설정한 jwt.issuer 값이, secretKey에는 jwt.secret_key값이 매핑됩니다.

```java
                                              /config/jwt/JwtProperties.java
@Setter
@Getter
@Component
@ConfigurationProperties("jwt") // 자바 클래스에 프로퍼티값을 가져와서 사용하는 애너테이션
public class JwtProperties {
```

```
  private String issuer;
  private String secretKey;
}
```

03단계 계속해서 토큰을 생성하고 올바른 토큰인지 유효성 검사를 하고, 토큰에서 필요한 정보를 가져오는 클래스를 작성합니다. TokenProvider.java 파일을 config/jwt 디렉터리에 생성하고 다음과 같이 코드를 작성하세요.

TokenProvider.java

```java
@RequiredArgsConstructor
@Service
public class TokenProvider {

  private final JwtProperties jwtProperties;

  public String generateToken(User user, Duration expiredAt) {
    Date now = new Date();
    return makeToken(new Date(now.getTime() + expiredAt.toMillis()), user);
  }

  // ❶ JWT 토큰 생성 메서드
  private String makeToken(Date expiry, User user) {
    Date now = new Date();

    return Jwts.builder()
            .setHeaderParam(Header.TYPE, Header.JWT_TYPE) // 헤더 typ : JWT
            // 내용 iss : ajufresh@gmail.com(propertise 파일에서 설정한 값)
            .setIssuer(jwtProperties.getIssuer())
            .setIssuedAt(now)          // 내용 iat : 현재 시간
            .setExpiration(expiry)    // 내용 exp : expiry 멤버 변숫값
            .setSubject(user.getEmail()) // 내용 sub : 유저의 이메일
            .claim("id", user.getId())   // 클레임 id : 유저 ID
            // 서명 : 비밀값과 함께 해시값을 HS256 방식으로 암호화
            .signWith(SignatureAlgorithm.HS256, jwtProperties.getSecretKey())
            .compact();
  }

  // ❷ JWT 토큰 유효성 검증 메서드
```

```java
public boolean validToken(String token) {
  try {
    Jwts.parser()
            .setSigningKey(jwtProperties.getSecretKey()) // 비밀값으로 복호화
            .parseClaimsJws(token);

    return true;
  } catch (Exception e) { // 복호화 과정에서 에러가 나면 유효하지 않은 토큰
    return false;
  }
}

// ❸ 토큰 기반으로 인증 정보를 가져오는 메서드
public Authentication getAuthentication(String token) {
  Claims claims = getClaims(token);
  Set<SimpleGrantedAuthority> authorities = Collections.singleton(new
SimpleGrantedAuthority("ROLE_USER"));

  return new UsernamePasswordAuthenticationToken(new org.springframework.
security.core.userdetails.User(claims.getSubject
          (), "", authorities), token, authorities);
}

// ❹ 토큰 기반으로 유저 ID를 가져오는 메서드
public Long getUserId(String token) {
  Claims claims = getClaims(token);
  return claims.get("id", Long.class);
}

private Claims getClaims(String token) {
  return Jwts.parser() // 클레임 조회
          .setSigningKey(jwtProperties.getSecretKey())
          .parseClaimsJws(token)
          .getBody();
}
}
```

❶ 토큰을 생성하는 메서드입니다. 인자는 만료 시간, 유저 정보를 받습니다. 이 메서드에서는 set
계열의 메서드를 통해 여러 값을 지정합니다. 헤더는 typ(타입), 내용은 iss(발급자), iat(발급일시),

exp(만료 일시), sub(토큰 제목)이, 클레임에는 유저 ID를 지정합니다. 토큰을 만들 때는 프로퍼티즈 파일에 선언해둔 비밀값과 함께 HS256 방식으로 암호화합니다.

❷ 토큰이 유효한지 검증하는 메서드입니다. 프로퍼티즈 파일에 선언한 비밀값과 함께 토큰 복호화를 진행합니다. 만약 복호화 과정에서 에러가 발생하면 유효하지 않은 토큰이므로 false를 반환하고 아무 에러도 발생하지 않으면 true를 반환합니다.

❸ 토큰을 받아 인증 정보를 담은 객체 Authentication을 반환하는 메서드입니다. 프로퍼티즈 파일에 저장한 비밀값으로 토큰을 복호화한 뒤 클레임을 가져오는 private 메서드인 getClaims()를 호출해서 클레임 정보를 반환받아 사용자 이메일이 들어 있는 토큰 제목 sub와 토큰 기반으로 인증 정보를 생성합니다. 이때 UsernamePasswordAuthenticationToken의 첫 인자로 들어가는 **User는 프로젝트에서 만든 User 클래스가 아닌, 스프링 시큐리티에서 제공하는 객체인 User 클래스를 임포트해야 합니다.**

❹ 토큰 기반으로 사용자 ID를 가져오는 메서드입니다. 프로퍼티즈 파일에 저장한 비밀값으로 토큰을 복호화한 다음 클레임을 가져오는 private 메서드인 getClaims()를 호출해서 클레임 정보를 반환받고 클레임에서 id 키로 저장된 값을 가져와 반환합니다.

04단계 코드가 제대로 동작하는지 확인하기 위해 테스트 코드를 작성하겠습니다. test 디렉터리에 me.shinsunyoung.springbootdeveloper.config.jwt 패키지를 만들고 JwtFactory.java 파일을 생성합니다.

😺 이 파일은 JWT 토큰 서비스를 테스트하는 데 사용할 모킹(mocking)용 객체입니다.

😺 모킹이란 테스트를 실행할 때 객체를 대신하는 가짜 객체을 말합니다.

```
JwtFactory.java
@Getter
public class JwtFactory {
  private String subject = "test@email.com";
  private Date issuedAt = new Date();
  private Date expiration = new Date(new Date().getTime() + Duration.ofDays(14).
toMillis());
  private Map<String, Object> claims = emptyMap();

  // 빌더 패턴을 사용해 설정이 필요한 데이터만 선택 설정
```

```
@Builder
public JwtFactory(String subject, Date issuedAt, Date expiration,
                 Map<String, Object> claims) {
  this.subject = subject != null ? subject : this.subject;
  this.issuedAt = issuedAt != null ? issuedAt : this.issuedAt;
  this.expiration = expiration != null ? expiration : this.expiration;
  this.claims = claims != null ? claims : this.claims;
}

public static JwtFactory withDefaultValues() {
  return JwtFactory.builder().build();
}

// jjwt 라이브러리를 사용해 JWT 토큰 생성
public String createToken(JwtProperties jwtProperties) {
  return Jwts.builder()
          .setSubject(subject)
          .setHeaderParam(Header.TYPE, Header.JWT_TYPE)
          .setIssuer(jwtProperties.getIssuer())
          .setIssuedAt(issuedAt)
          .setExpiration(expiration)
          .addClaims(claims)
          .signWith(SignatureAlgorithm.HS256, jwtProperties.getSecretKey())
          .compact();
  }
}
```

빌더 패턴을 사용해 객체를 만들 때 테스트가 필요한 데이터만 선택합니다. 빌더 패턴을 사용하지 않으면 필드 기본값을 사용합니다.

05단계 이제 TokenProvider 클래스를 테스트하는 클래스를 만들겠습니다. JwtFactory를 만든 디렉터리와 동일한 위치에 TokenProviderTest.java 파일을 만들고 다음 코드를 입력하세요.

😀 테스트는 직접 진행해 결과를 확인해보세요.

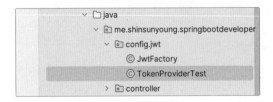

코테
1위

곧 출간

코딩 테스트 언어별
완전 정복 하기

GOLDEN RABBIT

IT 베스트 에세이

주니어부터 C레벨까지!
커리어 패스와
비즈니스 핵심을
이해하는 통찰력 기르기

디자인 씽킹 실무

AI 시대에 더 필요해진
고객 중심 제품 설계하는
디자인 씽킹 실무 방법론

```java
@SpringBootTest
class TokenProviderTest {
  @Autowired
  private TokenProvider tokenProvider;
  @Autowired
  private UserRepository userRepository;
  @Autowired
  private JwtProperties jwtProperties;

  // ❶ generateToken() 검증 테스트
  @DisplayName("generateToken(): 유저 정보와 만료 기간을 전달해 토큰을 만들 수 있다.")
  @Test
  void generateToken() {
    // given
    User testUser = userRepository.save(User.builder()
            .email("user@gmail.com")
            .password("test")
            .build());
    // when
    String token = tokenProvider.generateToken(testUser, Duration.ofDays(14));
    // then
    Long userId = Jwts.parser()
            .setSigningKey(jwtProperties.getSecretKey())
            .parseClaimsJws(token)
            .getBody()
            .get("id", Long.class);

    assertThat(userId).isEqualTo(testUser.getId());
  }

  // ❷ validToken() 검증 테스트
  @DisplayName("validToken(): 만료된 토큰인 때에 유효성 검증에 실패한다.")
  @Test
  void validToken_invalidToken() {
    // given
    String token = JwtFactory.builder()
            .expiration(new Date(new Date().getTime() - Duration.ofDays(7).
toMillis()))
            .build()
```

```java
            .createToken(jwtProperties);
    // when
    boolean result = tokenProvider.validToken(token);
    // then
    assertThat(result).isFalse();
}


@DisplayName("validToken(): 유효한 토큰인 때에 유효성 검증에 성공한다.")
@Test
void validToken_validToken() {
    // given
    String token = JwtFactory.withDefaultValues()
            .createToken(jwtProperties);
    // when
    boolean result = tokenProvider.validToken(token);
    // then
    assertThat(result).isTrue();
}


// ❸ getAuthentication() 검증 테스트
@DisplayName("getAuthentication(): 토큰 기반으로 인증 정보를 가져올 수 있다.")
@Test
void getAuthentication() {
    // given
    String userEmail = "user@email.com";
    String token = JwtFactory.builder()
            .subject(userEmail)
            .build()
            .createToken(jwtProperties);

    // when
    Authentication authentication = tokenProvider.getAuthentication(token);
    // then
    assertThat(((UserDetails) authentication.getPrincipal()).getUsername()).
isEqualTo(userEmail);
}
```

```
// ❹ getUserId() 검증 테스트
@DisplayName("getUserId(): 토큰으로 유저 ID를 가져올 수 있다.")
@Test
void getUserId() {
  // given
  Long userId = 1L;
  String token = JwtFactory.builder()
          .claims(Map.of("id", userId))
          .build()
          .createToken(jwtProperties);

  // when
  Long userIdByToken = tokenProvider.getUserId(token);

  // then
  assertThat(userIdByToken).isEqualTo(userId);
  }
}
```

코드가 꽤 기므로 각 코드를 간단히 설명하고 표로 정리하겠습니다. ❶ generateToken() 메서드는 토큰을 생성하는 메서드를 테스트하는 메서드입니다.

given	토큰에 유저 정보를 추가하기 위한 테스트 유저를 만듭니다.
when	토큰 제공자의 generateToken() 메서드를 호출해 토큰을 만듭니다.
then	jjwt 라이브러리를 사용해 토큰을 복호화합니다. 토큰을 만들 때 클레임으로 넣어둔 id값이 given절에서 만든 유저 ID와 동일한지 확인합니다.

❷ validToken_invalidToken() 메서드는 토큰이 유효한 토큰인지 검증하는 메서드인 valid Token() 메서드를 테스트하는 메서드입니다. 검증 실패를 확인하는 validToken_invalid Token() 메서드와 검증 성공을 확인하는 validToken_validToken() 메서드가 있습니다.

given	jjwt 라이브러리를 사용해 토큰을 생성합니다. 이때 만료 시간은 1970년 1월 1일부터 현재 시간을 밀리초 단위로 치환한 값(new Date().getTime())에 1000을 빼, 이미 만료된 토큰으로 생성합니다.
when	토큰 제공자의 validToken() 메서드를 호출해 유효한 토큰인지 검증한 뒤 결괏값을 반환받습니다.
then	반환값이 false(유효한 토큰이 아님)인 것을 확인합니다.

given	jjwt 라이브러리를 사용해 토큰을 생성합니다. 만료 시간은 현재 시간으로부터 14일 뒤로, 만료되지 않은 토큰으로 생성합니다.
when	토큰 제공자의 validToken() 메서드를 호출해 유효한 토큰인지 검증한 뒤 결괏값을 반환받습니다.
then	반환값이 true(유효한 토큰임)인 것을 확인합니다.

❸ getAuthentication() 메서드는 토큰을 전달받아 인증 정보를 담은 객체 Authentication을 반환하는 메서드인 getAuthentication()을 테스트합니다.

given	jjwt 라이브러리를 사용해 토큰을 생성합니다. 이때 토큰의 제목인 subject는 "user@email.com"라는 값을 사용합니다.
when	토큰 제공자의 getAuthentication() 메서드를 호출해 인증 객체를 반환받습니다.
then	반환받은 인증 객체의 유저 이름을 가져와 given절에서 설정한 subject값인 "user@email.com"과 같은지 확인합니다.

❹ getUserId() 메서드는 토큰 기반으로 유저 ID를 가져오는 메서드를 테스트하는 메서드입니다. 토큰을 프로퍼티즈 파일에 저장한 비밀값으로 복호화한 뒤 클레임을 가져오는 private 메서드인 getClaims()를 호출해서 클레임 정보를 반환받아 클레임에서 id 키로 저장된 값을 가져와 반환합니다.

given	jjwt 라이브러리를 사용해 토큰을 생성합니다. 이때 클레임을 추가합니다. 키는 "id", 값은 1이라는 유저 ID 입니다.
when	토큰 제공자의 getUserId() 메서드를 호출해 유저 ID를 반환받습니다.
then	반환받은 유저 ID가 given절에서 설정한 유저 ID값인 1과 같은지 확인합니다.

자, 그러면 테스트 코드가 실제로 잘 동작하는지 확인하기 위해 TokenProviderTest 파일을 실행합니다. 그러면 작성해둔 테스트가 모두 성공하는 것을 확인할 수 있습니다.

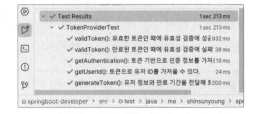

리프레시 토큰 도메인 구현하기

리프레시 토큰은 데이터베이스에 저장하는 정보이므로 엔티티와 리포지터리를 추가해야 합니다.
만들 엔티티와 매핑되는 테이블 구조는 다음과 같습니다.

컬럼명	자료형	null 허용	키	설명
id	BIGINT	N	기본키	일련번호. 기본키
user_id	BIGINT	N		유저 ID
refresh_token	VARCHAR(255)	N		토큰값

01단계 `To do` domain 디렉터리에 RefreshToken.java 파일을 추가해 다음 코드를 작성하세요.

```java
                                                          RefreshToken.java
@NoArgsConstructor(access = AccessLevel.PROTECTED)
@Getter
@Entity
public class RefreshToken {

  @Id
  @GeneratedValue(strategy = GenerationType.IDENTITY)
  @Column(name = "id", updatable = false)
  private Long id;

  @Column(name = "user_id", nullable = false, unique = true)
  private Long userId;

  @Column(name = "refresh_token", nullable = false)
  private String refreshToken;

  public RefreshToken(Long userId, String refreshToken) {
    this.userId = userId;
    this.refreshToken = refreshToken;
  }

  public RefreshToken update(String newRefreshToken) {
    this.refreshToken = newRefreshToken;
    return this;
  }
}
```

여기서 사용한 애너테이션은 이전에 다룬 것들이므로 별도 설명 없이 넘어가겠습니다. 만약 잘 기억나지 않는다면 6장 '엔티티 구성하기'를 참고해주세요.

02단계 이제 리포지터리를 만들겠습니다. repository 디렉터리에 RefreshTokenRepository.java 파일을 만들고 코드를 작성하세요.

RefreshTokenRepository.java

```java
public interface RefreshTokenRepository extends JpaRepository<RefreshToken, Long> {
    Optional<RefreshToken> findByUserId(Long userId);
    Optional<RefreshToken> findByRefreshToken(String refreshToken);
}
```

토큰 필터 구현하기

이제 토큰 필터를 만들 차례입니다. 필터는 실제로 각종 요청을 처리하기 위한 로직으로 전달되기 전후에 URL 패턴에 맞는 모든 요청을 처리하는 기능을 제공합니다. 요청이 오면 헤더값을 비교해서 토큰이 있는지 확인하고 유효 토큰이라면 시큐리티 콘텍스트 홀더security context holder에 인증 정보를 저장합니다.

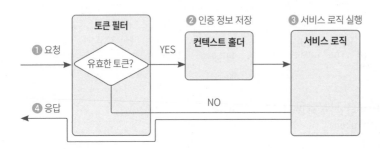

시큐리티 컨텍스트security context는 인증 객체가 저장되는 보관소입니다. 여기서 인증 정보가 필요할 때 언제든지 인증 객체를 꺼내 사용할 수 있죠. 이 클래스는 스레드마다 공간을 할당하는 즉, 스레드 로컬thread local에 저장되므로 코드 아무 곳에서나 참조할 수 있고, 다른 스레드와 공유하지 않으므로 독립적으로 사용할 수 있습니다. 그리고 이러한 시큐리티 컨텍스트 객체를 저장하는 객체가 시큐리티 컨텍스트 홀더security context holder입니다.

01단계 `To do` config 디렉터리에 TokenAuthenticationFilter.java 파일을 만들겠습니다. 이 필터는 액세스 토큰값이 담긴 Authorization 헤더값을 가져온 뒤 액세스 토큰이 유효하다면 인증 정보를 설정합니다.

```java
                                                        TokenAuthenticationFilter.java
@RequiredArgsConstructor
public class TokenAuthenticationFilter extends OncePerRequestFilter {
  private final TokenProvider tokenProvider;
  private final static String HEADER_AUTHORIZATION = "Authorization";
  private final static String TOKEN_PREFIX = "Bearer ";

  @Override
  protected void doFilterInternal(
          HttpServletRequest request,
          HttpServletResponse response,
          FilterChain filterChain)  throws ServletException, IOException {

    // 요청 헤더의 Authorization 키의 값 조회
    String authorizationHeader = request.getHeader(HEADER_AUTHORIZATION);
    // 가져온 값에서 접두사 제거
    String token = getAccessToken(authorizationHeader);
    // 가져온 토큰이 유효한지 확인하고, 유효한 때는 인증 정보 설정
    if (tokenProvider.validToken(token)) {
      Authentication authentication = tokenProvider.getAuthentication(token);
      SecurityContextHolder.getContext().setAuthentication(authentication);
    }

    filterChain.doFilter(request, response);
  }

  private String getAccessToken(String authorizationHeader) {
    if (authorizationHeader != null && authorizationHeader.startsWith(TOKEN_
PREFIX)) {
      return authorizationHeader.substring(TOKEN_PREFIX.length());
    }
    return null;
  }
}
```

요청 헤더에서 키가 'Authorization'인 필드의 값을 가져온 다음 토큰의 접두사 Bearer를 제외한 값을 얻습니다. 만약 값이 null이거나 Bearer로 시작하지 않으면 null을 반환합니다. 이어서 가져온 토큰이 유효한지 확인하고, 유효하다면 인증 정보를 관리하는 시큐리티 컨텍스트에 인증 정보를 설정합니다. 위에서 작성한 코드가 실행되며 인증 정보가 설정된 이후에 컨텍스트 홀더에서 getAuthentication() 메서드를 사용해 인증 정보를 가져오면 유저 객체가 반환됩니다. 유저 객체에는 유저 이름(username)과 권한 목록(authorities)과 같은 인증 정보가 포함됩니다.

```
context.getAuthentication()
∨  ▦ result = {UsernamePasswordAuthenticationToken@12318} "UsernamePasswordAuthenticationToken [Principal=org.springframework.security.core.
   ∨  ⨍ principal = {User@12335} "org.springframework.security.core.userdetails.User [Username=ajufresh@gmail.com, Password=[PROTECTED], Ena
      >  ⨍ password = ""
      >  ⨍ username = "ajufresh@gmail.com"
      ∨  ⨍ authorities = {Collections$UnmodifiableSet@12350}  size = 1
         >  ▤ 0 = {SimpleGrantedAuthority@12339} "ROLE_USER"
```

9.3 토큰 API 구현하기

여기서는 리프레시 토큰을 전달받아 검증하고, 유효한 리프레시 토큰이라면 새로운 액세스 토큰을 생성하는 토큰 API를 구현합니다. 토큰 서비스, 컨트롤러를 차례대로 구현하겠습니다.

토큰 서비스 추가하기

리프레시 토큰을 전달받아 토큰 제공자를 사용해 새로운 액세스 토큰을 만드는 토큰 서비스 클래스를 생성하겠습니다.

01단계 `To do` UserService.java 파일을 열어 전달받은 유저 ID로 유저를 검색해서 전달하는 findById() 메서드를 추가로 구현합니다.

```java
                                                             UserService.java
@RequiredArgsConstructor
@Service
public class UserService {
    ... 생략 ...
    // 메서드 추가
  public User findById(Long userId) {
      return userRepository.findById(userId)
              .orElseThrow(() -> new IllegalArgumentException("Unexpected user"));
```

```
    }
}
```

02단계 service 디렉터리에 RefreshTokenService.java 파일을 새로 만들어 전달받은 리프레시 토큰으로 리프레시 토큰 객체를 검색해서 전달하는 findByRefreshToken() 메서드를 구현합니다.

```java
@RequiredArgsConstructor                                    RefreshTokenService.java
@Service
public class RefreshTokenService {
  private final RefreshTokenRepository refreshTokenRepository;

  public RefreshToken findByRefreshToken(String refreshToken) {
    return refreshTokenRepository.findByRefreshToken(refreshToken)
          .orElseThrow(() -> new IllegalArgumentException("Unexpected token"));
  }
}
```

03단계 이제 토큰 서비스 클래스를 생성합니다. service 디렉터리에 TokenService.java 파일을 생성해서 코드를 입력하세요. 이번에 작성할 createNewAccessToken() 메서드는 전달받은 리프레시 토큰으로 토큰 유효성 검사를 진행하고, 유효한 토큰일 때 리프레시 토큰으로 사용자 ID를 찾습니다. 마지막으로는 사용자 ID로 사용자를 찾은 후에 토큰 제공자의 generateToken() 메서드를 호출해서 새로운 액세스 토큰을 생성합니다.

```java
@RequiredArgsConstructor                                        TokenService.java
@Service
public class TokenService {

  private final TokenProvider tokenProvider;
  private final RefreshTokenService refreshTokenService;
  private final UserService userService;

  public String createNewAccessToken(String refreshToken) {
    // 토큰 유효성 검사에 실패하면 예외 발생
    if(!tokenProvider.validToken(refreshToken)) {
      throw new IllegalArgumentException("Unexpected token");
```

```
    }

    Long userId = refreshTokenService.findByRefreshToken(refreshToken).getUserId();
    User user = userService.findById(userId);

    return tokenProvider.generateToken(user, Duration.ofHours(2));
  }
}
```

컨트롤러 추가하기

토큰을 생성하고, 유효성을 검증하는 로직을 모두 작성했으니 실제로 토큰을 발급받는 API를 생성하겠습니다.

01단계 `To do` dto 패키지에 토큰 생성 요청 및 응답을 담당할 DTO인 CreateAccessToken Request와 CreateAccessTokenResponse 클래스를 만듭니다. dto 디렉터리에 Create AccessTokenRequest.java, CreateAccessTokenResponse.java 파일을 만들어 코드를 작성하세요.

CreateAccessTokenRequest.java
```
@Getter
@Setter
public class CreateAccessTokenRequest {
  private String refreshToken;
}
```

CreateAccessTokenResponse.java
```
@AllArgsConstructor
@Getter
public class CreateAccessTokenResponse {
  private String accessToken;
}
```

02단계 실제로 요청을 받고 처리할 컨트롤러를 생성합니다. /api/token POST 요청이 오면 토큰 서비스에서 리프레시 토큰을 기반으로 새로운 액세스 토큰을 만들어주면 됩니다. controller 패키지에 TokenApiController.java 파일을 만들고 코드를 입력하세요.

```java
                                                              TokenApiController.java
@RequiredArgsConstructor
@RestController
public class TokenApiController {
  private final TokenService tokenService;

  @PostMapping("/api/token")
  public ResponseEntity<CreateAccessTokenResponse> createNewAccessToken
          (@RequestBody CreateAccessTokenRequest request) {
    String newAccessToken = tokenService.createNewAccessToken(request.
getRefreshToken());

    return ResponseEntity.status(HttpStatus.CREATED)
            .body(new CreateAccessTokenResponse(newAccessToken));
  }
}
```

03단계 지금까지 따라오느라 고생 많으셨습니다. 코드가 많아서 지금 코드가 어떻게 동작하는 건지 감이 잘 안 올 수도 있는데요. 테스트 코드를 작성하며 실제로 어떻게 동작하는지 확인해보겠습니다. test/.../controller 패키지에 TokenApiControllerTest.java 파일을 만들고 코드를 작성하세요. 여기서는 토큰을 생성하는 메서드인 createNew AccessToken() 메서드에 대한 테스트 코드를 작성합니다. 🐻 테스트는 직접 진행해 결과를 확인해보세요.

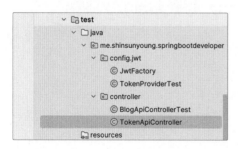

Given	테스트 유저를 생성하고, jjwt 라이브러리를 이용해 리프레시 토큰을 만들어 데이터베이스에 저장합니다. 토큰 생성 API의 요청 본문에 리프레시 토큰을 포함하여 요청 객체를 생성합니다.
When	토큰 추가 API에 요청을 보냅니다. 이때 요청 타입은 JSON이며, given절에서 미리 만들어둔 객체를 요청 본문으로 함께 보냅니다.
Then	응답 코드가 201 Created인지 확인하고 응답으로 온 액세스 토큰이 비어 있지 않은지 확인합니다.

```java
@SpringBootTest
@AutoConfigureMockMvc
class TokenApiControllerTest {
  @Autowired
  protected MockMvc mockMvc;
  @Autowired
  protected ObjectMapper objectMapper;
  @Autowired
  private WebApplicationContext context;
  @Autowired
  JwtProperties jwtProperties;
  @Autowired
  UserRepository userRepository;
  @Autowired
  RefreshTokenRepository refreshTokenRepository;

  @BeforeEach
  public void mockMvcSetUp() {
    this.mockMvc = MockMvcBuilders.webAppContextSetup(context)
            .build();
    userRepository.deleteAll();
  }

  @DisplayName("createNewAccessToken: 새로운 액세스 토큰을 발급한다.")
  @Test
  public void createNewAccessToken() throws Exception {
    // given
    final String url = "/api/token";

    User testUser = userRepository.save(User.builder()
            .email("user@gmail.com")
            .password("test")
            .build());

    String refreshToken = JwtFactory.builder()
            .claims(Map.of("id", testUser.getId()))
            .build()
            .createToken(jwtProperties);
```

```
    refreshTokenRepository.save(new RefreshToken(testUser.getId(),
refreshToken));

    CreateAccessTokenRequest request = new CreateAccessTokenRequest();
    request.setRefreshToken(refreshToken);
    final String requestBody = objectMapper.writeValueAsString(request);

    // when
    ResultActions resultActions = mockMvc.perform(post(url)
            .contentType(MediaType.APPLICATION_JSON_VALUE)
            .content(requestBody));
    // then
    resultActions
            .andExpect(status().isCreated())
            .andExpect(jsonPath("$.accessToken").isNotEmpty());
    }
}
```

> import static org.springframework.test.web.servlet.request.MockMvcRequestBuilders.post;를 임포트하세요

> import static org.springframework.test.web.servlet.result.MockMvcResultMatchers.jsonPath;를 임포트하세요

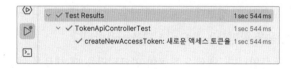

Test Results	1 sec 544 ms
TokenApiControllerTest	1 sec 544 ms
✓ createNewAccessToken: 새로운 액세스 토큰을	1 sec 544 ms

토큰 기반 인증의 특징과 토큰의 일종인 JWT를 알아보고 직접 토큰 제공자를 만들었습니다. 토큰 기반 인증은 대중적으로 사용되며, 토큰 기반 인증에서는 JWT 인기가 높으므로 잘 알아두기 바랍니다.

핵심 요약

1 **토큰 기반 인증**은 인증에 토큰을 사용하는 방식입니다. **토큰**은 클라이언트를 구분하는 데 사용하는 유일한 값으로서 서버에서 생성해서 클라이언트에게 제공한 뒤, 클라이언트는 서버에 요청할 때마다 요청 내용과 함께 토큰을 전송합니다. 서버에서는 토큰으로 유효한 사용자인지 검증합니다.

2 JWT는 토큰 기반 인증에서 주로 사용하는 토큰입니다. JSON 형식으로 사용자(클라이언트)의 정보를 저장합니다. JWT는 **헤더·내용·서명** 구조로 이루어져 있습니다. 헤더는 토큰의 타입과 해싱 알고리즘을 지정하는 정보를 포함하고, 정보에는 토큰에 담을 정보가 들어갑니다. 해당 토큰이 조작되었거나 변경되지 않았음을 확인하는 용도로 서명을 사용합니다.

3 **리프레시 토큰**은 액세스 토큰과 별개의 토큰입니다. 액세스 토큰이 만료되었을 때 새로운 액세스 토큰을 발급받는 용도로 사용합니다.

4 **필터**는 실제로 요청이 전달되기 전과 후에 URL 패턴에 맞는 모든 요청을 처리하는 기능을 제공합니다.

5 **시큐리티 콘텍스트**는 인증 객체가 저장되는 보관소로, 인증 정보가 필요할 때 언제든지 인증 객체를 꺼내어 사용하도록 제공되는 클래스입니다. 이러한 시큐리티 컨텍스트 객체를 저장하는 객체가 **시큐리티 컨텍스트 홀더**입니다.

1 인증 정보를 서버나 세션에 저장하지 않고 클라이언트 측에서 발급받은 토큰으로 인증하는 방식은 무엇일까요?

2 JWT를 사용하려면 HTTP 요청 헤더에 Authorization값을 어떤 형식으로 넣어야 할까요?

   ❶ Token   ❷ Jwt   ❸ Digest

   ❹ Basic   ❺ Bearer

3 다음 중 JWT에 등록되어 있는 클레임이 아닌 것은 무엇일까요?

   ❶ iss   ❷ exp   ❸ alg

   ❹ sub   ❺ iat

4 액세스 토큰과 별개의 토큰으로, 사용자를 인증하기 위한 용도가 아닌 액세스 토큰이 만료되었을 때 새로운 액세스 토큰을 발급하기 위해 사용하는 토큰이 무엇일까요?

1 **정답** 토큰 기반 인증
2 **정답** ❺
3 **정답** ❸
4 **정답** 리프레시 토큰

10장

PROJECT

OAuth2로
로그인/로그아웃
구현하기

OAuth2로 구글 로그인을 구현하며 요즘 대부분의 서비스에서 제공하는 OAuth 방식의 로그인 개발을 공부합니다.
구글 로그인 하나만 구현하면 네이버와 카카오 OAuth도 쉽게 구현할 수 있을 것입니다.

핵심 키워드

• OAuth • 구글 로그인 • 권한 부여 코드 승인 타입 • 쿠키

학습 코스

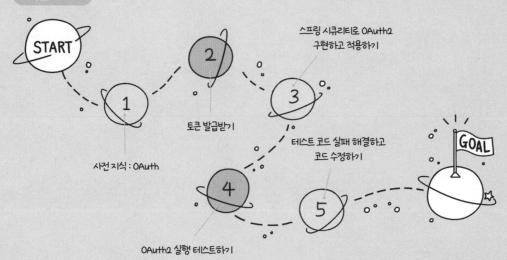

START

2 스프링 시큐리티로 OAuth2
구현하고 적용하기

1

3

토큰 발급받기

테스트 코드 실패 해결하고
코드 수정하기

사전 지식 : OAuth

GOAL

4

5

OAuth2 실행 테스트하기

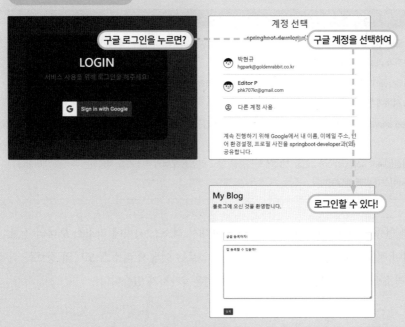

10.1 사전 지식 : OAuth

OAuth란?

OAuth는 제3의 서비스에 계정 관리를 맡기는 방식입니다. 흔히 볼 수 있는 네이버로 로그인하기, 구글로 로그인하기 같은 방법이죠. 본격적인 설명을 시작하기 전에 OAuth 관련 용어를 정리하겠습니다. 본문 이해를 위해 읽어보고 넘어가기를 권합니다.

OAuth 용어 정리

- **리소스 오너**(resource owner) : 인증 서버에 자신의 정보를 사용하도록 허가하는 주체입니다. 서비스를 이용하는 사용자가 리소스 오너에 해당됩니다.
- **리소스 서버**(resource server) : 리소스 오너의 정보를 가지며, 리소스 오너의 정보를 보호하는 주체를 의미합니다. 네이버, 구글, 페이스북이 리소스 서버에 해당합니다.
- **인증 서버**(authorization server) : 클라이언트에게 리소스 오너의 정보에 접근할 수 있는 토큰을 발급하는 역할을 하는 애플리케이션을 의미합니다.
- **클라이언트 애플리케이션**(client application) : 인증 서버에게 인증을 받고 리소스 오너의 리소스를 사용하는 주체를 의미합니다. 지금 만들고 있는 서비스가 이에 해당됩니다.

OAuth를 사용하면 인증 서버에서 발급받은 토큰을 사용해서 리소스 서버에 리소스 오너의 정보를 요청하고 응답받아 사용할 수 있습니다. 그런데 클라이언트는 어떻게 리소스 오너의 정보를 취득할 수 있을까요? 리소스 오너 정보를 취득할 수 있는 방법은 4가지가 있습니다.

리소스 오너 정보를 취득하는 4가지 방법

- **권한 부여 코드 승인 타입**(authorization code grant type) : OAuth 2.0에서 가장 잘 알려진 인증 방법입니다. 클라이언트가 리소스에 접근하는 데 사용하며, 권한에 접근할 수 있는 코드와 리소스 오너에 대한 액세스 토큰을 발급받는 방식입니다.
- **암시적 승인 타입**(implicit grant type) : 서버가 없는 자바스크립트 웹 애플리케이션 클라이언트에서 주로 사용하는 방법입니다. 클라이언트가 요청을 보내면 리소스 오너의 인증 과정 이외에는 권한 코드 교환 등의 별다른 인증 과정을 거치지 않고 액세스 토큰을 제공받는 방식입니다.
- **리소스 소유자 암호 자격증명 승인 타입**(resource owner password credentials) : 클라이언트의 패스워드를 이용해서 액세스 토큰에 대한 사용자의 자격 증명을 교환하는 방식입니다.
- **클라이언트 자격증명 승인 타입**(client credentials grant) : 클라이언트가 컨텍스트 외부에서 액세스 토큰을 얻어 특정 리소스에 접근을 요청할 때 사용하는 방식입니다.

여기서는 권한 부여 코드 승인 타입을 중심으로 설명하겠습니다. 이 방법은 서비스에서 가장 중요한
정보인 사용자 데이터가 외부로 전송되지 않아 안전하고,
OAuth에서 가장 잘 알려진 인증 방법이기도 합니다.

🐶 구글, 카카오에서도 권한 부여 코드
승인 타입을 사용합니다.

권한 부여 코드 승인 타입이란?

그러면 권한 부여 코드 승인 타입을 자세히 알아봅시다. 이 방식을 이해하기 위해서는 애플리케이
션, 리소스 오너(사용자), 리소스 서버, 인증 서버가 어떤 순서로 인증을 하는지 알아야 합니다. 다
음 그림을 봅시다.

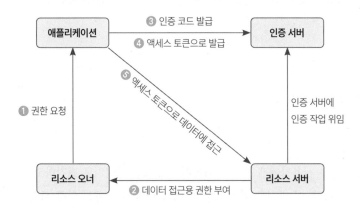

권한 요청이란?

권한 요청은 클라이언트, 즉, 스프링 부트 서버가 특정 사용자 데이터에 접근하기 위해 권한 서버,
즉, 카카오나 구글 권한 서버에 요청을 보내는 겁니다. 요청 URI는 권한 서버마다 다르지만 보통
은 클라이언트 ID, 리다이렉트 URI, 응답 타입 등을 파라미터로 보냅니다. 실제 요청에 쓰이는 요
청 URI를 통해 주요 파라미터를 알아보겠습니다.

▼ 권한 요청을 위한 파라미터 예

```
GET spring-authorization-server.example/authorize?
    client_id=66a36b4c2&
    redirect_uri=http://localhost:8080/myapp&
    response_type=code&
    scope=profile
```

client_id

인증 서버가 클라이언트에 할당한 고유 식별자입니다. 이 값은 클라이언트 애플리케이션을 OAuth 서비스에 등록할 때 서비스에서 생성하는 값입니다.

redirect_uri

로그인 성공 시 이동해야 하는 URI입니다.

response_type

클라이언트가 제공받길 원하는 응답 타입입니다. 인증 코드를 받을 때는 code값을 포함해야 합니다.

scope

제공받고자 하는 리소스 오너의 정보 목록입니다.

데이터 접근용 권한 부여

인증 서버에 요청을 처음 보내는 경우 사용자에게 보이는 페이지를 로그인 페이지로 변경하고 사용자의 데이터에 접근 동의를 얻습니다. 이 과정은 최초 1회만 진행됩니다. 이후에는 인증 서버에서 동의 내용을 저장하고 있기 때문에 로그인만 진행합니다. 로그인이 성공되면 권한 부여 서버는 데이터에 접근할 수 있게 인증 및 권한 부여를 수신합니다.

인증 코드 제공

사용자가 로그인에 성공하면 권한 요청 시에 파라미터로 보낸 redirect_uri로 리다이렉션됩니다. 이때 파라미터에 인증 코드를 함께 제공합니다.

▼ 인증 코드 예

```
GET http://localhost:8080/myapp?code=a1s2f3mcj2
```

액세스 토큰 응답이란?

인증 코드를 받으면 액세스 토큰으로 교환해야 합니다. 액세스 토큰은 로그인 세션에 대한 보안 자격을 증명하는 식별 코드를 의미합니다. 보통 다음과 같이 /token POST 요청을 보냅니다.

▼ /token POST 요청 예

```
POST spring-authorization-server.example.com/token
{
  "client_id": "66a36b4c2",
  "client_secret": "aabb11dd44",
  "redirect_uri": "http://localhost:8080/myapp",
  "grant_type": "authorization_code",
  "code": "a1b2c3d4e5f6g7h8"
}
```

client_secret

OAtuh 서비스에 등록할 때 제공받는 비밀키입니다.

grant_type

권한 유형을 확인하는 데 사용합니다. 이때는 authorization_code로 설정해야 합니다. 권한 서버는 요청 값을 기반으로 유효한 정보인지 확인하고, 유효한 정보라면 액세스 토큰으로 응답합니다. 아래 예시와 같이 말이죠.

▼ 액세스 토큰 응답 값의 예

```
{
  "access_token": "aasdffb",
  "token_type": "Bearer",
  "expires_in": 3600,
  "scope": "openid profile",
  ... 생략 ...
}
```

액세스 토큰으로 API 응답 & 반환

이제 제공받은 액세스 토큰으로 리소스 오너의 정보를 가져올 수 있습니다. 정보가 필요할 때마다 API 호출을 통해 정보를 가져오고 리소스 서버는 토큰이 유효한지 검사한 뒤에 응답합니다.

▼ 리소스 오너의 정보를 가져오기 위한 요청 예

```
GET spring-authorization-resource-server.example.com/userinfo
Header: Authorization: Bearer aasdffb
```

여기까지가 권한 부여 코드 승인 타입의 흐름입니다. 대부분의 OAuth를 구현한 라이브러리는 이 흐름을 바탕으로 코드를 구현하기 때문에 반드시 이해하고 넘어가는 것이 좋습니다.

쿠키란?

쿠키란 사용자가 어떠한 웹사이트를 방문했을 때 해당 웹사이트의 서버에서 여러분의 로컬 환경에 저장하는 작은 데이터를 말합니다. 이 값이 있기 때문에 이전에 방문한 적이 있는지 알 수 있고, 이 전에 로그인을 했다면 로그인 정보도 유지할 수 있는 것이죠. 쿠키는 키와 값으로 이루어져 있으며 만료 기간, 도메인 등의 정보를 가지고 있습니다. HTTP 요청을 통해 쿠키의 특정 키에 값을 추가 할 수 있습니다. 쿠키는 아래와 같은 과정으로 추가됩니다.

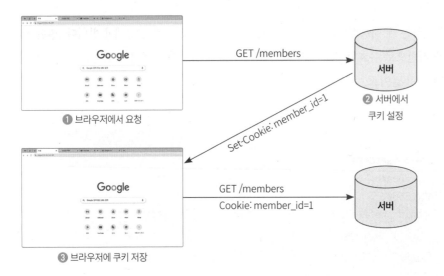

❶ 브라우저에서 요청
GET /members
서버
❷ 서버에서 쿠키 설정
Set-Cookie: member_id=1
Google
GET /members
Cookie: member_id=1
서버
❸ 브라우저에 쿠키 저장

그림을 보면 클라이언트가 정보를 요청하면 서버에서 정보를 값으로 넣은 쿠키를 생성해서 요청한 정보, 즉, HTTP 헤더와 함께 돌려보냅니다. 그러면 클라이언트는 로컬 즉, 브라우저에 쿠키를 저장 합니다. 이후 사이트에 재방문할 때는 사용자가 로컬 환경에 있는 쿠키와 함께 서버에 요청합니다. 이렇게 하면 클라이언트에 값을 저장할 수 있기 때문에 현재 사용자 관련 정보를 보여줄 수 있죠.

이제부터 8장에서 학습한 스프링 시큐리티, 9장에서 학습한 JWT, 그리고 이 장 앞부분에서 학습한 OAuth2를 이용해 소셜 로그인 서비스를 구현하겠습니다.

10.2 토큰 발급받기

구글 로그인 기능을 추가하려면 인증 서버에게 토큰을 제공받아야 합니다.

01단계 Todo 구글 클라우드 콘솔 https://cloud.google.com/cloud-console로 접속한 후 [콘솔] 버튼을 클릭합니다. 구글 콘솔을 처음 사용하는 경우 구글 클라우드 사용 동의 관련 창이 나타납니다. 구글 콘솔을 처음 사용하는 경우 사용 동의 절차를 마치 😺 구글에 가입하지 않았다면 세요. 가입을 마치고 돌아오세요.

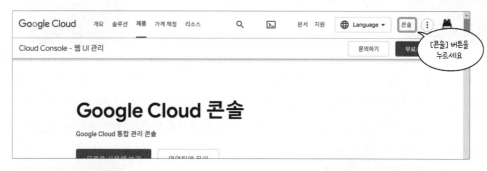

02단계 콘솔로 잘 이동했다면 [프로젝트 선택]을 누르고 [새 프로젝트] 버튼을 눌러줍니다.

프로젝트 이름은 자유롭게 지으세요. 프로젝트 이름 설정 후 [만들기] 버튼을 눌러 새 프로젝트 만들기를 완료하세요. 프로젝트 만들기가 완성되면 알림 창이 나타납니다. 알림 창이 나타나면 왼쪽 위의 버튼을 눌러 프로젝트로 이동하세요. 필자의 경우 조직 계정을 활용해 조직 선택 후 프로젝트가 보입니다. 개인 계정은 바로 프로젝트가 보입니다.

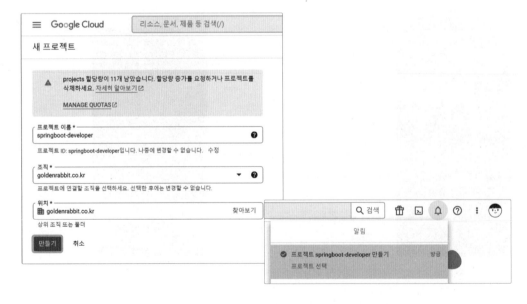

03단계 왼쪽 햄버거 메뉴에서 [API 및 서비스
→ 사용자 인증 정보] 버튼을 눌러 사용자 인증
을 관리하는 페이지로 이동합니다.

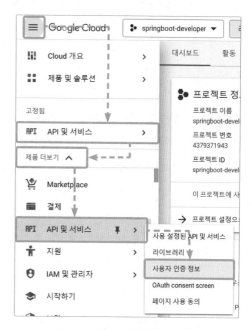

04단계 사용자 인증 정보를 만들려면 OAuth 동의 화면을 먼저 구성해야 합니다. [동의 화면 구
성] 버튼을 누르고 User Type을 외부용으로 선택한 후 [만들기] 버튼을 클릭합니다.

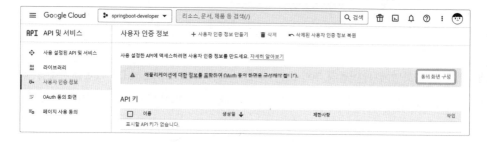

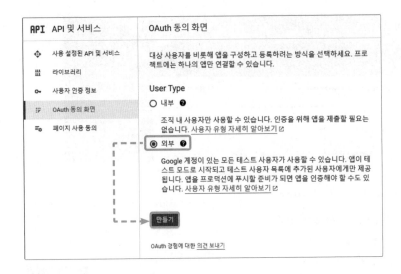

05단계 그러면 값 입력 화면이 나타납니다. 앱 이름은 springboot-developer로 입력하거나 자유롭게 입력하고 이메일, 개발자 연락처를 꼭 입력하세요. 입력을 마쳤다면 [저장 후 계속] 버튼을 눌러 다음으로 진행합니다.

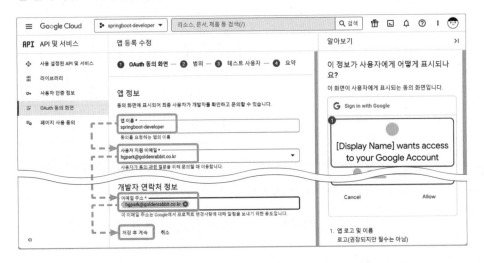

06단계 범위 설정 화면에서는 [범위 추가 또는 삭제] 버튼을 누르고 openid와 이메일 주소를 추가하고 [업데이트]를 눌러 마무리합니다. 작업을 마치면 [저장 후 계속] 버튼을 누르세요.

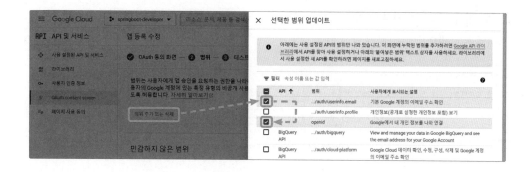

07단계 테스트 사용자는 추가하지 않습니다. [저장 후 계속] 버튼을 클릭합니다. 그러면 요약 화면이 나타납니다. 내용 확인 후 [대시 보드로 돌아가기]를 눌러 작업을 마치세요.

08단계 대시보드에서 [사용자 인증 정보 → 사용자 인증 정보 만들기→ OAuth 클라이언트 ID]를 순서대로 누르세요.

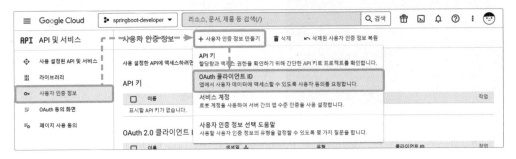

09단계 이어서 애플리케이션 유형은 [웹 애플리케이션], 이름은 springboot-developer, 승인된 리디렉션 URI에는 http://localhost:8080/login/oauth2/code/google을 입력한 뒤에 [만들기]를 누르세요. **그 뒤에 나오는 클라이언트 ID와 클라이언트 보안 비밀번호는 애플리케이션에서 사용하는 값이므로 따로 메모하세요.** 생성된 OAuth 인증값은 추후에 리소스 오너의 정보에 접근할 때 사용합니다.

만약 메모를 깜빡했다면 생성된 인증값을 눌러 들어가 확인할 수 있으니 걱정마세요.

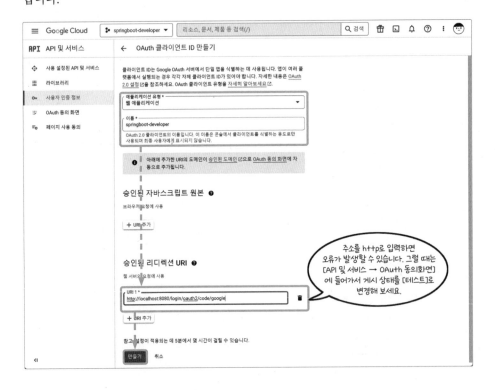

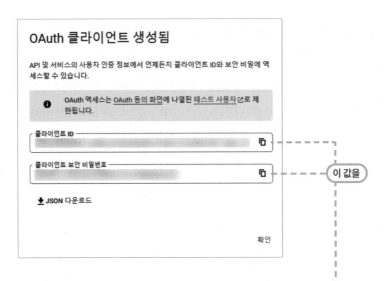

10단계 OAuth 설정값을 스프링 부트 애플리케이션 설정 파일에서 사용하기 위해 application. yml 파일을 열고 다음 내용을 추가하세요.

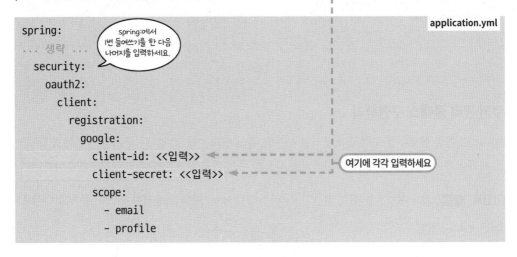

인증값은 깃허브 같은 외부 사이트에 절대로 업로드하면 안 됩니다. 인증값이 생성되었으니 설계된 내용을 바탕으로 OAuth2 로그인 구현을 시작하겠습니다.

10.3 스프링 시큐리티로 OAuth2를 구현하고 적용하기

스프링 시큐리티를 사용해 OAuth2를 구현하겠습니다. 가장 먼저 쿠키 관리 클래스를 구현하고, OAuth2에서 제공받은 인증 객체로 사용자 정보를 가져오는 역할을 하는 서비스를 구현하겠습니다. 그 뒤에는 8장 '시큐리티 설정하기'에서 구현했던 WebSecurityConfig 클래스 대신 사용할 OAuth2 설정 파일을 구현합니다. 마지막으로는 직접 테스트하도록 뷰를 구성하겠습니다.

의존성 추가하기

01단계 `To do` OAuth2를 사용하기 위해 build.gradle 파일에 의존성을 추가하고 새로고침하세요.

```build.gradle
dependencies {
... 생략 ...
  // OAuth2를 사용하기 위한 스타터 추가
  implementation 'org.springframework.boot:spring-boot-starter-oauth2-client'
}
```

쿠키 관리 클래스 구현하기

OAuth2 인증 플로우를 구현하며 쿠키를 사용할 일이 생기는데 그때마다 쿠키를 생성하고 삭제하는 로직을 추가하면 불편하므로 유틸리티로 사용할 쿠키 관리 클래스를 미리 구현하겠습니다.

01단계 `To do` util 패키지를 새로 만들고 CookieUtil.java 파일을 생성한 뒤 코드를 입력하세요.

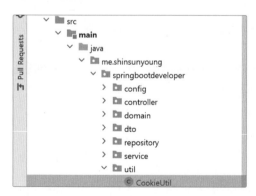

```java
public class CookieUtil {
  // 요청값(이름, 값, 만료 기간)을 바탕으로 쿠키 추가
  public static void addCookie(HttpServletResponse response, String name, String
value, int maxAge) {
    Cookie cookie = new Cookie(name, value);
    cookie.setPath("/");
    cookie.setMaxAge(maxAge);
    response.addCookie(cookie);
  }

  // 쿠키의 이름을 입력받아 쿠키 삭제
  public static void deleteCookie(HttpServletRequest request, HttpServletResponse
response, String name) {
    Cookie[] cookies = request.getCookies();
    if (cookies == null) {
      return;
    }

    for (Cookie cookie : cookies) {
      if (name.equals(cookie.getName())) {
        cookie.setValue("");
        cookie.setPath("/");
        cookie.setMaxAge(0);
        response.addCookie(cookie);
      }
    }
  }

  // 객체를 직렬화해 쿠키의 값으로 변환
  public static String serialize(Object obj) {
    return Base64.getUrlEncoder()
            .encodeToString(SerializationUtils.serialize(obj));
  }

  // 쿠키를 역직렬화해 객체로 변환
  public static <T> T deserialize(Cookie cookie, Class<T> cls) {
    return cls.cast(
            SerializationUtils.deserialize(
                    Base64.getUrlDecoder().decode(cookie.getValue())
            )
```

```
    );
  }
}
```

addCookie

요청값(이름, 값, 만료 기간)을 바탕으로 HTTP 응답에 쿠키를 추가합니다.

deleteCookie

쿠키 이름을 입력받아 쿠키를 삭제합니다. 실제로 삭제하는 방법은 없으므로 파라미터로 넘어온 키의 쿠키를 빈 값으로 바꾸고 만료 시간을 0으로 설정해 쿠키가 재생성 되자마자 만료 처리합니다.

serialize

객체를 직렬화해 쿠키의 값에 들어갈 값으로 변환합니다.

deserialize

쿠키를 역직렬화 객체로 변환합니다.

OAuth2 서비스 구현하기

사용자 정보를 조회해 users 테이블에 사용자 정보가 있다면 리소스 서버에서 제공해주는 이름을 업데이트합니다. 사용자 정보가 없다면 users 테이블에 새 사용자를 생성해 데이터베이스에 저장하는 서비스를 구현합니다.

01단계 `To do` domain 패키지의 User.java 파일에 사용자 이름을 추가합니다.

```
                                                                    User.java
public class User implements UserDetails {

... 생략 ...

  // 사용자 이름
  @Column(name = "nickname", unique = true)
  private String nickname;
```

```
  // 생성자에 nickname 추가
  @Builder
  public User(String email, String password, String nickname) {
    this.email = email;
    this.password = password;
    this.nickname = nickname;
  }

... 생략 ...

  // 사용자 이름 변경
  public User update(String nickname) {
    this.nickname = nickname;

    return this;
  }
}
```

02단계 config 패키지에 oauth 패키지를 만들고 OAuth2UserCustomService.java 파일을 생성한 다음 리소스 서버에서 보내주는 사용자 정보를 불러오는 메서드인 loadUser()를 통해 사용자를 조회하고, users 테이블에 사용자 정보가 있다면 이름을 업데이트하고 없다면 saveOrUpdate() 메서드를 실행해 users 테이블에 회원 데이터를 추가합니다.

OAuth2UserCustomService.java

```
@RequiredArgsConstructor
@Service
public class OAuth2UserCustomService extends DefaultOAuth2UserService {
  private final UserRepository userRepository;

  @Override
  public OAuth2User loadUser(OAuth2UserRequest userRequest) throws
OAuth2AuthenticationException {
    // 요청을 바탕으로 유저 정보를 담은 객체 반환
    OAuth2User user = super.loadUser(userRequest);
    saveOrUpdate(user);
    return user;
  }
```

```
// 유저가 있으면 업데이트, 없으면 유저 생성
private User saveOrUpdate(OAuth2User oAuth2User) {
  Map<String, Object> attributes = oAuth2User.getAttributes();
  String email = (String) attributes.get("email");
  String name = (String) attributes.get("name");
  User user = userRepository.findByEmail(email)
          .map(entity -> entity.update(name))
          .orElse(User.builder()
                  .email(email)
                  .nickname(name)
                  .build());
  return userRepository.save(user);
  }
}
```

부모 클래스인 DefaultOAuth2UserService에서 제공하는 OAuth 서비스에서 제공하는 정보를 기반으로 유저 객체를 만들어주는 loadUser() 메서드를 사용해 사용자 객체를 불러옵니다. 사용자 객체는 식별자, 이름, 이메일, 프로필 사진 링크 등의 정보를 담고 있습니다. 다음 그림은 이해를 돕기 위해 불러온 객체입니다. 그리고 saveOrUpdate() 메서드는 사용자가 user 테이블에 있으면 업데이트하고 없으면 사용자를 새로 생성해서 데이터베이스에 저장합니다.

OAuth2 설정 파일 작성하기

OAuth2와 JWT를 함께 사용하려면 기존 스프링 시큐리티를 구현하며 작성한 설정이 아니라 다른 설정을 사용해야 합니다. OAuth2, JWT에 알맞게 설정 파일을 수정하겠습니다.

01단계 `To do` 기존의 폼 로그인 방식을 사용하기 위해 구성했던 설정 파일인 WebSecurityConfig.java 내용을 모두 주석 처리합니다.

😆 `Ctrl + /` 을 눌러 주석 처리하세요.

```
16   //@RequiredArgsConstructor
17   //@Configuration
18   //public class WebSecurityConfig {
19   //
     ± aegis
20   //   private final UserDetailService userService;
21   //
22   /* // ● 스프링 시큐리티 기능 비활성화
23   //   @Bean
24   //   public WebSecurityCustomizer configure() {
25   //     return (web) -> web.ignoring()
26   //         .requestMatchers(toH2Console())
     ± aegis
27   //         .requestMatchers("/static/**");
28   //   }
29   //
30   //   // ● 특정 HTTP 요청에 대한 웹 기반 보안 구성
31   //   @Bean
32   //   public SecurityFilterChain filterChain(HttpSecurity http) throws Exception {
33   //     return http
```

02단계 config 패키지에 WebOAuthSecurityConfig.java 파일을 생성하고 코드를 작성합니다.

```
                                                  /config/WebOAuthSecurityConfig.java
@RequiredArgsConstructor
@Configuration
public class WebOAuthSecurityConfig {

  private final OAuth2UserCustomService oAuth2UserCustomService;
  private final TokenProvider tokenProvider;
  private final RefreshTokenRepository refreshTokenRepository;
  private final UserService userService;

  @Bean
  public WebSecurityCustomizer configure() { // 스프링 시큐리티 기능 비활성화
      return (web) -> web.ignoring()
          .requestMatchers(toH2Console())
          .requestMatchers(
                  new AntPathRequestMatcher("/img/**"),
                  new AntPathRequestMatcher("/css/**"),
                  new AntPathRequestMatcher("/js/**")
          );
  }


  @Bean
  public SecurityFilterChain filterChain(HttpSecurity http) throws Exception {
```

```java
    // ① 토큰 방식으로 인증을 하기 때문에 기존에 사용하던 폼 로그인, 세션 비활성화
    return http
        .csrf(AbstractHttpConfigurer::disable)
        .httpBasic(AbstractHttpConfigurer::disable)
        .formLogin(AbstractHttpConfigurer::disable)
        .logout(AbstractHttpConfigurer::disable)
        .sessionManagement(management -> management.sessionCreationPolicy(SessionCreationPolicy.STATELESS))
        // ② 헤더를 확인할 커스텀 필터 추가
        .addFilterBefore(tokenAuthenticationFilter(), UsernamePasswordAuthenticationFilter.class)
        // ③ 토큰 재발급 URL은 인증 없이 접근 가능하도록 설정. 나머지 API URL은 인증
필요
        .authorizeRequests(auth -> auth
            .requestMatchers(new AntPathRequestMatcher("/api/token")).permitAll()
            .requestMatchers(new AntPathRequestMatcher("/api/**")).authenticated()
            .anyRequest().permitAll())
        .oauth2Login(oauth2 -> oauth2
            .loginPage("/login")
            // ④ Authorization 요청과 관련된 상태 저장
            .authorizationEndpoint(authorizationEndpoint ->
authorizationEndpoint.authorizationRequestRepository(oAuth2AuthorizationRequestBasedOnCookieRepository()))
            .userInfoEndpoint(userInfoEndpoint -> userInfoEndpoint.userService(oAuth2UserCustomService))
            // ⑤ 인증 성공 시 실행할 핸들러
            .successHandler(oAuth2SuccessHandler())
        )
        // ⑥ /api로 시작하는 url인 경우 401 상태 코드를 반환하도록 예외 처리
        .exceptionHandling(exceptionHandling -> exceptionHandling
            .defaultAuthenticationEntryPointFor(
                new HttpStatusEntryPoint(HttpStatus.UNAUTHORIZED),
                new AntPathRequestMatcher("/api/**")
        ))
        .build();
}

@Bean
```

> import org.springframework.security.config.annotation.web.configurers.AbstractHttpConfigurer;를 임포트하세요

다음에 작성할 파일이므로 빨간줄이 생겨도 당황하지 마세요

```
    public OAuth2SuccessHandler oAuth2SuccessHandler() {
        return new OAuth2SuccessHandler(tokenProvider,
            refreshTokenRepository,
            oAuth2AuthorizationRequestBasedOnCookieRepository(),
            userService
        );
    }

    @Bean
    public TokenAuthenticationFilter tokenAuthenticationFilter() {
        return new TokenAuthenticationFilter(tokenProvider);
    }
```

바로 다음에 작성할 파일이므로 빨간줄이 생겨도 당황하지 마세요

```
    @Bean
    public OAuth2AuthorizationRequestBasedOnCookieRepository oAuth2AuthorizationReq
uestBasedOnCookieRepository() {
        return new OAuth2AuthorizationRequestBasedOnCookieRepository();
    }

    @Bean
    public BCryptPasswordEncoder bCryptPasswordEncoder() {
        return new BCryptPasswordEncoder();
    }
}
```

❶ filterChain() 메서드

토큰 방식으로 인증을 하므로 기존 폼 로그인, 세션 기능을 비활성화합니다.

❷ addFilterBefore() 헤더값 확인용 커스텀 필터 추가

헤더값을 확인할 커스텀 필터를 추가합니다. 이 필터는 9장 '토큰 필터 구현하기'에서 구현한 TokenAuthenticationFilter 클래스입니다.

❸ authorizeRequests() 메서드 URL 인증 설정

토큰 재발급 URL은 인증 없이 접근하도록 설정하고 나머지 API들은 모두 인증을 해야 접근하도록 설정합니다.

❹, ❺ *oauth2Login() 메서드 이후 체인 메서드 수정*

OAuth2에 필요한 정보를 세션이 아닌 쿠키에 저장해서 쓸 수 있도록 인증 요청과 관련된 상태를 저장할 저장소를 설정합니다. 인증 성공 시 실행할 핸들러도 설정합니다. 해당 클래스는 아직 구현하지 않았으므로 에러가 발생할 겁니다. 바로 다음에 관련 코드를 작성하므로 우선 넘어갑니다.

❻ *exceptionHandling() 메서드 예외 처리 설정*

/api로 시작하는 url인 경우 인증 실패 시 401 상태 코드 즉 Unauthorized를 반환합니다.

03단계 OAuth2에 필요한 정보를 세션이 아닌 쿠키에 저장해서 쓸 수 있도록 인증 요청과 관련된 상태를 저장할 저장소를 구현하겠습니다. config/oauth 패키지에 OAuth2Authorization RequestBasedOnCookieRepository.java 파일을 생성합니다. 권한 인증 흐름에서 클라이언트의 요청을 유지하는 데 사용하는 AuthorizationRequestRepository 클래스를 구현해 쿠키를 사용해 OAuth의 정보를 가져오고 저장하는 로직을 작성하겠습니다.

OAuth2AuthorizationRequestBasedOnCookieRepository.java

```java
public class OAuth2AuthorizationRequestBasedOnCookieRepository implements
        AuthorizationRequestRepository<OAuth2AuthorizationRequest> {

  public final static String OAUTH2_AUTHORIZATION_REQUEST_COOKIE_NAME = "oauth2_
auth_request";
  private final static int COOKIE_EXPIRE_SECONDS = 18000;

  @Override
  public OAuth2AuthorizationRequest removeAuthorizationRequest(HttpServletRequest
request, HttpServletResponse response) {
    return this.loadAuthorizationRequest(request);
  }

  @Override
  public OAuth2AuthorizationRequest loadAuthorizationRequest(HttpServletRequest
request) {
    Cookie cookie = WebUtils.getCookie(request, OAUTH2_AUTHORIZATION_REQUEST_
COOKIE_NAME);
    return CookieUtil.deserialize(cookie, OAuth2AuthorizationRequest.class);
  }
```

```
  @Override
  public void saveAuthorizationRequest(OAuth2AuthorizationRequest
authorizationRequest, HttpServletRequest request, HttpServletResponse response) {
    if (authorizationRequest == null) {
      removeAuthorizationRequestCookies(request, response);
      return;
    }
    CookieUtil.addCookie(response, OAUTH2_AUTHORIZATION_REQUEST_COOKIE_NAME,
CookieUtil.serialize(authorizationRequest), COOKIE_EXPIRE_SECONDS);
  }

  public void removeAuthorizationRequestCookies(HttpServletRequest request,
HttpServletResponse response) {
    CookieUtil.deleteCookie(request, response, OAUTH2_AUTHORIZATION_REQUEST_
COOKIE_NAME);
  }
}
```

04단계 이어서 인증 성공 시 실행할 핸들러를 구현하겠습니다. 해당 빈을 구현할 때 사용할 메서드를 만들기 위해 service 패키지의 UserService.java 파일을 연 뒤 다음과 같이 수정합니다. BCryptPasswordEncoder를 삭제하고 BCryptPasswordEncoder를 생성자를 사용해 직접 생성해서 패스워드를 암호화할 수 있게 코드를 수정한 다음 findByEmail() 메서드를 추가합니다.

UserService.java

```
@RequiredArgsConstructor
@Service
public class UserService {

  private final UserRepository userRepository;

  public Long save(AddUserRequest dto) {
    BCryptPasswordEncoder encoder = new BCryptPasswordEncoder();

    return userRepository.save(User.builder()
            .email(dto.getEmail())
            .password(encoder.encode(dto.getPassword()))
            .build()).getId();
  }
```

```
// 메서드 추가
public User findById(Long userId) {
  return userRepository.findById(userId)
          .orElseThrow(() -> new IllegalArgumentException("Unexpected user"));
}

public User findByEmail(String email) {
  return userRepository.findByEmail(email)
          .orElseThrow(() -> new IllegalArgumentException("Unexpected user"));
}
}
```

findByEmail( ) 메서드는 이메일을 입력받아 users 테이블에서 유저를 찾고, 없으면 예외를 발생시킵니다.

ⓘ OAuth2에서 제공하는 이메일은 유일 값이므로 해당 메서드를 사용해 유저를 찾을 수 있습니다.

05단계 config/oauth 패키지에 OAuth2SuccessHandler.java 파일을 생성해 다음과 같이 작성합니다.

```
                                                          OAuth2SuccessHandler.java
@RequiredArgsConstructor
@Component
public class OAuth2SuccessHandler extends SimpleUrlAuthenticationSuccessHandler {
  public static final String REFRESH_TOKEN_COOKIE_NAME = "refresh_token";
  public static final Duration REFRESH_TOKEN_DURATION = Duration.ofDays(14);
  public static final Duration ACCESS_TOKEN_DURATION = Duration.ofDays(1);
  public static final String REDIRECT_PATH = "/articles";

  private final TokenProvider tokenProvider;
  private final RefreshTokenRepository refreshTokenRepository;
  private final OAuth2AuthorizationRequestBasedOnCookieRepository
authorizationRequestRepository;
  private final UserService userService;

  @Override
  public void onAuthenticationSuccess(HttpServletRequest request,
HttpServletResponse response, Authentication authentication) throws IOException {
    OAuth2User oAuth2User = (OAuth2User) authentication.getPrincipal();
```

```java
    User user = userService.findByEmail((String) oAuth2User.getAttributes().
get("email"));

    // ① 리프레시 토큰 생성 -> 저장 -> 쿠키에 저장
    String refreshToken = tokenProvider.generateToken(user, REFRESH_TOKEN_DURATION);
    saveRefreshToken(user.getId(), refreshToken);
    addRefreshTokenToCookie(request, response, refreshToken);
    // ② 액세스 토큰 생성 -> 패스에 액세스 토큰 추가
    String accessToken = tokenProvider.generateToken(user, ACCESS_TOKEN_DURATION);
    String targetUrl = getTargetUrl(accessToken);
    // ③ 인증 관련 설정값, 쿠키 제거
    clearAuthenticationAttributes(request, response);
    // ④ 리다이렉트
    getRedirectStrategy().sendRedirect(request, response, targetUrl);
}


// 생성된 리프레시 토큰을 전달받아 데이터베이스에 저장
private void saveRefreshToken(Long userId, String newRefreshToken) {
    RefreshToken refreshToken = refreshTokenRepository.findByUserId(userId)
            .map(entity -> entity.update(newRefreshToken))
            .orElse(new RefreshToken(userId, newRefreshToken));


    refreshTokenRepository.save(refreshToken);
}


// 생성된 리프레시 토큰을 쿠키에 저장
private void addRefreshTokenToCookie(HttpServletRequest request,
HttpServletResponse response, String refreshToken) {
    int cookieMaxAge = (int) REFRESH_TOKEN_DURATION.toSeconds();
    CookieUtil.deleteCookie(request, response, REFRESH_TOKEN_COOKIE_NAME);
    CookieUtil.addCookie(response, REFRESH_TOKEN_COOKIE_NAME, refreshToken,
cookieMaxAge);
}


// 인증 관련 설정값, 쿠키 제거
private void clearAuthenticationAttributes(HttpServletRequest request,
HttpServletResponse response) {
    super.clearAuthenticationAttributes(request);
```

```
        authorizationRequestRepository.removeAuthorizationRequestCookies(request,
    response);
    }

    // 액세스 토큰을 패스에 추가
    private String getTargetUrl(String token) {
        return UriComponentsBuilder.fromUriString(REDIRECT_PATH)
                .queryParam("token", token)
                .build()
                .toUriString();
    }
}
```

스프링 시큐리티의 기본 로직에서는 별도의 authenticationSuccessHandler를 지정하지 않으면 로그인 성공 이후 SimpleUrlAuthenticationSuccessHandler를 사용합니다. 일반적인 로직은 동일하게 사용하고, 토큰과 관련된 작업만 추가로 처리하기 위해 SimpleUrlAuthenticationSuccessHandler을 상속받은 뒤에 onAuthenticationSuccess() 메서드를 오버라이드하겠습니다.

❶ 리프레시 토큰 생성, 저장, 쿠키에 저장

토큰 제공자를 사용해 리프레시 토큰을 만든 뒤에, saveRefreshToken() 메서드를 호출해 해당 리프레시 토큰을 데이터베이스에 유저 아이디와 함께 저장합니다. 그 이후에는 클라이언트에서 액세스 토큰이 만료되면 재발급 요청하도록 addRefreshTokenToCookie() 메서드를 호출해 쿠키에 리프레시 토큰을 저장합니다.

❷ 액세스 토큰 생성, 패스에 액세스 토큰 추가

토큰 제공자를 사용해 액세스 토큰을 만든 뒤에 쿠키에서 리다이렉트 경로가 담긴 값을 가져와 쿼리 파라미터에 액세스 토큰을 추가합니다.

▼ 액세스 토큰을 클라이언트에게 전달

```
http://localhost:8080/articles?token=eyJ0eXAiOiJKV1QiLCJhbGciOiJIUzI1NiJ9.eyJpc3M
iOiJhanVmcmVVzaEBnbWFpbC5j…
```

인증 프로세스를 진행하면서 세션과 쿠키에 임시로 저장해둔 인증 관련 데이터를 제거합니다. 기본적으로 제공하는 메서드인 clearAuthenticationAttributes()는 그대로 호출하고 remove AuthorizationRequestCookies()를 추가로 호출해 OAuth 인증을 위해 저장된 정보도 삭제합니다.

❷에서 만든 URL로 리다이렉트합니다.

글에 글쓴이 추가하기

OAuth를 위한 로직이 모두 완성되었으므로 글에 글쓴이를 추가하는 작업을 진행하겠습니다.

01단계 To do domain 패키지의 Article.java 파일을 연 다음 author 변수를 추가합니다. 이후에 빌더 패턴에서도 author를 추가해 객체를 생성할 때 글쓴이author를 입력받을 수 있게 변경합니다.

```java
public class Article {                                        Article.java

  ... 생략 ...
  @Column(name = "author", nullable = false)
  private String author;

  @Builder
  public Article(String author, String title, String content) {
    this.author = author;
    this.title = title;
    this.content = content;
  }
}
```

02단계 기존 글을 작성하는 API에서 작성자를 추가로 저장하기 위해 DTO 패키지의 AddArticleRequest.java 파일을 열고 toEntity() 메서드를 수정해 author값도 추가 저장하도록 변경합니다.

```
public class AddArticleRequest {                              AddArticleRequest.java

... 생략 ...
  public Article toEntity(String author) {
    return Article.builder()
        .title(title)
        .content(content)
        .author(author)
        .build();
  }
}
```

03단계 service 패키지의 BlogService.java 파일을 연 다음 save() 메서드에서 유저 이름을 추가로 입력받고 toEntity()의 인수로 전달받은 유저 이름을 반환하도록 코드를 수정합니다.

```
public class BlogService {                                         BlogService.java

... 생략 ...
  public Article save(AddArticleRequest request, String userName) {
    return blogRepository.save(request.toEntity(userName));
  }
}
```

04단계 controller 패키지의 BlogApiController.java 파일을 연 다음 현재 인증 정보를 가져오는 principal 객체를 파라미터로 추가합니다. 인증 객체에서 유저 이름을 가져온 뒤 save() 메서드로 넘겨줍니다.

```
@RequiredArgsConstructor                                    BlogApiController.java
@RestController
public class BlogApiController {

  private final BlogService blogService;


  @PostMapping("/api/articles")
  public ResponseEntity<Article> addArticle(@RequestBody AddArticleRequest request,
```

```
Principal principal) {
    Article savedArticle = blogService.save(request, principal.getName());

    return ResponseEntity.status(HttpStatus.CREATED)
        .body(savedArticle);
  }

... 생략 ...
}
```

05단계 글 상세 페이지에서도 글쓴이의 정보가 보여야 하므로 dto 패키지의 ArticleView
Response.java 파일을 수정해야 합니다. author 필드를 추가합니다.

ArticleViewResponse.java

```
public class ArticleViewResponse {

... 생략 ...
  private String author;

  public ArticleViewResponse(Article article) {
    this.id = article.getId();
    this.title = article.getTitle();
    this.content = article.getContent();
    this.createdAt = article.getCreatedAt();
    this.author = article.getAuthor();
  }
}
```

06단계 스프링 부트 애플리케이션이 실행될 때마다 데이터를 추가하기 위해 data.sql 파일에도
author 컬럼을 추가합니다.

data.sql

```
INSERT INTO article (title, content, author, created_at, updated_at) VALUES ('제목
1', '내용1', 'user1', NOW(), NOW())
INSERT INTO article (title, content, author, created_at, updated_at) VALUES ('제목
2', '내용2', 'user2', NOW(), NOW())
INSERT INTO article (title, content, author, created_at, updated_at) VALUES ('제목
3', '내용3', 'user3', NOW(), NOW())
```

07단계 이제 뷰에서 글쓴이의 정보를 알 수 있게 뷰를 수정해보겠습니다. article.html 파일을 연 다음 글쓴이의 정보를 가져올 수 있게 코드를 수정합니다.

```html
... 생략 ...                                                article.html
<header class="mb-4">
        <h1 class="fw-bolder mb-1" th:text="${article.title}"></h1>
<div class="text-muted fst-italic mb-2" th:text="¦Posted on ${#temporals.
format(article.createdAt, 'yyyy-MM-dd HH:mm')} By ${article.author}¦"></div>
... 생략 ...
```

OAuth 뷰 구성하기

모든 비즈니스 로직이 완성되었으므로 마지막으로 OAuth의 뷰를 구성하겠습니다.

01단계 `To do` controller 패키지의 UserViewController.java 파일을 연 다음 login() 메서드의 뷰를 oauthLogin으로 변경합니다.

```java
                                              UserViewController.java
@Controller
public class UserViewController {
  @GetMapping("/login")
  public String login() {
    return "oauthLogin";
  }
... 생략 ...
}
```

02단계 로그인 화면에서 사용할 이미지를 구글 로그인 브랜드 페이지에서 다운로드하겠습니다. https://developers.google.com/identity/branding-guidelines에 접속한 다음 [파일 다운로드] 버튼을 눌러 이미지 파일을 다운로드하세요.

03단계 압축 파일을 해제하고 signin-assets/Web(mobile+desktop)/png@1x/dark에서 아래 화면을 참고해 SignIn 이미지를 복사합니다.

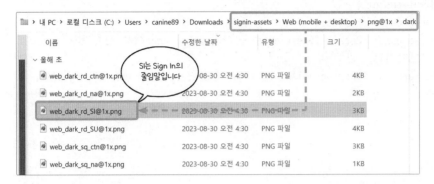

04단계 /resources/static/img 디렉터리를 만들고 복사한 파일을 붙여넣습니다. 그런 다음 파일명을 google.png로 변경합니다.

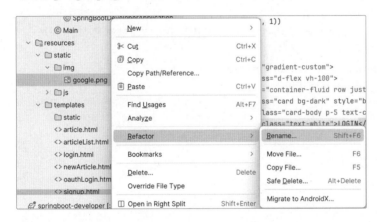

05단계 이제 이 이미지를 활용해서 로그인 화면에 OAuth 연결 버튼을 생성해봅시다. templates 디렉터리에 oauthLogin.html 파일을 생성한 다음 코드를 입력하세요.

oauthLogin.html

혹시 HTML 코드 작성이 익숙하지 않다면 깃허브를 참고하여 입력해도 괜찮습니다.

```
<!DOCTYPE html>
<html lang="en">
<head>
  <meta charset="UTF-8">
  <title>Title</title>
  <link rel="stylesheet" href="https://cdn.jsdelivr.net/npm/bootstrap@4.6.1/dist/
css/bootstrap.min.css">
```

```
  <style>
      .gradient-custom {
          background: #6a11cb;
          background: -webkit-linear-gradient(to right, rgba(106, 17, 203, 1),
rgba(37, 117, 252, 1));
          background: linear-gradient(to right, rgba(106, 17, 203, 1), rgba(37,
117, 252, 1))
      }
  </style>
</head>
<body class="gradient-custom">
<section class="d-flex vh-100">
  <div class="container-fluid row justify-content-center align-content-center">
    <div class="card bg-dark" style="border-radius: 1rem;">
      <div class="card-body p-5 text-center">
        <h2 class="text-white">LOGIN</h2>
        <p class="text-white-50 mt-2 mb-5">서비스 사용을 위해 로그인을 해주세요!</p>
        <div class = "mb-2">
          <a href="/oauth2/authorization/google">
            <img src="/img/google.png">
          </a>
        </div>
      </div>
    </div>
  </div>
</section>
</body>
</html>
```

06단계 이제 HTML 파일과 연결할 자바스크립트 파일을 만들겠습니다. /resources/static/js 디렉터리에 token.js 파일을 만들어 다음과 같이 작성하세요. 이 코드는 파라미터로 받은 토큰이 있다면 토큰을 로컬 스토리지에 저장합니다.

```
                                                              token.js
const token = searchParam('token')

if (token) {
  localStorage.setItem("access_token", token)
```

```
}

function searchParam(key) {
  return new URLSearchParams(location.search).get(key);
}
```

07단계 articleList.html에서 token.js를 가져올 수 있도록 파일을 수정합니다.

```
... 생략 ...                                                       articleList.html
<script src="/js/token.js"></script>
<script src="/js/article.js"></script>
</body>
```

08단계 이어서 /resources/static/js 패키지에 있는 article.js 파일을 열어 기존 create
Button 관련 코드를 수정합니다. 이 수정을 마치면 토큰 기반 요청을 사용합니다.

```
... 생략 ...                                                            article.js
// 생성 기능
const createButton = document.getElementById("create-btn");

if (createButton) {
  // 등록 버튼을 클릭하면 /api/articles로 요청을 보냄
  createButton.addEventListener("click", (event) => {
    body = JSON.stringify({
      title: document.getElementById("title").value,
      content: document.getElementById("content").value,
    });
    function success() {
      alert("등록 완료되었습니다.");
      location.replace("/articles");
    }
    function fail() {
      alert("등록 실패했습니다.");
      location.replace("/articles");
    }

    httpRequest("POST", "/api/articles", body, success, fail);
  });
```

```javascript
}

// 쿠키를 가져오는 함수
function getCookie(key) {
  var result = null;
  var cookie = document.cookie.split(";");
  cookie.some(function (item) {
    item = item.replace(" ", "");

    var dic = item.split("=");

    if (key === dic[0]) {
      result = dic[1];
      return true;
    }
  });

  return result;
}

// HTTP 요청을 보내는 함수
function httpRequest(method, url, body, success, fail) {
  fetch(url, {
    method: method,
    headers: {
      // 로컬 스토리지에서 액세스 토큰 값을 가져와 헤더에 추가
      Authorization: "Bearer " + localStorage.getItem("access_token"),
      "Content-Type": "application/json",
    },
    body: body,
  }).then((response) => {
    if (response.status === 200 || response.status === 201) {
      return success();
    }
    const refresh_token = getCookie("refresh_token");
    if (response.status === 401 && refresh_token) {
      fetch("/api/token", {
        method: "POST",
        headers: {
          Authorization: "Bearer " + localStorage.getItem("access_token"),
```

```
        "Content-Type": "application/json",
      },
      body: JSON.stringify({
        refreshToken: getCookie("refresh_token"),
      }),
    })
      .then((res) => {
        if (res.ok) {
          return res.json();
        }
      })
      .then((result) => {
        // 재발급이 성공하면 로컬 스토리지값을 새로운 액세스 토큰으로 교체
        localStorage.setItem("access_token", result.accessToken);
        httpRequest(method, url, body, success, fail);
      })
      .catch((error) => fail());
  } else {
    return fail();
  }
  });
}
```

이 코드는 POST 요청을 보낼 때 액세스 토큰도 함께 보냅니다. 만약 응답에 권한이 없다는 에러 코드가 발생하면 리프레시 토큰과 함께 새로운 액세스 토큰을 요청하고, 전달받은 액세스 토큰으로 다시 API를 요청합니다.

09단계 계속해서 article.js를 수정합시다. 삭제, 수정 기능도 만들어 둔 httpRequest() 함수를 사용하도록 코드를 추가합니다.

article.js

```
// 삭제 기능
const deleteButton = document.getElementById("delete-btn");

if (deleteButton) {
  deleteButton.addEventListener("click", (event) => {
    let id = document.getElementById("article-id").value;
    function success() {
      alert("삭제가 완료되었습니다.");
```

```
      location.replace("/articles");
    }

    function fail() {
      alert("삭제 실패했습니다.");
      location.replace("/articles");
    }

    httpRequest("DELETE", "/api/articles/" + id, null, success, fail);
  });
}

// 수정 기능
const modifyButton = document.getElementById("modify-btn");

if (modifyButton) {
  modifyButton.addEventListener("click", (event) => {
    let params = new URLSearchParams(location.search);
    let id = params.get("id");

    body = JSON.stringify({
      title: document.getElementById("title").value,
      content: document.getElementById("content").value,
    });

    function success() {
      alert("수정 완료되었습니다.");
      location.replace("/articles/" + id);
    }

    function fail() {
      alert("수정 실패했습니다.");
      location.replace("/articles/" + id);
    }

    httpRequest("PUT", "/api/articles/" + id, body, success, fail);
  });
}
  ... 생략 ...
```

글 수정, 삭제, 글쓴이 확인 로직 추가하기

이제 글을 수정하거나 삭제할 때 요청 헤더에 토큰을 전달하므로 사용자 자신이 작성한 글인지 검증할 수 있습니다. 따라서 본인 글이 아닌데 수정, 삭제를 시도하는 경우에 예외를 발생시키도록 코드를 수정합시다.

01단계 `To do` BlogService.java 파일을 연 다음 코드를 수정하세요.

```
                                                              BlogService.java
@RequiredArgsConstructor
@Service
public class BlogService {

  private final BlogRepository blogRepository;

  ... 생략 ...

  public void delete(long id) {
      Article article = blogRepository.findById(id)
              .orElseThrow(() -> new IllegalArgumentException("not found : " +
id));

      authorizeArticleAuthor(article);
      blogRepository.delete(article);
  }

  @Transactional
  public Article update(long id, UpdateArticleRequest request) {
      Article article = blogRepository.findById(id)
              .orElseThrow(() -> new IllegalArgumentException("not found : " + id));

      authorizeArticleAuthor(article);
      article.update(request.getTitle(), request.getContent());

      return article;
  }

  // 게시글을 작성한 유저인지 확인
  private static void authorizeArticleAuthor(Article article) {
      String userName = SecurityContextHolder.getContext().getAuthentication().
getName();
```

```
    if (!article.getAuthor().equals(userName)) {
        throw new IllegalArgumentException("not authorized");
    }
  }


}
```

수정, 삭제 메서드는 작업을 수행하기 전 authorizeArticleAuthor() 메서드를 실행해 현재 인증 객체에 담겨 있는 사용자의 정보와 글을 작성한 사용자의 정보를 비교합니다. 만약 서로 다르면 예외를 발생시켜 작업을 수행하지 않습니다.

10.4 OAuth2 실행 테스트하기

01단계 To do 스프링 부트 애플리케이션을 실행한 다음 http://localhost:8080/login에 접속하고 [구글로 로그인하기] 버튼을 클릭합니다. 버튼을 클릭하면 구글 로그인 페이지가 나타날 겁니다. 이것이 바로 OAuth2를 이용해 로그인하는 겁니다.

02단계 로그인이 완료되면 /articles로 리다이렉트되며, 쿼리 파라미터에 token, 액세스 토큰을 요청 헤더로 전달합니다. 그 뒤에 브라우저의 메뉴에서 [도구 더보기] → [개발자 도구]를 클릭해 개발자 도구를 열어 [Application]의 [Local Storage]를 클릭하면 스프링 부트 애플리케이션으로부터 전달받은 액세스 토큰을 저장한다는 것을 확인할 수 있습니다.

리프레시 토큰도 잘 있나 확인해볼까요? [Cookies]를 누르면 리프레시 토큰도 잘 저장되어 있습니다.

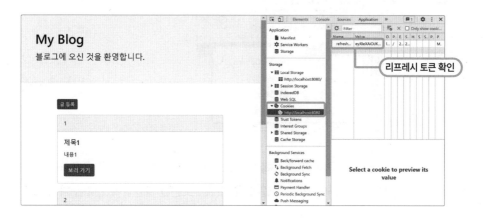

03단계 /new-article로 이동해 글을 등록해봅니다. 글 등록 시 액세스 토큰이 유효하므로 인증 필터를 통과하고 글도 잘 등록됩니다.

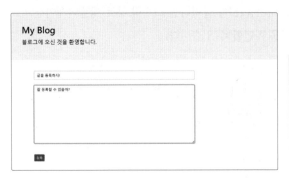

04단계 액세스 토큰이 만료되거나 삭제되면 어떤 API 요청 흐름이 발생하는지 알기 위해 [개발자 도구]의 [Application → Local Storage]에 들어간 후 access_token을 우클릭하고 [Delete]를 눌러 값을 삭제해봅시다.

05단계 다시 /new-article로 이동한 뒤 글 등록을 시도해봅니다. 액세스 토큰은 유효하지 않지만 리프레시 토큰이 있으므로 /token API를 호출해 새 액세스 토큰을 발급받아 인증을 다시 요청해 인증 필터를 통과해 글이 잘 등록됩니다.

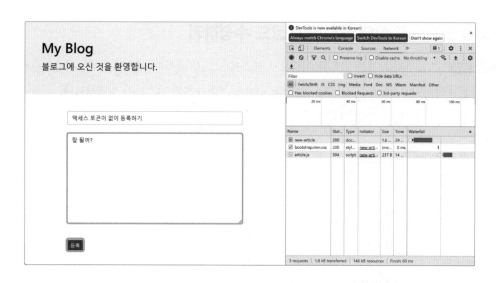

Name	Stat...	Type	Initiator	Size	Time	Waterfall ▲
▤ new-article	200	doc...		1.6 ...	26 ...	
☑ bootstrap.min.css	200	styl...	new-arti...	(me...	0 ms	
⊞ article.js	200	script	new-arti...	(me...	0 ms	
☐ articles	401	fetch	article.js:...	291 B	15 ...	
☐ token	200	fetch	article.js:...	580 B	20 ...	
☐ articles	201	fetch	article.js:...	332 B	Pen...	

> 액세스 토큰이 없어서 실패했지만 다시
> 액세스 토큰을 발급받아 인증 요청

06단계 이번에는 내가 작성하지 않은 글을 수정하거나 삭제하면 어떻게 되는지 확인해봅시다. 내가 작성한 글이 아닌 글을 삭제하려고 하면 삭제 실패 메시지가 나오고, 삭제가 되지 않습니다. 이는 수정도 마찬가지입니다.

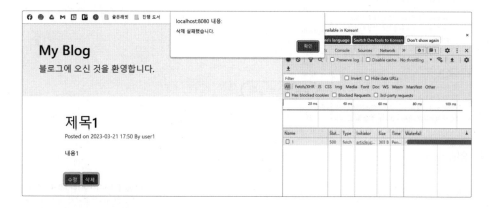

10.5 테스트 코드 실패 해결하고 코드 수정하기

01단계 `To do` 지금까지 작성한 코드를 기준으로 테스트 코드를 작성해 테스트를 해봅시다. test 디렉터리를 우클릭하고 [Run 'Tests in 'springboot-...']를 누르면 테스트가 실행됩니다.

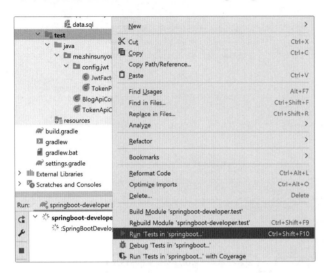

02단계 앗! BlogApiControllerTest의 테스트가 실패했습니다. 10장 'OAuth2로 로그인/로그 아웃 구현하기'를 진행하며 추가한 인증 관련 로직 때문에 그렇습니다. 여기도 성공하도록 코드를 수정합시다.

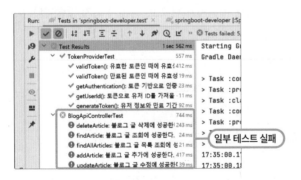

03단계 BlogApiControllerTest.java 파일을 열어 코드를 수정합니다.

BlogApiControllerTest.java

```
@SpringBootTest
@AutoConfigureMockMvc
class BlogApiControllerTest {
```

```
... 생략 ...

@Autowired
UserRepository userRepository;

User user;

... 생략 ...
```

> mockMvcSetUp( )
> 아래에 입력하세요

```
@BeforeEach
void setSecurityContext() {
    userRepository.deleteAll();
    user = userRepository.save(User.builder()
            .email("user@gmail.com")
            .password("test")
            .build());

    SecurityContext context = SecurityContextHolder.getContext();
    context.setAuthentication(new UsernamePasswordAuthenticationToken(user,
user.getPassword(), user.getAuthorities()));
}


@DisplayName("addArticle: 블로그 글 추가에 성공한다.")
@Test
public void addArticle() throws Exception {
    // given
    final String url = "/api/articles";
    final String title = "title";
    final String content = "content";
    final AddArticleRequest userRequest = new AddArticleRequest(title, content);

    final String requestBody = objectMapper.writeValueAsString(userRequest);

    Principal principal = Mockito.mock(Principal.class);
    Mockito.when(principal.getName()).thenReturn("username");

    // when
    ResultActions result = mockMvc.perform(post(url)
```

```
                    .contentType(MediaType.APPLICATION_JSON_VALUE)
                    .principal(principal)
                    .content(requestBody));

        ... 생략 ...
    }

    @DisplayName("findAllArticles: 블로그 글 목록 조회에 성공한다.")
    @Test
    public void findAllArticles() throws Exception {
        // given
        final String url = "/api/articles";
        Article savedArticle = createDefaultArticle();

        // when
        final ResultActions resultActions = mockMvc.perform(get(url)
                .accept(MediaType.APPLICATION_JSON));

        // then
        resultActions
                .andExpect(status().isOk())
                .andExpect(jsonPath("$[0].content").value(savedArticle.getContent()))
                .andExpect(jsonPath("$[0].title").value(savedArticle.getTitle()));
    }

    @DisplayName("findArticle: 블로그 글 단건 조회에 성공한다.")
    @Test
    public void findArticle() throws Exception {
        // given
        final String url = "/api/articles/{id}";
        Article savedArticle = createDefaultArticle();

        // when
        final ResultActions resultActions = mockMvc.perform(get(url,
savedArticle.getId()));

        // then
        resultActions
                .andExpect(status().isOk())
                .andExpect(jsonPath("$.content").value(savedArticle.getContent()))
```

제목, 내용 등을
createDefaultArticle( )
함수로 생성할 것이므로
기존 코드를 대치합니다

제목, 내용 등을
createDefaultArticle( )
함수로 생성할 것이므로
기존 코드를 대치합니다

```java
            .andExpect(jsonPath("$.title").value(savedArticle.getTitle())));
}


@DisplayName("deleteArticle: 블로그 글 삭제에 성공한다.")
@Test
public void deleteArticle() throws Exception {
    // given
    final String url = "/api/articles/{id}";
    Article savedArticle = createDefaultArticle();

    // when
    mockMvc.perform(delete(url, savedArticle.getId()))
            .andExpect(status().isOk());

    // then
    List<Article> articles = blogRepository.findAll();

    assertThat(articles).isEmpty();
}


@DisplayName("updateArticle: 블로그 글 수정에 성공한다.")
@Test
public void updateArticle() throws Exception {
    // given
    final String url = "/api/articles/{id}";
    Article savedArticle = createDefaultArticle();

    ... 생략 ...
}

private Article createDefaultArticle() {
    return blogRepository.save(Article.builder()
            .title("title")
            .author(user.getUsername())
            .content("content")
            .build());
}
}
```

제목, 내용 등을 createDefaultArticle( ) 함수로 생성할 것이므로 기존 코드를 대치합니다

제목, 내용 등을 createDefaultArticle( ) 함수로 생성할 것이므로 기존 코드를 대치합니다

맨 마지막에 createDefaultArticle( ) 함수를 추가합니다

❶ 인증 객체를 저장하는 시큐리티 콘텍스트에 setAuthentication() 메서드를 사용해 테스트 유저를 지정합니다. ❷ 글을 생성하는 API에서는 파라미터로 Principal 객체를 받고 있는데 이 객체에 테스트 유저가 들어가도록 모킹합니다. 이 테스트 코드에서는 Principal 객체를 모킹해서 스프링 부트 애플리케이션에서 getName() 메서드를 호출하면 "userName"이라는 값을 반환합니다. ❸ 중복 코드를 제거하기 위해 글을 만드는 로직을 createDefaultArticle() 메서드로 추출합니다.

코드를 모두 수정한 뒤에 다시 테스트를 시도하면 모두 성공합니다.

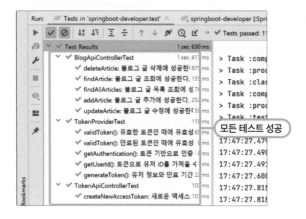

OAuth2 + JWT + 스프링 시큐리티의 조합으로 인증 서비스를 만들었습니다. 서버에서 사용자의 인증 정보를 직접 관리하기보다는 제3의 서비스를 사용해 사용자의 정보를 가져오는 방식이 최근 트렌드입니다. 그래서 OAuth2의 인증 흐름에 대한 이해가 필요합니다. 이 책에서는 구글 로그인 밖에 다루지 않았지만, 예제 코드에 카카오, 페이스북 등 OAuth2를 제공하는 서비스를 추가해보기 바랍니다.

- 카카오 OAuth : https://developers.kakao.com/docs/latest/ko/kakaologin/rest-api
- 페이스북 OAuth : https://developers.facebook.com/docs/facebook-login

핵심 요약

1 **쿠키**란 사용자가 어떠한 웹사이트를 방문했을 때, 그 웹사이트가 사용하는 서버를 통해 로컬에 저장되는 작은 데이터입니다. 쿠키는 키와 값으로 이루어져 있으며 만료 기간, 도메인 등의 정보를 가지고 있습니다.

2 **OAuth**는 제3의 서비스에게 계정을 맡기는 방식입니다. OAuth에서 정보를 취득하는 방법은 **권한 부여 코드 승인 타입**, 암시적 승인 타입, 리소스 소유자 암호 자격증명 승인 타입, 클라이언트 자격증명 승인 타입으로 나뉩니다.

3 OAuth 방식 중 **권한 부여 코드 승인 타입**은 클라이언트가 리소스에 접근하는 데 사용되며, 권한에 접근할 수 있는 코드를 제공받으면 리소스 오너에 대한 액세스 토큰을 제공받게 됩니다.

1 리소스 오너 정보를 취득하는 방법이 아닌 것은?

  ❶ 리소스 소유자 암호 자격 증명 승인 타입

  ❷ 암시적 승인 타입

  ❸ 클라이언트 자격 증명 승인 타입

  ❹ 암호 승인 타입

  ❺ 권한 부여 코드 승인 타입

2 리소스 오너 정보를 취득하는 방법 중에 클라이언트가 리소스에 접근하는 데 사용하며 권한에 접근할 수 있는 코드와 리소스 오너에 대한 액세스 토큰을 발급받는 방식은 무엇일까요?

3 사용자가 웹사이트를 방문했을 때 웹사이트가 사용하는 서버에서 여러분의 로컬 환경에 저장하는 아주 작은 데이터를 뭐라고 할까요?

4 서비스 제공자로부터 사용자 정보를 쉽게 가져올 수 있게 하기 위해 스프링 시큐리티에서 OAuth2를 사용해 소셜 로그인을 처리하는 데 사용하는 클래스는 무엇일까요?

1 **정답** ❹

2 **정답** 권한 부여 코드 승인 타입

3 **정답** 쿠키

4 **정답** DefaultOAuth2UserService

레벨 3

AWS와 깃허브
액션으로
배포/유지보수
편안하게 하기

학습 목표

지금까지 모두 수고하셨습니다! 드디어 웹 서비스를 완성했습니다. 이제는 이 서비스를 다른 사람도 이용하도록 배포해보겠습니다. 웹 서비스 배포는 AWS를 널리 사용합니다. 여기서는 AWS 일래스틱 빈스토크(elastic beanstalk)를 사용해 우리의 웹 서비스를 배포합니다. 또한 편안한 유지보수를 하도록 CI/CD라는 것도 도입해보겠습니다.

11장

PROJECT

AWS에 프로젝트
배포하기

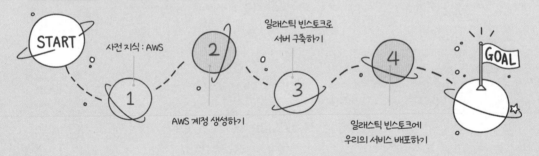

AWS의 일래스틱 빈스토크를 도입하여 서버를 구축하여 블로그 서비스를 업로드하고 사용해봅니다. 일래스틱 빈스토크를 도입한 프로젝트의 구성은 다음과 같습니다.

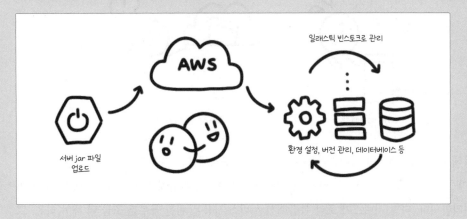

11.1 사전 지식 : AWS

AWS란?

지금까지는 여러분의 컴퓨터에서 스프링 부트 서버를 실행했습니다. 이를 로컬에서 실행했다고 하는데요, 이렇게 로컬에서만 실행하고 테스트하면 여러분의 휴대폰이나, 다른 PC에서 접속할 수 없습니다. 만약 다른 PC에서도 이 서비스에 접속하려면 실제 서버에 스프링 부트 서버를 올려 실행해야 합니다. 이런 행위를 실무에서는 배포라고 하는데요. 배포는 서버용 PC를 구매해서 배포하는 방법과 AWS와 같은 클라우드 컴퓨팅 서비스를 이용해 배포하는 방법이 있습니다.

쉽게 말해 클라우드 컴퓨팅 서비스를 사용하면 PC를 구매해서 그 자리를 마련하고, 전원을 꼽고, 운영체제를 설치하는 등의 작업을 하지 않아도 기업이 구축한 환경에 서버 환경을 마련할 수 있어 매우 편리합니다. 다만 서비스가 조금 복잡해서 서비스 사용을 위한 공부를 조금 더 해야 하죠. 그래서 주변의 선배 개발자들이 AWS를 공부해야 한다는 말을 하는 겁니다. 실제로 AWS는 다양한 서비스를 제공합니다. 컴퓨팅 서비스, 네트워크 서비스, 데이터베이스 서비스, 스토리지 서비스 등 굉장히 다양하죠. 심지어 자율주행 자동차 개발을 위한 서비스도 있습니다.

AWS 서비스로 우리의 서비스 배포하기

우선 우리의 서비스를 AWS에 배포하려면 AWS 상에서 서버를 구성해야 합니다. 쉽게 말해 AWS 상의 가상 PC를 마련해야 하죠. 그 외 많은 서비스를 직접 생성해야 합니다. 실제 우리가 사용할 AWS의 서비스는 다음과 같습니다.

그림으로 본다면 이런 구조입니다. 지금은 그림에 전문 용어가 보여서 어렵게 느껴질 수 있는데요. 설명을 보면 그렇게 어렵지 않다는 걸 알 수 있게 될 겁니다. 이 그림을 놓고 AWS 서비스의 대략적인 구조를 설명해보겠습니다.

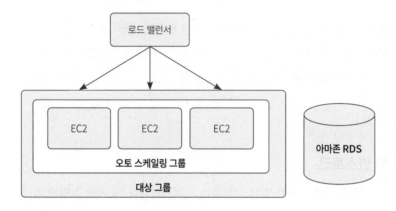

가상의 PC 또는 서버 EC2

EC2는 AWS에서 제공하는 클라우드 컴퓨팅 서비스로 가상의 PC 즉, 서버 한 대를 임대하는 서비스입니다.

유동적으로 EC2를 관리해주는 오토 스케일링 그룹

그런데 앞 그림을 보면 EC2는 3개나 됩니다. 왜 그럴까요? 여러분의 서비스가 인기가 많아져서 사용자의 요청이 많아지면 서버 한 대로는 처리가 어렵기 때문에 여러 EC2가 필요한 것이죠. 하지만 늘 여러 대가 대기할 수는 없습니다. 그럴 때 필요한 서비스가 오토 스케일링 그룹auto scaling group 입니다. 이 서비스는 사용자의 요청 횟수에 따라 EC2를 늘이거나 줄입니다.

요청을 분산시켜주는 로드 밸런서

그리고 요청들이 한 경로로 들어오면 곤란합니다. 요청들을 분산시켜야 하죠. 이 역할을 로드 밸런서load balancer가 합니다. 또한 로드 밸런서를 만들 때는 요청을 어디로 분산시킬지 그룹을 정해야 합니다. 이러한 그룹을 대상 그룹Target Group, TG이라고 합니다.

데이터 저장소 RDS

그리고 데이터를 저장할 저장소가 필요합니다. 다시 말해 데이터베이스도 클라우드에 올려야 합니다. AWS에서 제공하는 클라우드 데이터베이스 서비스는 RDS, Redshift, DocumentDB, ElastiCache 등이 있습니다. 우리는 그중에서 범용 데이터베이스인 아마존 관계형 데이터베이스 서비스amazon relational database service를 사용하겠습니다.

이 외에도 서버를 구축하려면 더 많은 서비스를 사용할 수 있어야 합니다. 앞서 언급했듯이 AWS에서 제공하는 서비스는 굉장히 많습니다. 그만큼 서비스를 이해하고 사용하는 방법을 파악하기가 쉽지 않죠. AWS에서는 이러한 어려움을 해결하고자 일래스틱 빈스토크elastic beanstalk라는 서비스를 출시했습니다.

설정이 간편한 일래스틱 빈스토크

일래스틱 빈스토크는 앞서 언급한 서비스를 한 번에 설정하는 서비스입니다. 앞에서 설명한 것들이 음식을 만들기 위한 각각의 재료라고 본다면, 일래스틱 빈스토크는 일종의 밀키트를 판매하는 것이라고 생각할 수 있겠네요. 일래스틱 빈스토크를 사용하면 서버 업로드용 코드만 작성해도 서버를 쉽게 올릴 수 있고, 그 외의 기능들, 즉, 로드 밸런싱, 오토 스케일링, 모니터링, 배포 등을 일래스틱 빈스토크 메뉴 안에 직접 구성하거나 설정 파일로 자동 처리할 수 있습니다. 일래스틱 빈스토크는 추가 비용 없이 애플리케이션을 저장 및 실행하는 데 필요한 AWS 리소스에 대해서만 요금을 지불하면 됩니다.

일래스틱 빈스토크를 사용하는 과정

일래스틱 빈스토크를 사용하는 과정을 그림으로 표현하면 다음과 같습니다.

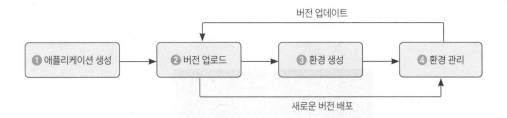

❶ 애플리케이션을 생성하고 ❷ 애플리케이션의 소스를 번들 형태, 예를 들어 Java .war 파일로 애플리케이션 버전을 일래스톡 빈스토크에 업로드합니다. 그 뒤에는 ❸ 일래스틱 빈스토크가 자동으로 환경을 실행하고 코드 실행에 필요한 AWS 리소스를 생성하고 구성합니다. ❹ 환경 실행 후에는 환경을 직접 관리하고 필요한 경우 버전 업데이트를 하거나 새로운 앱 버전을 배포할 수 있습니다.

이제 AWS 계정을 생성하고 일래스틱 빈스토크를 사용해 서버에 배포해봅시다.

11.2 AWS 계정 생성하기

먼저 AWS의 계정을 생성하겠습니다. AWS는 계정 생성 후 1년 동안 프리티어 자격을 줍니다. 프리티어는 서비스별로 지정된 한도 내에서 무료로 AWS 서비스를 사용할 수 있는 혜택입니다. 따라서 계정을 처음 생성했다면 이번 실습을 무료로 진행할 수 있습니다. 만약 계정을 생성한 적이 있다면 유료로 실습을 진행해야 한다는 사실을 알립니다.

🐶 필자는 유료로 실습을 진행하더라도 여기는 꼭 실습해보라 권하고 싶습니다. 그만큼 AWS는 실무에서 꼭 사용할 줄 알아야 하는 서비스입니다.

01단계 `To do` AWS 사이트 https://aws.amazon.com/ko/에 접속한 다음 [로그인] 버튼을 누르고 [AWS 계정 새로 만들기] 버튼을 클릭하고, 가입 정보를 입력한 뒤 [계속] 버튼을 눌러 다음 단계로 넘어갑니다.

02단계 결제 정보를 등록합니다. 해외 결제를 할 수 있는 결제 정보를 입력하고 [확인 및 계속] 버튼을 눌러 다음 절차를 진행합니다.

03단계 마지막으로 Support 플랜을 선택할 수 있습니다. [기본 지원 - 무료]를 선택한 뒤 회원 [가입 완료] 버튼을 클릭합니다. 몇 분 내로 계정이 활성화됐다는 가입 완료 메일을 받게 될 겁니다. [AWS Management Console로 이동] 버튼을 누르고 로그인하세요.

11.3 일래스틱 빈스토크로 서버 구축하기

이제 계정 생성을 완료했으니 일래스틱 빈스토크 서버를 구축하겠습니다. 차근차근 따라오면 어렵지 않게 사용할 수 있습니다.

🐶 AWS Elastic Beanstalk 서비스는 화면이 자주 바뀌므로 제 깃허브 11장 리포지터리 리드미에 화면이 바뀌었을 때 대처하는 법을 올려두겠습니다. 만약 이대로 실습이 진행되지 않으면 리드미를 참고하기 바랍니다.

일래스틱 빈스토크 서비스 생성하기

01단계 To do AWS 사이트에 로그인한 다음 앞으로 우리가 만들 서버의 제공 위치를 지정합니다. 우리가 살고 있는 위치에서 가까울수록 응답 속도 등이 빠르므로 지역을 서울로 설정합니다.

02단계 검색 창에서 IAM을 검색해 들어갑니다. IAM은 AWS 리소스에 접근하는 권한을 관리하는 서비스입니다. 일레스틱 빈즈토크 서비스에 부여할 역할을 IAM에서 만들어야 합니다. IAM 화면으로 이동한 다음에는 [역할 → 역할 생성]을 누르세요.

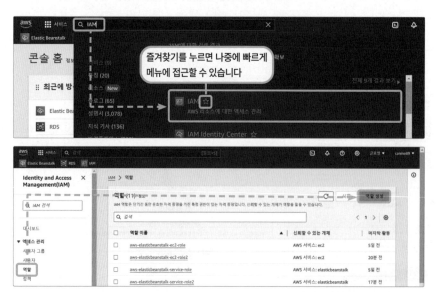

03단계 [역할 생성]을 누르면 '1단계 신뢰할 수 있는 엔티티 선택' 화면이 나옵니다. '신뢰할 수 있는 엔티티 유형' 항목은 [AWS 서비스]를 선택하고 스크롤바를 조금 내려 '사용 사례' 항목을 [EC2]로 선택하세요. 그런 다음 스크롤바를 끝까지 내려 [다음]을 누르세요.

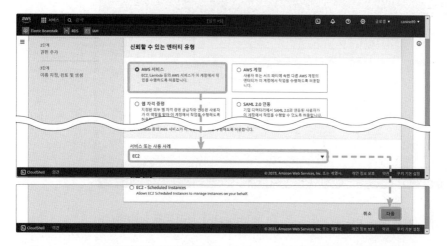

04단계 그러면 '2단계 권한 추가' 화면이 나타납니다. 여기서는 다음 3개의 권한을 검색하여 체크하고 [다음]을 누르세요.

- AWSElasticBeanstalkMulticontainerDocker
- AWSElasticBeanstalkWebTier
- AWSElasticBeanstalkWorkerTier

05단계 역할 이름은 [aws-elasticbeanstalk-ec2-role]로 적고, 신뢰할 수 있는 엔티티와 권한이 잘 추가되었는지 확인한 후에 [역할 생성] 버튼을 눌러 역할을 생성합니다.

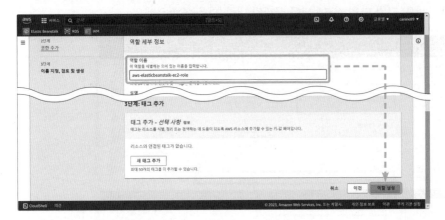

06단계 이번에는 검색 창에 Elastic Beanstalk를 입력하여 서비스에 들어갑니다.

07단계 [환경 → 환경 생성]을 누른 다음 '환경 구성' 화면이 나타나면 아래 목록을 참고하여 메뉴를 선택하거나 입력하세요. 그런 다음 나머지는 기본 값으로 두고 [다음]을 누르세요.

- 애플리케이션 이름 : springboot-developer
- 플랫폼 : Java (Corretto 17)

08단계 서비스 액세스 구성에서 아래와 같이 선택해주세요. 그 이후에는 검토 단계로 건너뛰기 후 검토 화면에서 [제출]을 선택하여 마무리하세요.

- 서비스 역할 : 새 서비스 역할 생성 및 사용 〉 [aws-elasticbeanstalk-service-role] 기본 값 그대로 두기(다른 이름을 사용해도 무방)
- EC2 인스턴스 프로파일 : [aws-elasticbeanstalk-ec2-role] 선택

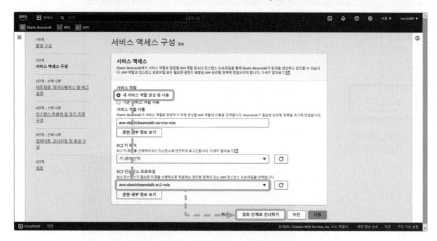

09단계 생성 요청한 웹 앱을 사용할 준비가 되기까지 잠시 기다립니다. 필자의 경우 5분 정도 기다렸습니다. 프로젝트 생성이 완료되면 화면이 전환됩니다. [환경]을 눌러 일래스틱 빈스토크 환경 목록을 봅니다. 환경 목록에 방금 생성한 환경의 상태가 OK로 보이는지 확인하고 URL을 클릭해 해당 URL에 잘 접속되는지 확인하세요.

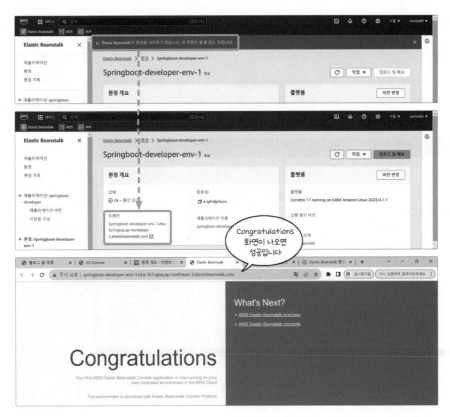

일래스틱 빈스토크에서 RDS 생성하기

이제 클라우드에 올릴 데이터베이스를 생성하겠습니다. 앞서 언급했듯 아마존 RDB 서비스를 사용합니다. 이 역시도 일래스틱 빈스토크의 메뉴를 이용해 간편하게 구축할 수 있습니다.

01단계 일래스틱 빈스토크 [환경 → 〈내가 만든 환경〉]을 눌러 들어간 다음 [구성]을 눌러 환경 설정 메뉴에 들어갑니다. 그런 다음 스크롤바를 내려 네트워킹 및 데이터베이스 메뉴에서 [편집]을 눌러 데이터베이스 설정을 추가합니다

02단계 데이터베이스 활성화 토글을 클릭한 다음 사용할 데이터베이스 엔진으로는 [mysql]을 선택하고 용량은 프리티어를 지원하는 [db.t2.micro]를 선택합니다. 사용자 이름과 암호를 채운 다음 [적용] 버튼을 눌러 데이터베이스를 생성합니다.

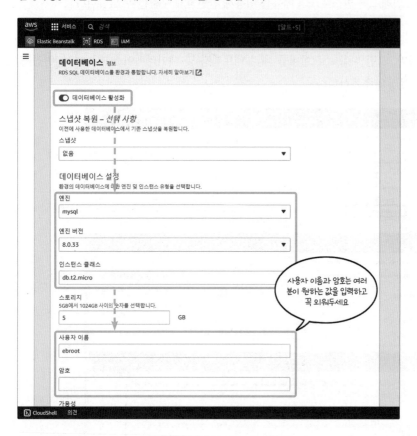

03단계 데이터베이스가 얼마나 생성되었는지 상태를 확인하기 위해 검색 창에 RDS를 검색하여 들어간 다음 [데이터베이스 → 〈DB 식별자〉]를 눌러 상태를 확인해보세요. 이때 DB 식별자 상태가 '사용 가능'이어야 볼 수 있습니다. 만약 '생성 중'이면 조금 기다리세요. DB 식별자를 누르면 생성된 데이터베이스의 정보를 확인할 수 있습니다. **특히 엔드포인트 정보는 RDS로 연결할 때 사용합니다. 엔드포인트는 미리 복사해둡시다.**

🕐 5분 정도 대기 시간이 필요합니다.

04단계 데이터베이스가 생성되었으니 애플리케이션도 생성한 데이터베이스를 사용하게 변경하겠습니다. AWS 일래스틱 빈스토크에서 만들었던 환경으로 이동한 다음 [구성]을 누르고 업데이트 및 로깅에서 [편집]을 선택해 데이터베이스의 정보를 입력한 다음 [적용] 버튼을 눌러 마무리합니다. 그러면 일래스틱 빈스토크가 환경을 업데이트합니다.

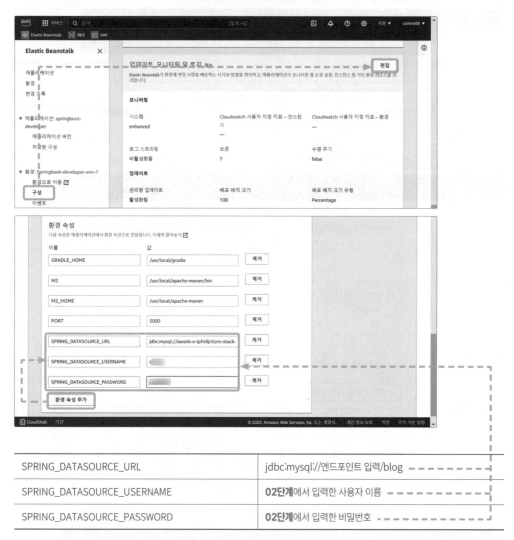

SPRING_DATASOURCE_URL	jdbc:mysql://엔드포인트 입력/blog
SPRING_DATASOURCE_USERNAME	**02단계**에서 입력한 사용자 이름
SPRING_DATASOURCE_PASSWORD	**02단계**에서 입력한 비밀번호

05단계 이렇게 설정한 환경 속성 값은 애플리케이션 실행 시 스프링 부트의 환경 변수, 즉, properties.yml 파일의 설정값의 역할을 합니다. application.   🙂 spring은 지우지 마세요! yml에서 spring 항목의 datasource 항목들만 지웁니다.

```yaml
# 애플리케이션 실행 시 일래스틱 빈스토크에서 값을 덮어쓰므로 여기는 삭제      application.yml
spring:
  datasource:
    url: jdbc:h2:mem:testdb
```

로컬에서 RDS 연결하기

지금까지 로컬에서 사용하던 H2 대신에 AWS의 RDS를 사용할 겁니다. 로컬에서만 동작하는 H2
와 달리 RDS는 클라우드 위에 띄워져 있기 때문에 로컬에서 접속하려면 몇 가지 설정을 해주어야
하는데요. 그 방법을 알아봅시다.

01단계 To do 스크롤바를 내려 다시 RDS 메뉴로 이동한 다음 [데이터베이스]로 이동하여 생성한
데이터베이스의 DB 식별자를 누르고 VPC 보안 그룹 링크를 클릭합니다.

02단계 그런 다음 security group ID를 누르고 보이는 화면에서 인바운드 규칙 탭을 눌러 이동한 뒤 [인바운드 규칙 편집] 버튼을 클릭합니다. 인바운드 편집 메뉴에서는 데이터베이스 인스턴스의 트래픽을 관리할 수 있습니다.

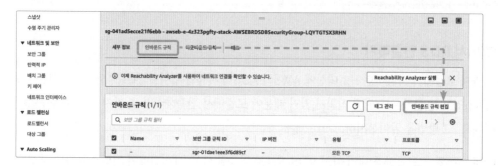

03단계 [규칙 추가]를 눌러 값을 추가합니다. 유형은 [MYSQL/Aurora], 소스는 [내 IP]를 선택하고 [저장]을 누릅니다. 그러면 로컬에서 일래스틱 빈스토크 데이터베이스에 접근할 수 있습니다.

아이피 주소를 확인하는 방법

아이피 주소는 명령 프롬프트에서 ipconfig 명령어를 사용하면 쉽게 확인할 수 있습니다. 명령 프롬프트를 열어 ipconfig를 입력하면 IPv4 항목에서 아이피를 확인할 수 있습니다.

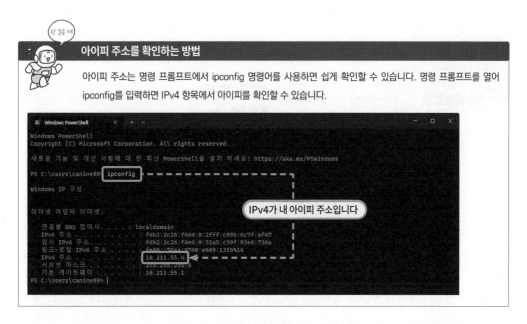

04단계 이제 로컬에서 일래스틱 빈스토크 데이터베이스에 연결할 수 있는지 확인하겠습니다. 인텔리제이 커뮤니티는 다양한 플러그인을 제공합니다. 여기서는 database navigator 플러그인을 설치해 데이터베이스를 연결합니다. [File → Settings...]에서 plugins 옵션을 검색한 다음 database navigator를 검색해 'Dan Cioca' 제작자의 플러그인을 설치합니다. **설치 후에는 인텔리제이를 재시작해야 합니다.**

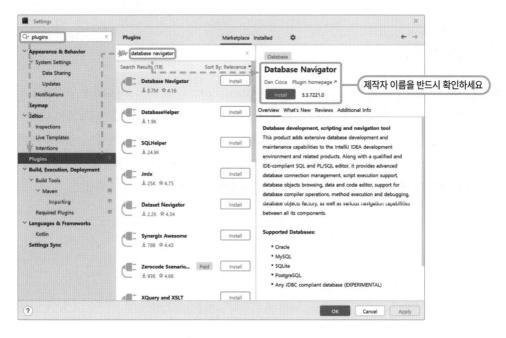

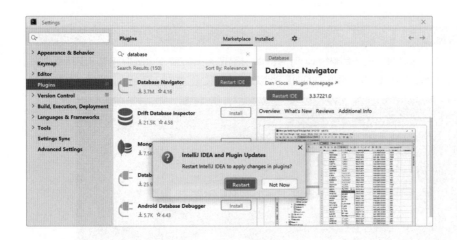

05단계 인텔리제이를 켜고 왼쪽 도구 메뉴에서 [DB Browser]를 선택합니다. 만약 보이지 않는 다면 맨 위의 메뉴바에서 [View → Tool Windows → DB Browser]를 선택하면 됩니다. 그 뒤에는 [+] 버튼을 누른 뒤 [Data Source → MySQL]을 선택합니다.

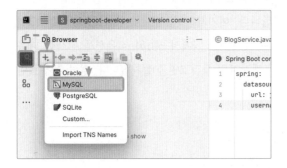

06단계 데이터베이스 정보 창에 RDS의 정보인 Host, Port, User, Password를 입력합니다. Host는 RDS 구성에서 보았던 엔드포인트입니다. Port는 자동으로 입력된 값인 3306이 맞는지 확인합니다. 데이터베이스 역시 자동으로 입력된 값인 mysql이 맞는지 확인합니다. **입력을 마치면 [TestConnection] 버튼을 눌러 데이터베이스 연결이 잘되는지 테스트합니다.** 연결에 성공하면 연결에 성공했다는 안내 문구가 나옵니다. 메시지를 확인하면 [OK]를 눌러 종료하세요.

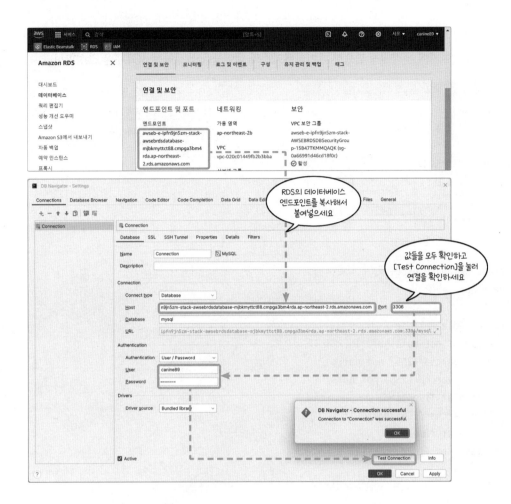

그러면 IDEA 화면의 [DB Browser] 탭에 연결 항목이 나타날 것입니다.

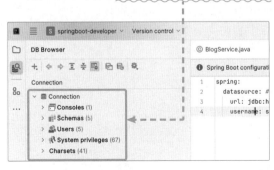

07단계 그런 다음 Connection에 마우스 우클릭을 하고 [Open SQL Console] 버튼을 눌러 콘솔을 엽니다. 여기에 우리에게 필요한 데이터베이스와 테이블을 생성하는 SQL문을 작성합니다.

SQL문 작성 시 빨간 줄이 보일 수 있습니다. 실제 실행에는 영향을 주지 않는 플러그인의 버그이므로 무시하고 넘어가도 됩니다.

```
create database blog;
use blog;

create table article (
  id bigint not null AUTO_INCREMENT,
  author varchar(255) not null,
  content varchar(255) not null,
  created_at timestamp,
  title varchar(255) not null,
  updated_at timestamp,
  primary key (id)
);

create table refresh_token (
  id bigint not null AUTO_INCREMENT,
  refresh_token varchar(255) not null,
  user_id bigint not null,
  primary key (id)
);

create table users (
  id bigint not null AUTO_INCREMENT,
  created_at timestamp,
  email varchar(255) not null,
  nickname varchar(255),
  password varchar(255),
  updated_at timestamp,
```

```
    primary key (id)
);
```

08단계 다 작성한 후에는 실행문을 하나씩 드래그하여 [▶]을 눌러 실행합니다. 실행 결과는 왼쪽의 DB Browser 화면에서 'Schemas' 항목을 우클릭하고 리로드하면 볼 수 있습니다.

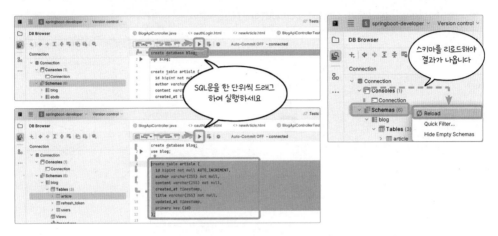

마지막으로 테이블 3개가 모두 생성되었는지 확인하기 위해 테이블 목록을 전체 조회하는 SQL문을 실행해봅시다. 다음 SQL문을 실행하여 테이블 3개가 모두 리스트에 나오면 정상적으로 생성이 완료된 것입니다.

```
show tables;
```

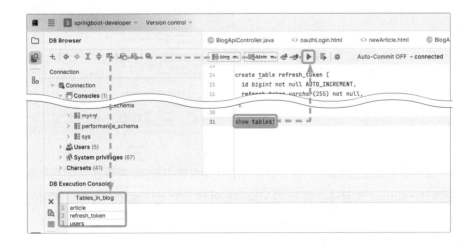

09단계 이제 아마존 서버에서 MySQL을 사용하므로 프로젝트를 빌드해 배포하기 전에 의존성을 추가해야 합니다. build.gradle 파일을 열어 의존성을 추가하고 새로고침을 눌러 의존성을 추가하세요.

```build.gradle
dependencies {
  ... 생략 ...
  implementation 'com.mysql:mysql-connector-j'
}
```

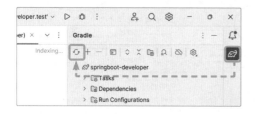

11.4 일래스틱 빈스토크에 우리의 서비스 배포하기

애플리케이션 배포하기

01단계 To do 인텔리제이를 실행해서 [Gradle] 탭을 누른 다음 [Tasks → build → build]를 더블클릭해 빌드를 진행합니다.

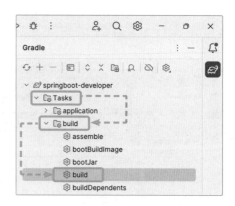

02단계 빌드가 끝나면 [build → libs]에 빌드 완성 파일이 생성됩니다. jar 파일은 -〈버전〉으로 끝나는 것과 -〈버전〉-plain으로 끝나는 것 두 가지입니다. 이 중 -〈버전〉으로 끝나는 것을 기억하기 쉬운 위치에 복사해둡니다.

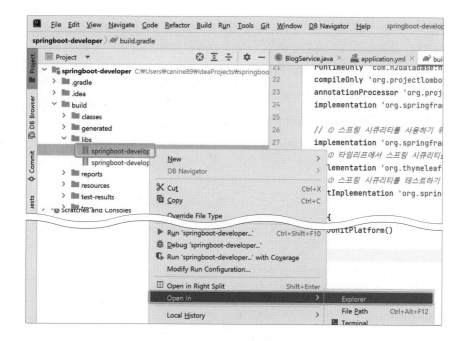

03단계 일래스틱 빈스토크로 돌아가 생성된 환경의 이름을 선택하고 [업로드 및 배포]를 누른 다음 [파일 선택] 버튼을 눌러 jar 파일을 선택합니다.

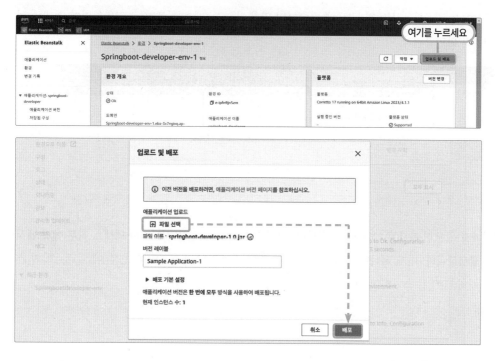

04단계 완료했으면 일래스틱 빈스토크의 [구성] → 업데이트, 모니터링 및 로깅]의 [편집]을 선택합니다. 여기서는 애플리케이션을 실행하기 위한 하위 포트 값과 공개 사이트에 올리면 안 되는 민감한 정보를 추가합니다. 표를 참고해 내용을 추가하세요.

여기에서 설정한 값은 이전에 작성한 application.yml에서 설정한 값들을 덮어쓰게 됩니다.

<, >로 감싼 값은 직접 구글 개발자 콘솔에 접속해서 복사, 붙여넣기하고, 다른 값은 그대로 입력하세요.

이름	값
SERVER_PORT	5000
JWT_SECRET_KEY	study-springboot
SPRING_SECURITY_OAUTH2_CLIENT_REGISTRATION_GOOGLE_CLIENT_ID	<구글 OAuth2에서 발급받은 클라이언트 아이디>
SPRING_SECURITY_OAUTH2_CLIENT_REGISTRATION_GOOGLE_CLIENT_SECRET	<구글 OAuth2에서 발급받은 클라이언트 비밀키>
SPRING_SECURITY_OAUTH2_CLIENT_REGISTRATION_GOOGLE_SCOPE	email,profile

05단계 값 추가 후 [확인]을 누르면 환경을 업데이트합니다. 업데이트를 완료한 다음 일래스틱 빈스토크에서 제공하는 서버의 URL에 접속하여 다음 /login 패스를 붙여 로그인 화면에 제대로 접속되는지 확인합니다.

여기까지 왔으면 제대로 배포가 된 겁니다. **다만 OAuth 로그인을 시도하면 액세스 거부 에러 메시지가 발생합니다.** 이제 하나만 더 하면 됩니다. OAuth 서비스에서 승인된 URL에 일래스틱 빈스토크 서버 URL을 추가하면 됩니다.

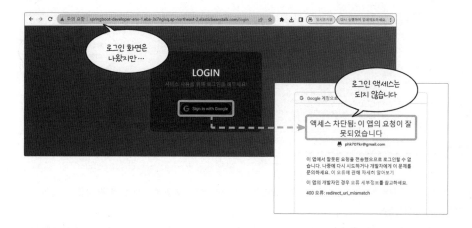

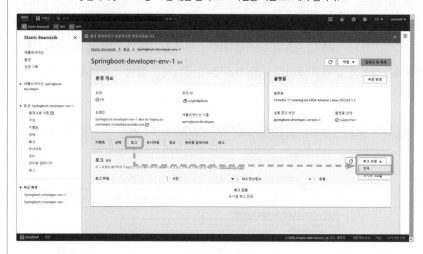

배포 후에 발생하는 오류, 로그를 보면 답이 나옵니다

혹시 배포 후에 접속 오류가 발생했다면 로그를 살펴보기 바랍니다. 로그를 보기 위해서는 일래스틱 빈스토크 [로그] 탭에서 [로그 요청 → 전체]를 눌러 로그 파일을 다운로드해야 합니다.

로그 압축 파일을 푼 다음에는 log/web.stdout.log 파일을 여세요. 그러면 로그를 볼 수 있습니다. 저는 실수로 환경 값에서 아이디 입력을 제대로 하지 않아 오류가 발생했음을 로그를 통해 발견했습니다.

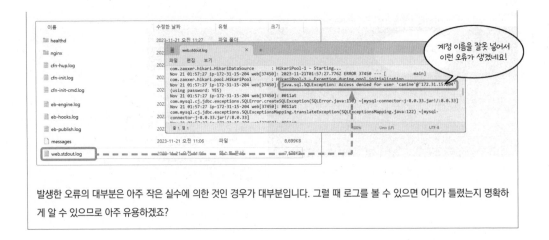

발생한 오류의 대부분은 아주 작은 실수에 의한 것인 경우가 대부분입니다. 그럴 때 로그를 볼 수 있으면 어디가 틀렸는지 명확하게 알 수 있으므로 아주 유용하겠죠?

OAuth 서비스에 승인된 URI 추가하기

01단계 To do 구글 클라우드 콘솔에 접속한 후 [API 및 서비스 → 사용자 인증 정보 → OAuth 2.0 클라이언트 ID]에 추가되어 있는 클라이언트 ID를 클릭합니다. 그런 다음 [OAuth 클라이언트 수정 → 승인된 리디렉션 URI]에 일래스틱 빈스토크에서 띄워준 서버의 URL을 추가합니다. **승인된 리디렉션 URI에는 다음과 같이 /login/oauth2/code/google을 붙여야 합니다.**

▼ 승인된 리디렉션 입력 예

```
http://... 생략 ...elasticbeanstalk.com/login/oauth2/code/google
```

02단계 적용까지 시간이 조금 필요합니다. 3분 정도 기다린 후 /login 페이지에서 로그인을 시도해보세요. 구글 로그인 화면이 제대로 나오는 것을 확인할 수 있습니다.

 만약 속성을 추가하고도 여전히 OAuth 로그인이 되지 않는다면 속성의 키와 값이 잘 들어갔는지, redirect_url 설정이 잘 되었는지 확인한 뒤에 [앱 서버 다시 시작]을 눌러 서버를 재부팅한 후 확인해보세요!

이제 서비스의 기능을 마음껏 사용해보세요. 축하합니다!

학습 마무리

AWS의 일래스틱 빈스토크를 사용해 실제 서버에 배포하는 방법을 실습했습니다. AWS는 클라우드 서비스 중에서도 가장 폭넓게 사용되기 때문에 알아두는 것이 좋습니다. 일래스틱 빈스토크만 사용해서 서버를 쉽게 띄웠지만, 일래스틱 빈스토크가 만들어주는 자원(EC2, RDS 등)을 이해하는 것도 중요합니다.

핵심 요약

1 애플리케이션 **배포**는 물리적 서버와 클라우드 서버에 할 수 있습니다. **물리적 서버**는 서버 관리를 직접 할 수 있기 때문에 보안적으로 유리하지만 서버가 크면 따로 서버실을 만들어야 할 정도로 공간의 제약을 받고, 만약 서버의 리소스가 부족할 때는 직접 서버를 추가 구매해야 하기 때문에 많은 시간이 소요될 수 있습니다. **클라우드 서버**는 가상의 공간에서 서버를 제공받

기 때문에 공간의 제약을 받지 않고, 서버를 추가하거나 줄이고 싶을 때 원하는 만큼 바로 조절할 수 있습니다. 그러나 클라우스 서비스 자체에서 문제가 생기면 대처가 어렵다는 단점이 있습니다.

2 **AWS**는 이러한 클라우드 서비스의 대표적인 업체로, 많은 클라우드 서비스를 제공합니다. AWS에서는 많은 서비스를 제공하는데, 대표적인 서비스로는 AWS에서 제공하는 가상 서버를 띄우는 EC2, 클라우드 데이터베이스 서버인 RDS, 파일 저장소인 S3 등이 있습니다.

3 **일래스틱 빈스토크**는 최소한의 설정으로 서버를 구성할 수 있게 돕습니다. 일래스틱 빈스토크를 사용하면 코드를 업로드해 서버를 올릴 수 있고 그 외에 로드 밸런싱, 오토 스케일링, 모니터링, 배포 같은 것들을 일래스틱 빈스토크 메뉴 안에 직접 구성하거나 설정 파일을 이용해 자동으로 처리하도록 구성할 수 있습니다.

1 다음 중 AWS 서비스와 설명이 올바르게 연결되지 않은 것은 무엇일까요?

    ❶ 가상의 PC 또는 서버 EC2

    ❷ 캐싱용 데이터 저장소 Lambda

    ❸ 유동적으로 EC2를 관리해주는 오토 스케일링 그룹

    ❹ 데이터 저장소 RDS

    ❹ 요청을 분산시켜주는 로드 밸런서

2 서버 업로드를 위한 코드만 작성해도 서버를 쉽게 올릴 수 있고, 로드 밸런싱, 오토 스케일링, 모니터링, 배포 등을 메뉴 안에 직접 구성하거나 설정 파일로 자동 처리하는 AWS 서비스는 무엇일까요?

3 로컬에서 데이터베이스에 접근하도록 로컬의 아이피를 허용하려면 어떤 규칙에 아이피를 추가해야 할까요?

4 [Gradle] 탭을 누른 다음 [Tasks → build → build]를 눌러 빌드를 진행하면 무슨 결과물이 나올까요?

1 **정답** ❷

2 **정답** 일래스틱 빈스토크

3 **정답** 인바운드 규칙

4 **정답** jar 파일

12장

PROJECT

CI/CD
도입하기

학습 목표

깃허브 액션(github action)을 사용하여 지속적인 통합(CI), 지속적인 제공(CD)을 구현하겠습니다.

핵심 키워드

- CI/CD
- 깃허브
- 깃허브 액션
- IAM

학습 코스

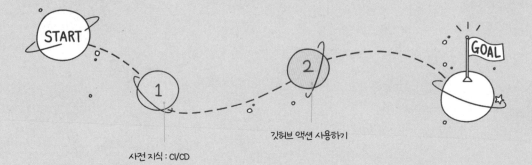

사전 지식 : CI/CD

깃허브 액션 사용하기

깃허브 액션으로 지속적인 통합과 지속적인 제공을 구현합니다. 프로젝트의 구성은 다음과 같습니다.

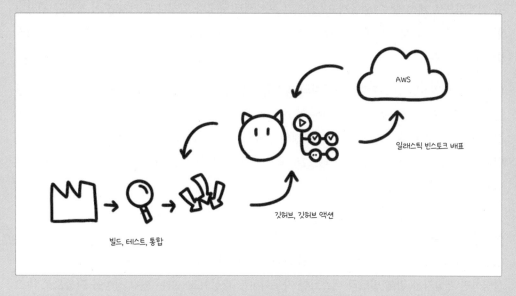

12.1 사전 지식 : CI/CD

CI/CD란?

앞서 CI/CD라는 표현을 써서 궁금한 독자가 많을 겁니다. 우선 CI/CD의 의미를 이야기하기 전에 CI/CD가 필요한 상황을 생각해봅시다. 만약 여러분의 서비스를 배포하고 운용하던 중에 코드를 변경할 일이 생기면 어떤 작업을 해야 할까요? 우선은 코드 수정을 하고, 로컬 환경에서 테스트를 진행할 겁니다. 그리고 빌드도 잘되는지 확인하겠죠. 그런 다음에는 jar 파일을 생성해 복사하고, AWS에 접속해서 복사한 jar 파일을 업로드해 새 배포 버전을 제공해야 합니다. 지금 이 과정을 기계적으로 계속 할 수 있을까요? 그리고 프로젝트 규모가 엄청나게 커지면 이 작업은 굉장히 힘들 겁니다. 그럴 때 도입하는 것이 CI/CD입니다. 이 용어는 어떤 도구를 의미하는 것이 아니라 방법을 말합니다.

이 방법을 도입하면 빌드부터 배포까지의 과정을 자동화할 수 있고, 또 잘되는지 모니터링할 수 있습니다. 사실 CI는 지속적 통합, CD는 지속적 제공이라는 의미가 있습니다. 앞서 이 표현을 풀어 설명하지 않았던 이유는 설명해도, 이 과정의 필요성이나 불편함을 상상할 수 없는 단계였기 때문입니다. 이제 여러분은 수정, 빌드, 테스트, 배포 등을 직접했으므로 이 말이 이해가 될 겁니다. 그럼 CI부터 자세히 알아봅시다.

지속적 통합, CI

CI는 Continuous Integration을 줄인 표현입니다. 한글로 해석하면 지속적 통합이고, 풀어서 설명하면 개발자를 위해 빌드와 테스트를 자동화하는 과정이죠. CI는 변경 사항을 자동으로 테스트해 애플리케이션에 문제가 없다는 것을 보장합니다. 그리고 코드를 정기적으로 빌드하고, 테스트하므로 여러 명이 동시에 작업을 하는 경우 충돌을 방지하고 모니터링할 수 있습니다.

보통 코드 변경 사항이 코드 저장소에 업로드되면 CI를 시작하고, CI 도중 문제가 생기면 실패하므로 코드의 오류도 쉽게 파악할 수 있죠.

지속적 제공과 지속적 배포, CD

CD는 CI 작업을 끝낸 다음 실행하는 작업입니다. 배포 준비가 된 코드를 자동으로 서버에 배포하는 작업을 자동화하는 것이죠. CI가 통과되면 개발자가 수작업으로 코드를 배포하지 않아도 자동으로 배포하니 매우 편리합니다. 때문에 CD는 지속적 제공continuous delivery이라는 의미와 지속적 배포continuous deployment라는 의미를 모두 가집니다.

지속적 제공에서의 CD 의미

애플리케이션에 적용한 코드의 빌드와 테스트를 성공적으로 진행했을 때 깃허브와 같은 코드 저장소에 자동으로 업로드하는 과정을 말합니다. 최소의 노력으로 코드 배포를 쉽게 하는 것을 목표로 합니다.

지속적 배포에서의 CD 의미

지속적 제공을 통해 성공적으로 병합한 코드 내역을 AWS와 같은 배포 환경으로 보내는 것을 의미합니다. **이를 실무에서는 릴리스라고 하죠.** 지속적인 배포는 지속적 제공의 다음 단계까지 자동화합니다. 즉, 개발자가 애플리케이션에 변경 사항을 커밋한 후 몇 분 이내에 애플리케이션을 자동으로 배포되어 적용됩니다.

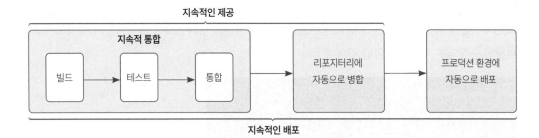

깃과 깃허브

깃git은 개발자가 되고 싶은 여러분이라면 한 번쯤은 들어봤을 코드를 저장하고 관리할 수 있는 시스템입니다. 이 시스템을 이용하면 같은 파일을 여러 명이 동시에 작업할 수 있죠. 즉, 병렬 개발을 할 수 있습니다. 깃허브github는 깃과 연동해 작업한 코드를 저장할 수 있는 서비스입니다.

🐼 깃과 깃허브는 책 한 권으로 배워야 할 정도로 내용이 많습니다. 만약 깃과 깃허브를 잘 알고 있다면 12.2절 '깃허브 액션 사용하기'로 넘어가도 좋습니다.

여기서는 이 두 서비스를 이용해 앞서 배운 CI/CD를 구현해 실제로 실습해봅니다. 다만 이 책은 깃과 깃허브를 주로 다루는 책이 아니므로 자세히 설명하지 않겠습니다. 깃과 깃허브를 잘 모른다면 명령어를 천천히 입력하면서 실습하는 데 의의를 두기 바랍니다.

깃 설치하기

01단계 (To do) 깃 다운로드 페이지 http://git-scm.com/download/win에 접속한 뒤 [Click here to download]를 눌러 깃을 설치하세요. 설치는 기본값을 그대로 두고 설치하면 됩니다.

02단계 깃 설치가 완료되면 명령 프롬프트를 실행하고 git --version 명령어를 입력해보세요. 버전이 출력되면 제대로 설치된 겁니다.

깃허브와 깃 연동하기

01단계 (To do) 깃을 깃허브에 연동하려면 깃허브 회원 가입을 하고 깃 초기 설정을 해야 합니다. 깃허브에 접속해서 회원 가입을 한 다음 git config 명령어를 사용해 깃허브에 가입한 사용자 이름과 이메일 주소를 설정합니다. 여기에서 설정한 정보로 커밋할 때마다 이 정보를 사용합니다.

▼ 사용자 이름, 이메일 주소 설정

```
$ git config --global user.name "[깃허브 아이디]"
$ git config --global user.email "[깃허브 이메일 주소]"
```

02단계 또한 깃은 SSH로 접속하기 위해 인증 정보를 등록해야 하는데, PC마다 별도의 SSH 키를 등록해야 합니다. 터미널 창을 열고 SSH 키를 생성하는 명령어를 입력합니다. 질문에는 모두 기본값을 사용하게 아무것도 입력하지 않고 enter 를 누릅니다.

▼ SSH 키 생성

```
$ ssh-keygen -t rsa -C "[깃허브 이메일 주소]"
```

```
명령 프롬프트                ×  +  ∨

Microsoft Windows [Version 10.0.22621.1413]
(c) Microsoft Corporation. All rights reserved.

C:\Users\canine89>ssh-keygen -t rsa -C "phk707kr@gmail.com"
Generating public/private rsa key pair.
Enter file in which to save the key (C:\Users\canine89/.ssh/id_rsa):
Created directory 'C:\\Users\\canine89/.ssh'.
Enter passphrase (empty for no passphrase):
Enter same passphrase again:
Your identification has been saved in C:\Users\canine89/.ssh/id_rsa
Your public key has been saved in C:\Users\canine89/.ssh/id_rsa.pub
The key fingerprint is:
SHA256:D9WNK1hAWbI7OzJsJuRND3JuzuUblwxSuiRKP7PCl58 phk707kr@gmail.com
The key's randomart image is:
+---[RSA 3072]----+
|        .+o.     |
|        .+ . o   |
|        o o o .  |
|       o = .  .  |
|      . + B S .  |
|     . = X = B o |
|    .. *.@ * =   |
|     o o@ * +    |
|      o..E o.    |
+----[SHA256]-----+

C:\Users\canine89>
```

03단계 생성 완료 메시지가 뜨면 기본 경로인 /.ssh/id_rsa에 pub 파일이 생기는데 파일을 열어값을 복사하고 이를 깃허브에 등록해야 합니다. ssh 키가 저장되어 있는 위치로 이동한 다음 pub 파일을 메모장으로 열어줍니다. 그 뒤 나오는 내용을 전체 복사합니다.

😀 숨김 폴더가 보이지 않으면 윈도우 11 파일 탐색기 메뉴에서 '숨긴 항목 보기'를 체크하세요.

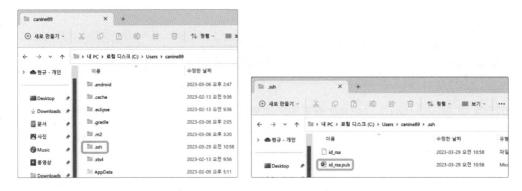

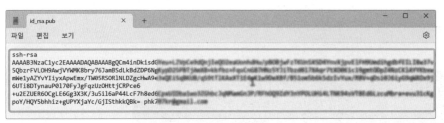

04단계 깃허브 홈페이지에 접속한 다음 프로필 사진을 누른 후 [Settings] 메뉴에 들어갑니다. 그런 다음 왼쪽 하단에 있는 [SSH and GPG keys]를 선택하고 [New SSH key]를 눌러 새로운 키를 등록합니다.

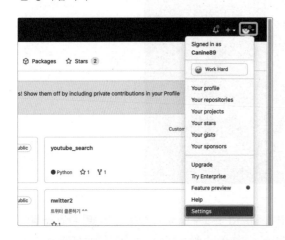

05단계 Title에 추가할 SSH 키 이름을 적고 복사해두었던 SSH 키를 붙여넣어줍니다. 그 뒤 [Add SSH key] 버튼을 눌러 SSH 키를 추가합니다.

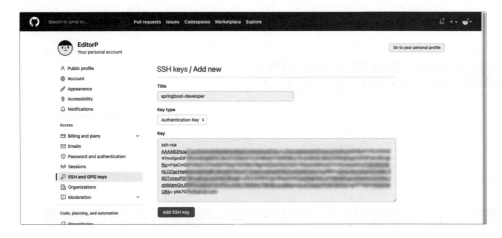

이제 연동이 끝났습니다! 이제 깃을 사용하기 위한 모든 준비가 끝났으니, CI/CD를 만들기 위해 깃허브 액션을 사용하며 실습을 진행해봅시다.

12.2 깃허브 액션 사용하기

깃허브 액션github actions은 깃허브에서 제공하는 서비스입니다. 리포지터리, 즉, 코드 원격 저장소에 특정 이벤트가 발생하면 특정 작업을 하거나, 주기적으로 특정 작업을 반복할 수 있게 합니다. 예를 들어 누군가 코드를 작성해 깃허브에 업데이트하면 해당 코드에 문제가 없는지 자동으로 코드를 빌드, 테스트한 이후 배포까지 할 수 있습니다. 지금까지 수작업으로 이 일을 한 여러분이라면 이 서비스가 얼마나 편리할지 상상할 수 있을 겁니다.

깃허브 리포지터리 생성하고 코드 푸시하기

깃허브 액션을 사용하려면 깃허브 리포지터리에 지금까지 작업한 코드를 업로드해야 합니다. 깃허브에 코드를 업로드하는 행위를 푸시push라고 부르므로 앞으로 푸시라고 이야기하겠습니다. 깃허브 리포지터리를 생성하겠습니다.

01단계 `To do` 깃허브 홈페이지에서 [New repository] 버튼을 눌러 새 리포지터리 생성 화면으로 넘어가서 프로젝트 이름을 적은 뒤, 공개 범위를 설정한 후 리포지터리를 생성합니다. 이때 실습에서 사용할 리포지터리 이름은 springboot-developer로 합니다. 다른 이름을 입력해도 됩니다.

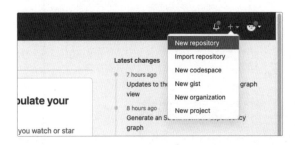

02단계 리포지터리가 생성되면 SSH로 접근할 수 있는 리포지터리 주소도 알려줍니다. 주소를 복사하세요.

오른쪽에 보이는 사각형 2개가 겹쳐진 모양의 버튼을 눌러도 주소를 복사할 수 있습니다.

03단계 인텔리제이로 지금까지 작업한 프로젝트를 엽니다. 그런 다음 아래에 있는 [Terminal]을 눌러 터미널 창을 열고 git init 명령어를 입력합니다.

혹시 git bash가 익숙한 독자가 있다면 git bash를 사용해도 좋습니다.

git init 명령어는 특정 폴더를 깃 저장소로 만들 때 사용하는 명령어입니다. '빈 깃 저장소를 다시 초기화했습니다'라는 안내 문구가 나타나면 제대로 실행된 겁니다. 그리고 숨김 폴더로 .git 폴더가 생깁니다. 바로 이 폴더에 코드의 변경 내역(버전) 관리를 위한 정보를 저장합니다. 이 폴더를 실수로 지우면 여러분의 버전 관리 내역이 모두 사라지므로 주의해야 합니다. **깃, 깃허브를 구분해서 지금까지 진행한 작업을 정리해봅시다.** 깃허브에서는 리포지터리를 만들었고, 로컬에서는 스프링 프로젝트를 깃 저장소로 생성했습니다. 그림으로 보면 다음과 같습니다.

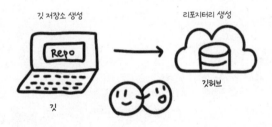

04단계 이번에는 깃허브의 리포지터리와 로컬의 깃 저장소를 연결하기 위해 remote 명령어를 사용합니다. 쉽게 말해 로컬의 깃 저장소 이력과 파일을 모두 깃허브에 업로드하기 위해 이 둘을 연결한다고 생각하면 됩니다. 깃허브의 리포지터리 주소는 아까 복사했습니다. 이 값을 다음 명령어에 잘 넣어 입력하면 됩니다.

명령어 입력을 완료하고 나면 origin이라는 단축 이름에 git@github.com:${사용자계정명}/
springboot-developer.git이라는 리포지터리를 추가합니다.

origin: 깃허브 리포지터리 주소

05단계 이제는 로컬 저장소의 이력, 파일을 리포지터리에 푸시하기 위한 add, commit 작업을
해봅시다. add . 명령어는 현재 프로젝트 폴더의 모든 파일을 대상으로 변경 사항 등을 추적하고
그 파일들을 스테이지라는 곳에 올립니다. 스테이지는 쉽게 말해서 리포지터리에 올리기 전에 파
일들의 변경 사항을 미리 모아놓는 곳입니다. 커밋은 로컬 저장소에 올리기 위한 겁니다. 즉, 커밋
을 해야만 로컬 저장소에 변경 이력, 변경한 파일들이 업데이트됩니다.

```
$ git add .
$ git commit -m "project init"
[master (최상위-커밋) 19a8278] "project init"
 31 files changed, 361 insertions(+)
 create mode 100644 .gitignore
 create mode 100644 README.md
 create mode 100644 build.gradle
 create mode 100644 gradle/wrapper/gradle-wrapper.jar
 create mode 100644 gradle/wrapper/gradle-wrapper.properties
 create mode 100755 gradlew
```

06단계 브랜치명을 main으로 바꾼 후 원격 저장소에 저장하기 위해 push 명령어를 입력해 푸
시를 마무리합니다. 이제 깃허브 리포지터리에 코드가 업데이트되었습니다.

```
$ git branch -M main
$ git push origin main
```

07단계 깃허브에 접속해서 리포지터리를 확인하면 커밋할 때 적었던 메시지와 함께 코드들이 업
로드된 것을 확인할 수 있습니다. 필자의 경우 커밋을 여러 번 하였으므로 다른 메시지도 섞여 있

습니다.

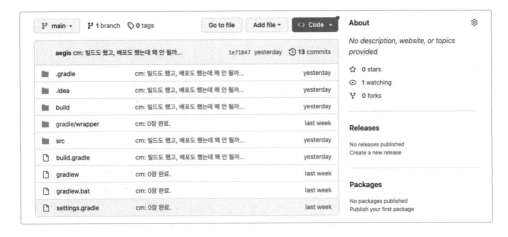

깃허브 액션 스크립트 작성하기, CI

이제 깃허브에 리포지터리가 준비되었으니 깃허브 액션 스크립트를 작성해 CI를 구현하겠습니다.

01단계 To do 프로젝트 최상단에 .github 디렉터리를 만들어줍니다. 그 안에 workflows 디렉터리를 다시 만들고 ci.yml 파일을 생성해 다음 스크립트를 작성합니다.

workflow가 아니라 workflows입니다.

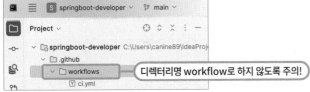

디렉터리명 workflow로 하지 않도록 주의!

```yml
# ❶ 워크플로의 이름 지정                                          ci.yml
name: CI

# ❷ 워크플로가 시작될 조건 지정
on:
  push:
    branches: [ main ]

jobs:
  build:
    runs-on: ubuntu-latest # ❸ 실행 환경 지정
    # ❹ 실행 스텝 지정
    steps:
      - uses: actions/checkout@v3

      - uses: actions/setup-java@v3
        with:
          distribution: 'zulu'
          java-version: '17'

      - name: Grant execute permission for gradlew
        run: chmod +x gradlew

      - name: Build with Gradle
        run: ./gradlew clean build
```

❶ 워크플로의 이름을 지정합니다. 이 워크플로는 CI를 실행하기 위한 스크립트의 모음이므로 CI 라고 지정했습니다. ❷ 워크플로를 시작할 트리거 조건을 지정합니다. main 브랜치에 푸시를 할 때마다 워크플로를 시작하도록 작성했습니다. ❸ 리눅스나 윈도우와 같은 실행 환경을 지정합니다. ❹ 실행 스텝을 그룹화합니다. 각 항목은 별도의 작업uses 또는 명령어run로 이루어졌습니다.

02단계 추가된 파일을 원격 저장소에 올리기 위해 커밋, 푸시를 진행하고 깃허브 리포지터리의 [Action] 메뉴에 들어가 CI가 실행되는 것을 확인합니다.

```
$ git add .
$ git commit -m "CI 추가"
$ git push origin main
```

이 화면이 보이고 워크플로가 성공적으로 동작하면 초록색 체크 모양으로 표시됩니다. 여기까지 확인한 뒤에 CD 스크립트를 추가하겠습니다.

깃허브 액션 스크립트 작성하기, CD

01단계 `To do` 현재 프로젝트에서는 빌드를 진행하면 총 두 개의 jar 파일이 생깁니다. 하나는 일반 jar 파일이고 다른 하나는 plain이라는 접미사가 붙은 jar 파일입니다.

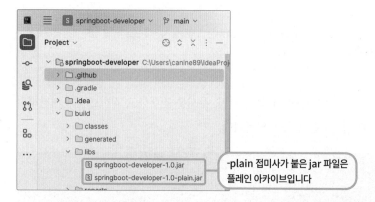

이 jar 파일은 플레인 아카이브plain archive라고 하며 애플리케이션 실행에 필요한 의존성을 포함하지 않고 소스 코드의 클래스 파일과 리소스 파일만 포함합니다. 따라서 플레인 아카이브만으로는 서비스를 실행할 수 없으므로 빌드 시에 일반 jar 파일만 생성하도록 그레이들 파일을 변경하겠습니다.

▼ build.gradle

```
... 생략 ...
jar {
  enabled = false
}
```

02단계 깃허브 액션 스크립트에서 만든 ci.yml 파일 이름을 cicd.yml로 변경하고 다음 코드를 추가합니다.

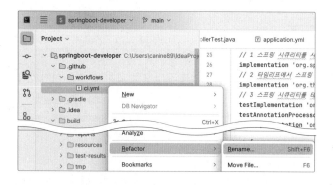

```yaml
name: CI/CD # ❶ 깃허브 액션 이름 변경

on:
  push:
    branches: [ main ]

jobs:
  build:
    runs-on: ubuntu-latest

    steps:
      - uses: actions/checkout@v3

      - uses: actions/setup-java@v3
        with:
          distribution: 'corretto'
          java-version: '17'

      - name: Grant execute permission for gradlew
        run: chmod +x gradlew

      - name: Build with Gradle
        run: ./gradlew clean build

      # ❷ 현재 시간 가져오기
      - name: Get current time
        uses: josStorer/get-current-time@v2.0.2
        id: current-time
        with:
          format: YYYY-MM-DDTHH-mm-ss
          utcOffset: "+09:00"

      # ❸ 배포용 패키지 경로 저장
      - name: Set artifact
        run: echo "artifact=$(ls ./build/libs)" >> $GITHUB_ENV

      # ❹ 빈스토크 배포
      - name: Beanstalk Deploy
        uses: einaregilsson/beanstalk-deploy@v20
```

cicd.yml

```
    with:
      aws_access_key: ${{ secrets.AWS_ACCESS_KEY_ID }}
      aws_secret_key: ${{ secrets.AWS_SECRET_ACCESS_KEY }}
      application_name: springboot-developer
      environment_name: springboot-developer-env
      version_label: github-action-${{steps.current-time.outputs.formattedTime}}
      region: ap-northeast-2
      deployment_package: ./build/libs/${{env.artifact}}
```

❶ 깃허브 액션 이름을 CI에서 CI/CD로 변경합니다. ❷ josStorer/get-current-time 플러그인을 사용해 현재 시간을 가져옵니다. 가져온 시간은 배포 버전을 지정할 때 사용됩니다. ❸ 빌드 이후에 생성된 jar 파일을 찾아 "artifact"라는 환경 변수에 값을 넣어줍니다. $GITHUB_ENV를 사용해 깃허브 워크플로 전체적으로 사용할 수 있는 환경 변수를 설정할 수 있습니다. ❹ einaregilsson/beanstalk-deploy 플러그인을 사용해 빈스토크 배포를 진행합니다. 여기에서 지정한 secrets.AWS_ACCESS_KEY_ID와 secrets.AWS_SECRET_ACCESS_KEY는 깃허브 액션에서 가져오는 비밀값입니다. 이 값은 AWS에서 만든 뒤 깃허브에서 설정해야 합니다. 또한 애플리케이션 이름application_name과 환경 이름environment_name은 일래스틱 빈스토크에서 확인할 수 있습니다.

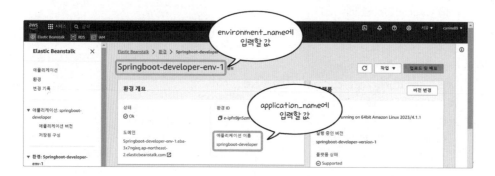

03단계   IAM은 AWS 리소스를 사용하도록 권한을 부여하는 서비스입니다. AWS에 접속한 뒤 IAM 서비스를 검색해 접속한 다음 [사용자]를 클릭합니다. 그런 다음 [사용자 생성] 버튼을 눌러 사용자를 추가합니다. 사용자 이름은 github-action으로 지정합니다.

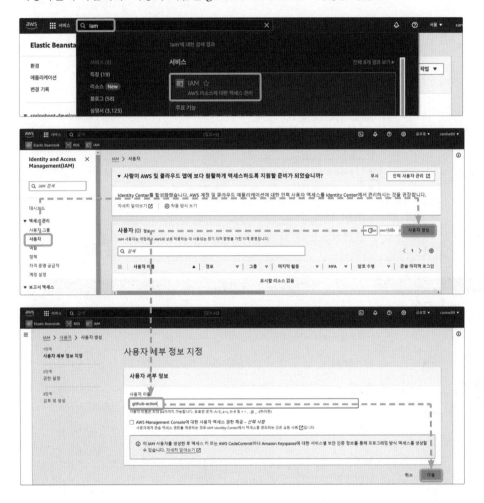

04단계   [다음]을 눌러 나온 권한 설정에서는 [직접 정책 연결]을 선택한 뒤 AdministratorAccess-AWSElasticBeanstalk를 검색해 선택합니다 이 권한은 빈스토크를 사용하기 위해 필요한 모든 관리 권한을 사용자에게 제공하는 권한입니다. AdministratorAccess 권한은 너무 광범위하기 때문에 정말 필요한 권한만 주는 것이 좋지만 진행의 편의를 위해 해당 권한을 사용하겠습니다.

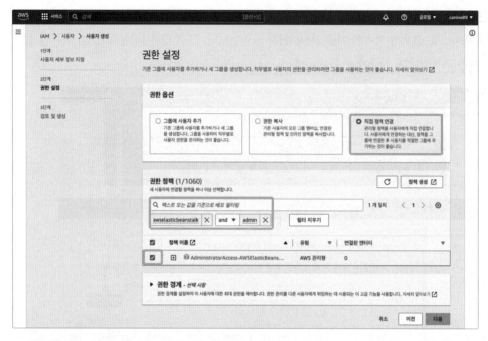

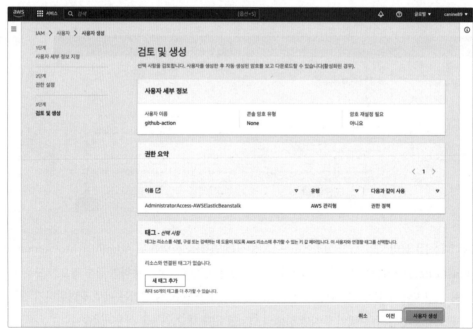

05단계 사용자 생성을 마치고 github-action 사용자를 눌러 액세스 키를 만듭니다. 조금만 스크롤바를 내리면 액세스 키 항목의 [액세스 키 만들기] 버튼을 찾을 수 있습니다. [서드 파티 서비스]를 선택하고 [다음]을 누르고 '설명 태그 값'을 github-action으로 해 액세스 키를 만드세요.

이 값들은 절대로 노출되면 안 되는 값이므로 깃허브 리포지터리와 같은 공간에 올리지 않도록 주의해야 합니다.

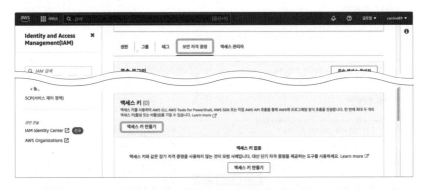

06단계 그러면 액세스 키가 만들어집니다. **이 화면을 넘기지 마세요. 액세스 키는 이 화면에서 딱 한 번 확인할 수 있습니다.** 값을 미리 복사하거나 [.csv 파일 다운로드]를 눌러 보관해주세요.

07단계 복사한 값을 등록하기 위해 깃허브 리포지터리에 접속한 뒤 [Settings → Secrets and variables → Actions] 순서로 메뉴에 들어갑니다. 그 이후에 [New repository secrets] 버튼을 눌러 새로운 비밀 키를 각각 등록합니다.

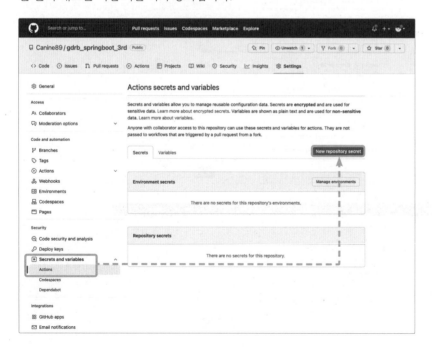

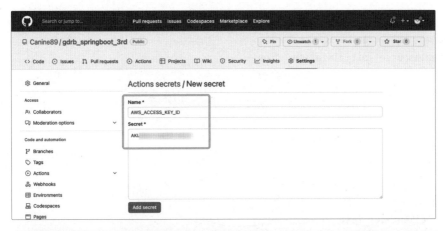

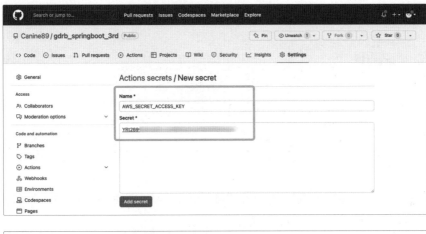

08단계 깃허브에 커밋, 푸시를 하기 전에 민감한 값을 바꾸겠습니다. application.yml 파일을 열어 비밀값으로 정의한 client-id, client-secret, jwt 항목의 secret_key를 임의 값으로 바꾸세요. 이 값들은 aws에 실징했던 값으로 자동으로 덮어씌워집니다.

```
spring:
  jpa:
    show-sql: true
    properties:
```

```
        hibernate:
           format_sql: true
      defer-datasource-initialization: true
    h2:
      console:
        enabled: true
    security:
      oauth2:
        client:
          registration:
            google:                         덮어씌워질
              client-id: test_id            값이므로 어떤 값으로 해도
              client-secret: test_secret    괜찮습니다
              scope:
                - email
                - profile

                                    덮어씌워질
                                    값이므로 어떤 값으로 해도
                                    괜찮습니다
    jwt:
      issuer: ajufresh@gmail.com
      secret_key: test_key
```

09단계 cd가 정상적으로 작동하는 것을 확인하기 위해 커밋과 푸시를 차례대로 수행하고 확인합니다. 깃허브 액션이 성공하는 것을 확인할 수 있습니다. 실제로 배포가 되었는지 확인하기 위해 빈스토크의 최근 배포 날짜와 시간을 확인해보세요. 앞으로 작업을 한 뒤 리포지터리에 업로드하면 깃허브 액션이 빌드를 자동으로 실행하고, 빌드에 성공하면 새 버전을 빈스토크에 배포할 겁니다.

깃허브 액션에서 'Error: Deployment failed. Error: Environment still has health Yellow 30 seconds after update finished!'라는 메시지가 나올 수도 있지만 실습에는 크게 영향을 주지 않으므로 이대로 마무리해도 좋습니다.

```
$ git add .
$ git commit -m "ci.yml > cicd.yml"
$ git push origin main
```

클릭

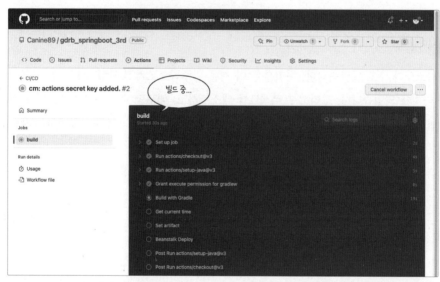

빌드 중...

깃허브 액션을 사용해 코드가 변경될 때마다 자동으로 빌드되고 배포하는 방법을 실습했습니다. 이번 장에서 배운 깃허브 액션 플러그인 이외에도 사용할 수 있는 플러그인이 매우 많으니 적절하게 사용하면 개발 생산성을 크게 올릴 수 있습니다. CI/CD는 실무에서 많이 사용하는 개념이니 꼭 이해해두는 게 좋습니다.

핵심 요약

1 **CI**는 개발자를 위해 빌드와 테스트를 자동화하는 과정이고, **CD**는 CI 작업을 끝낸 다음 실행하는 작업으로, 배포 준비가 된 코드를 자동으로 서버에 배포하는 작업을 자동화하는 겁니다.

2 **깃**은 여러 명이 한 프로젝트를 동시에 작업을 할 수 있게 코드를 저장하고 관리할 수 있는 시스템입니다. **깃허브**는 깃과 연동해 작업한 코드를 저장할 수 있는 서비스입니다.

선생님의 마지막 인사

지금까지 따라오느라 수고 많았습니다! 여러분은 이 책을 완주함으로써 스프링 부트 3를 다루기 위한 기반을 다지게 되었습니다. 그리고 프로젝트를 테스트하고, 배포할 수 있게 되었고, 이를 자동화하는 방법도 알게 되었습니다. 이 책이 여러분의 스프링 부트 3 개발의 여정을 함께하는 책이길 바랍니다.

2023년 겨울 신선영

1 변경 사항을 자동으로 테스트하고 애플리케이션에 문제가 없다는 것을 보장하고, 코드를 정기적으로 빌드하고, 테스트하는 것을 뭐라고 할까요?

2 지속적 제공을 통해 성공적으로 병합한 코드 내역을 AWS와 같은 배포 환경으로 보내는 것을 뭐라고 할까요?

3 코드가 변경된 후에 변경 사항을 추적하고, 원격 저장소에 올리려면 어떤 3가지 명령어를 입력해야 할까요?

4 깃허브에서 제공하는 서비스입니다. 리포지터리, 즉, 코드 원격 저장소에 특정 이벤트가 발생하면 특정 작업을 하거나, 주기적으로 특정 작업을 반복할 수 있게 하는 것을 뭐라고 할까요?

1 **정답** 지속적 통합, CI

2 **정답** 지속적 배포, CD

3 **정답** add, commit, push

4 **정답** 깃허브 액션

값 검증 가이드

값 검증^{validation}은 사용자가 요청을 보냈을 때 올바른 값인지 유효성 검사를 하는 과정입니다. 예를 들어 서버에서 로직을 처리하기 전에 사용자가 잘못된 데이터를 보냈다고 해봅시다. 이럴 때는 서버에서 로직을 처리하기 전에 사용자에게 '입력한 데이터가 올바르지 않다'라는 에러 메시지를 보여주면 됩니다. 이렇게 하면 서버에서 서비스 로직을 실행하지 않으니 조금 더 시스템을 안정적으로 관리할 수 있죠. 여러분이 이 책을 통해 지금까지 작성한 코드를 바탕으로 값 검증에 대해 이야기해보겠습니다. AddArticleRequest.java 파일을 열어주세요.

```
                                                         AddArticleRequest.java
@NoArgsConstructor
@AllArgsConstructor
@Getter
public class AddArticleRequest {
    private String title;
    private String content;

    public Article toEntity(String author) {
        return Article.builder()
                .title(title)
                .content(content)
                .author(author)
                .build();
    }
}
```

이 코드는 블로그 글 추가 요청을 받기 위한 DTO입니다. 코드에서 보듯 이 DTO는 String형 title, content를 가지고 있습니다. 그런데 만약 누군가 이렇게 요청을 보내면 어떻게 처리해야 할까요?

```
{
  "title": "제목"
}
```

이런 경우 title에는 "제목"이, content에는 null이 들어올 것입니다. 그런데 Article 엔티티에서는 content의 속성이 nullable = false로 정의되어 있네요. 그러면 null을 저장하는 순간 예외가 발생하며 서버에 문제가 생길 것입니다. 이런 경우 서버단이 아니라 요청단에서 값 검증을 하여 처음부터 content값이 없으면 사용자에게 알려주는 등의 방법을 사용하면 이런 상황을 예방할 수 있습니다. 그 방법을 알아봅시다.

스프링에서는 자바 빈 밸리데이션^{java bean validation}이라는 API를 제공합니다. 이 API를 사용하면 애너테이션 기반으로 다양한 검증 규칙을 간편하게 사용할 수 있고 입력 데이터의 유효성을 검사할 수 있습니다. 자주 사용하는 몇가지 애너테이션을 살펴보겠습니다. 애너테이션 이름을 보면 알겠지만 이름에 '검증 규칙 목적'이 명확하게 보이므로 직관적으로 이해할 수 있을 겁니다.

▼ 자주 사용하는 자바 빈 밸리데이션 예

```
/**
* 문자열을 다룰 때 사용
*/
@NotNull // null 허용하지 않음
@NotEmpty // null, 빈 문자열(공백) 또는 공백만으로 채워진 문자열 허용하지 않음
@NotBlank // null, 빈 문자열(공백) 허용하지 않음
@Size(min=?, max=?) // 최소 길이, 최대 길이 제한
@Null // null만 가능

/**
* 숫자를 다룰 때 사용
*/
@Positive // 양수만 허용
@PositiveOrZero // 양수와 0만 허용
@Negative // 음수만 허용
@NegativeOrZero // 음수와 0만 허용
@Min(?) // 최솟값 제한
@Max(?) // 최댓값 제한
```

```
/**
 * 정규식 관련
 */
@Email // 이메일 형식만 허용
@Pattern(regexp="?") // 직접 작성한 정규식에 맞는 문자열만 허용
```

값 검증은 어느 계층에서 해도 상관없습니다. 프레젠테이션 계층에서 컨트롤러에 요청이 오는 순간 검증할 수도 있고, 퍼시스턴스 계층에서 엔티티에 적용할 수도 있죠. 부록에서는 프레젠테이션 계층에서 검증하는 과정을 소개합니다. 보통은 프레젠테이션 계층에 검증 코드를 작성해야 불필요한 서비스 로직을 실행하지 않을 수 있고, 또, 사용자 요청마다 세부 조건을 적용할 수 있기 때문입니다. 그럼 실습을 통해서 실제로 값 검증을 하는 방법을 알아보겠습니다.

> 상황에 따라 중복 로직이 너무 많이 생기거나 검증 로직을 통일하기 어려우면 퍼시스턴스 계층인 엔티티에 검증 코드를 작성하기도 합니다.

01단계 `To do` build.gradle 파일을 열어 의존성을 추가해주세요.

```
dependencies {                                          build.gradle
    ... 생략 ...
    implementation 'org.springframework.boot:spring-boot-starter-validation'
    testImplementation 'com.github.javafaker:javafaker:1.0.2'
    ... 생략 ...
```

Faker는 테스트를 진행할 때 가짜 데이터를 생성해주는 오픈소스 라이브러리입니다. 쉽게 말해 이 라이브러리를 사용하면 이름, 주소, 이메일 같은 가짜 정보를 쉽게 생성할 수 있습니다. 예를 들어 다음과 같이 가짜 정보를 생성할 수 있습니다.

▼ Faker로 가짜 정보를 만든 예

```
Faker faker = new Faker(new Locale("ko")); // Local을 넣지 않으면 영어로 생성

String name = faker.address().fullAddress(); // 85877 구로읍, 부천구, 부산
String firstName = faker.name.name(); // 홍 길동
String lastName = faker.food.fruit(); // Melon
```

이제 사용자가 입력해야 할 값에 어떤 유효성이 필요할지 정의해보겠습니다. 필자의 경우 블로그

글을 생성할 때는 이런 유효성이 있어야 한다고 생각합니다. 이 유효성을 바탕으로 코드를 작성해 보겠습니다.

	제목	내용
유효성 1	Null값은 허용하지 않음	Null값은 허용하지 않음
유효성 2	1자 이상 10자 이하	

02단계 검증 로직을 작성하기 전에 검증 로직을 테스트할 테스트 코드부터 작성합시다. BlogApiControllerTest.java 파일을 열어 다음과 같이 코드를 작성하세요.

```java
@DisplayName("addArticle: 아티클 추가할 때 title이 null이면 실패한다.")
@Test
public void addArticleNullValidation() throws Exception {
  // given
  final String url = "/api/articles";
  final String title = null;
  final String content = "content";
  final AddArticleRequest userRequest = new AddArticleRequest(title, content);

  final String requestBody = objectMapper.writeValueAsString(userRequest);

  Principal principal = Mockito.mock(Principal.class);
  Mockito.when(principal.getName()).thenReturn("username");

  // when
  ResultActions result = mockMvc.perform(post(url)
        .contentType(MediaType.APPLICATION_JSON_VALUE)
        .principal(principal)
        .content(requestBody));

  // then
  result.andExpect(status().isBadRequest());
}

@DisplayName("addArticle: 아티클 추가할 때 title이 10자를 넘으면 실패한다.")
@Test
public void addArticleSizeValidation() throws Exception {
```

```
// given
Faker faker = new Faker();

final String url = "/api/articles";
final String title = faker.lorem().characters(11);
final String content = "content";
final AddArticleRequest userRequest = new AddArticleRequest(title, content);

final String requestBody = objectMapper.writeValueAsString(userRequest);

Principal principal = Mockito.mock(Principal.class);
Mockito.when(principal.getName()).thenReturn("username");

// when
ResultActions result = mockMvc.perform(post(url)
        .contentType(MediaType.APPLICATION_JSON_VALUE)
        .principal(principal)
        .content(requestBody));

// then
result.andExpect(status().isBadRequest());
}
```

값의 유효성을 검증하기 위한 2개의 테스트 케이스를 새로 작성했습니다. 각 테스트 케이스는 다음과 같은 given-when-then 패턴을 가집니다.

▼ addArticleNullValidation()

given	블로그 글 추가에 필요한 요청 객체를 만듭니다. 이때 title에는 null값으로 설정합니다.
when	블로그 글 추가 API에 요청을 보냅니다. 이때 요청 타입은 JSON이며, given절에서 미리 만들어둔 객체를 요청 본문으로 함께 보냅니다.
then	응답 코드가 400 Bad Request인지 확인합니다.

▼ addArticleSizeValidation()

given	블로그 글 추가에 필요한 요청 객체를 만듭니다. 이때 title에는 11자의 문자가 들어가게 설정합니다.
when	블로그 글 추가 API에 요청을 보냅니다. 이때 요청 타입은 JSON이며, given절에서 미리 만들어둔 객체를 요청 본문으로 함께 보냅니다.

then	응답 코드가 400 Bad Request인지 확인합니다.

테스트를 실행하면 이번에 추가한 2개의 테스트는 모두 실패할 것입니다. 왜냐하면 아직 유효값 검증 로직을 작성하지 않았기 때문이죠.

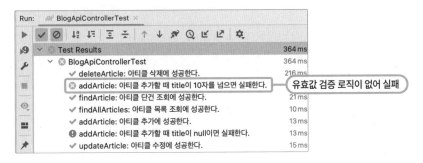

03단계 블로그 글 추가 요청을 받을 때 사용하는 DTO인 AddArticleRequest.java 파일을 열어 값 검증 애너테이션을 추가하세요.

```java
                                                          AddArticleRequest.java
@NoArgsConstructor
@AllArgsConstructor
@Getter
public class AddArticleRequest {

  @NotNull
  @Size(min = 1, max = 10)
  private String title;

  @NotNull
  private String content;

  public Article toEntity(String author) {
      return Article.builder()
              .title(title)
              .content(content)
              .author(author)
              .build();
  }
}
```

title에는 Null을 허용하지 않는 @NotNull과 1자 이상 10자 이하의 조건을 설정하는 @Size 애너테이션을, content에는 @NotNull만 추가했습니다.

04단계 블로그 글 추가 요청을 받는 BlogApiController.java 파일을 열어 코드를 수정해주세요.

```java
                                                              BlogApiController.java
@PostMapping("/api/articles")
public ResponseEntity<Article> addArticle(@RequestBody @Validated
AddArticleRequest request, Principal principal) {
  Article savedArticle = blogService.save(request, principal.getName());

  return ResponseEntity.status(HttpStatus.CREATED)
          .body(savedArticle);
}
```

@Validated 애너테이션을 추가하여 메서드에 들어오는 파라미터가 유효한 값인지 검증합니다. 이제 코드 수정이 모두 끝났으니 테스트 코드를 다시 실행해보세요. BlogApiControllerTest.java 파일을 다시 실행하면 다음과 같이 모든 테스트가 잘 실행될 것입니다.

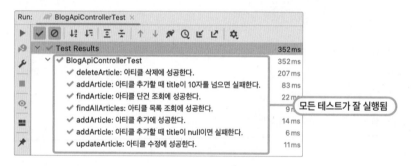

이런 방식으로 값 검증을 하면 쉽게 서버의 안정성을 챙길 수 있을 것입니다. 꼭 알아두었다가 실무에 잘 활용하기 바랍니다.

예외 처리 가이드

스프링, 스프링 부트는 예외 처리를 쉽고 명확하게 처리할 수 있는 다양한 애너테이션을 지원합니다. 이번에는 스프링, 스프링 부트를 사용할 때 어떤 방식으로 예외 처리를 하는지 알아보겠습니다. BlogService.java 파일을 연 다음 글을 조회하는 findById() 메서드를 살펴보겠습니다.

```java
public Article findById(long id) {
  return blogRepository.findById(id)
        .orElseThrow(() -> new IllegalArgumentException("not found : " + id));
}
```
BlogService.java

이 코드는 id를 입력받아 특정 블로그 글을 찾은 다음, 글이 없으면 IllegalArgumentException 예외와 함께 "not found ${id}"라는 에러 메시지를 보냅니다. 실제로 다음 포맷으로 에러 메시지를 보내줍니다.

▼ 실제로 예외가 발생하면 생기는 에러 메시지

```json
{
  "timestamp": "2023-04-16T07:28:34.039+00:00", # 예외 발생 시간
  "status": 500, # HTTP 상태 코드
  "error": "Internal Server Error", # 예외 유형
  "path": "/api/articles/123" # 예외가 발생한 요청 경로
}
```

이 포맷은 스프링 부트에서 기본으로 제공하는 DefaultErrorAttributes입니다. 여기에 추가 정보를 담고 싶다면 ErrorAttributes를 구현하여 빈으로 등록하면 구현한 ErrorAttributes에 맞게 에러 메시지를 만들 수 있습니다. 다음은 DefaultErrorAttributes에 customValue라는 키 값을 추가한 예입니다. 따라 하지 말고 눈으로만 봐주세요!

▼ DefaultErrorAttributes에 customValue라는 키값을 추가한 예

```java
@Component
public class CustomErrorAttributes extends DefaultErrorAttributes {

  @Override
  public Map<String, Object> getErrorAttributes(WebRequest webRequest,
ErrorAttributeOptions options) {
      Map<String, Object> result = super.getErrorAttributes(webRequest, options);
      result.put("customValue", "Hello, World!");
      return result;
  }
}
```

이렇게 구현하면 다음과 같이 임의 키값이 추가된 포맷을 에러 메시지로 만들어줍니다.

▼ 임의 키값이 추가된 포맷의 에러 메시지

```json
{
  "timestamp": "2023-04-16T07:37:16.999+00:00",
  "status": 500,
  "error": "Internal Server Error",
  "path": "/api/articles/333",
  "customValue": "Hello, World!"
}
```

그럼 다른 방법으로 에러 메시지를 만들 방법은 없는 걸까요? 다른 방법도 있습니다. 필자의 경우 에러 메시지용 객체를 만들어 사용하기를 더 좋아합니다. 객체로 에러 메시지를 만들면 어떤 키값이 있는지 한눈에 보기 좋습니다. 그리고 구조를 바꾸기도 용이하죠. 그래서 앞서 소개한 ErrorAttributes를 구현하는 방법 대신 에러 메시지용 객체를 별도로 만드는 방법을 실습하겠습니다. 아참, 기존의 예외 처리 로직에는 다음과 같은 두 가지의 아쉬운 점이 있었는데 이것도 해결해보겠습니다.

1 예외 이름만 보고는 왜 발생한 예외인지 파악이 어렵다.

2 예외 메시지가 여러 곳에 퍼져 있기 때문에 관리하기가 어렵다.

01단계 `To do` config 디렉터리에 error 디렉터리를 만들고 ErrorCode라는 이름을 가진 enum을 생성하세요.

```java
ErrorCode.java

@Getter
public enum ErrorCode {
  INVALID_INPUT_VALUE(HttpStatus.BAD_REQUEST, "E1", "올바르지 않은 입력값입니다."),
  METHOD_NOT_ALLOWED(HttpStatus.METHOD_NOT_ALLOWED, "E2", "잘못된 HTTP 메서드를 호출했습니다."),
  INTERNAL_SERVER_ERROR(HttpStatus.INTERNAL_SERVER_ERROR, "E3", "서버 에러가 발생했습니다."),
  NOT_FOUND(HttpStatus.NOT_FOUND, "E4", "존재하지 않는 엔티티입니다."),

  ARTICLE_NOT_FOUND(HttpStatus.NOT_FOUND, "A1", "존재하지 않는 아티클입니다.");

  private final String message;

  private final String code;
  private final HttpStatus status;

  ErrorCode(final HttpStatus status, final String code, final String message) {
      this.status = status;
      this.code = code;
      this.message = message;
  }
}
```

이 코드는 에러 코드를 한 곳에 모아 관리하기 위한 enum입니다. 에러가 발생했을 때 어떤 HTTP 상태값으로 응답하는지, 어떤 기본 메시지를 가지고 있는지, 어떤 고유한 에러 코드를 가지는지를 정의한 것이죠. 이렇게 정의하면 예외를 한 곳에서 관리할 수 있습니다.

02단계 ErrorResponse.java 파일을 생성한 뒤 다음 코드를 따라 입력하세요.

```java
ErrorResponse.java

@Getter
@NoArgsConstructor(access = AccessLevel.PROTECTED)
public class ErrorResponse {

  private String message;
  private String code;
```

```java
    private ErrorResponse(final ErrorCode code) {
        this.message = code.getMessage();
        this.code = code.getCode();
    }

    public ErrorResponse(final ErrorCode code, final String message) {
        this.message = message;
        this.code = code.getCode();
    }

    public static ErrorResponse of(final ErrorCode code) {
        return new ErrorResponse(code);
    }

    public static ErrorResponse of(final ErrorCode code, final String message) {
        return new ErrorResponse(code, message);
    }
}
```

ErrorAttributes를 대체할 에러 메시지용 객체입니다. 에러 메시지가 포함된 message 필드와 고유 에러 코드인 code 필드를 가지고 있습니다. ErrorResponse 객체를 사용하면 다음 형식의 JSON 응답을 받게 될 것입니다.

▼ 실제로 예외가 발생하면 생기는 에러 메시지

```json
{
  "message": "존재하지 않는 엔티티입니다.",
  "code": "E4"
}
```

03단계 error 디렉터리에 exception 디렉터리를 새로 만들고 BusinessBaseException. java 파일을 생성한 뒤 다음 코드를 입력하세요.

BusinessBaseException.java

```java
public class BusinessBaseException extends RuntimeException {
```

```
    private final ErrorCode errorCode;

    public BusinessBaseException(String message, ErrorCode errorCode) {
        super(message);
        this.errorCode = errorCode;
    }

    public BusinessBaseException(ErrorCode errorCode) {
        super(errorCode.getMessage());
        this.errorCode = errorCode;
    }

    public ErrorCode getErrorCode() {
        return errorCode;
    }
}
```

이 예외 클래스는 비즈니스 로직을 작성하다 발생하는 예외를 모아둘 최상위 클래스입니다.
BusinessBaseException을 상속받은 구조로 비즈니스 로직 관련 예외를 만드는 것이죠. 예를
들면 조회 대상이 없는 경우에 대한 예외를 정의하는 NotFoundException이나, 블로그 글을 조
회했을 때 발생할 수 있는 예외인 ArticleNotFoundException을 만듭니다. 예외 이름만 봐도
예외가 난 이유를 명확하게 파악할 수 있습니다. 이 외에도 인증되지 않은 사용자에 대한 예외를
처리할 UnauthorizedException, 중복키에 대한 예외를 처리할 DuplicateKeyException
등이 있습니다.

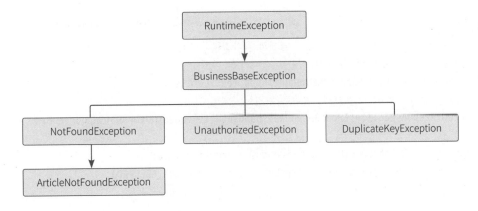

04단계 계속해서 코드를 작성합시다. exception 디렉터리에 NotFoundException.java, ArticleNotFoundException.java 파일을 만들어 다음 코드를 작성하세요.

NotFoundException.java

```java
public class NotFoundException extends BusinessBaseException {
  public NotFoundException(ErrorCode errorCode) {
     super(errorCode.getMessage(), errorCode);
  }

  public NotFoundException() {
     super(ErrorCode.NOT_FOUND);
  }
}
```

ArticleNotFoundException.java

```java
public class ArticleNotFoundException extends NotFoundException {
  public ArticleNotFoundException() {
     super(ErrorCode.ARTICLE_NOT_FOUND);
  }
}
```

05단계 error 디렉터리에 GlobalExceptionHandler.java를 만들고 다음 코드를 입력하세요. 이 코드는 @ControllerAdvice를 사용한 예외 처리 핸들러입니다. @ControllerAdvice를 사용하면 모든 컨트롤러에서 발생하는 예외를 중앙에서 한꺼번에 처리할 수 있습니다.

GlobalExceptionHandler.java

```java
@Slf4j
@ControllerAdvice // 모든 컨트롤러에서 발생하는 예외를 잡아서 처리
public class GlobalExceptionHandler {
  @ExceptionHandler(HttpRequestMethodNotSupportedException.class) // HttpRequestM
ethodNotSupportedException 예외를 잡아서 처리
  protected ResponseEntity<ErrorResponse> handle(HttpRequestMethodNotSupportedExc
eption e) {
     log.error("HttpRequestMethodNotSupportedException", e);
     return createErrorResponseEntity(ErrorCode.METHOD_NOT_ALLOWED);
  }
```

```
@ExceptionHandler(BusinessBaseException.class)
protected ResponseEntity<ErrorResponse> handle(BusinessBaseException e) {
    log.error("BusinessException", e);
    return createErrorResponseEntity(e.getErrorCode());
}

@ExceptionHandler(Exception.class)
protected ResponseEntity<ErrorResponse> handle(Exception e) {
    e.printStackTrace();
    log.error("Exception", e);
    return createErrorResponseEntity(ErrorCode.INTERNAL_SERVER_ERROR);
}

private ResponseEntity<ErrorResponse> createErrorResponseEntity(ErrorCode
errorCode) {
    return new ResponseEntity<>(
            ErrorResponse.of(errorCode),
            errorCode.getStatus());
}
}
```

@ExceptionHandler 애너테이션을 사용해 특정 예외 상황에 대한 처리를 정의할 수 있습니다. 예를 들어 HttpRequestMethodNotSupportedException 예외는 handle(HttpRequestMethodNotSupportedException e) 메서드로 예외를 처리합니다. HttpRequestMethodNotSupportedException 예외는 지원하지 않은 HTTP 메서드를 호출하면 발생하는 예외입니다. 이 예외가 발생하면 405 응답 코드와 함께 "잘못된 HTTP 메서드를 호출했습니다."라는 메시지를 보내줍니다.

이렇게 하면 스프링이 동작하며 자체적으로 발생하는 예외를 @ExceptionHandler에서 잡아 적절한 ErrorResponse로 변환하여 일관성 있는 예외 처리를 할 수 있습니다. 이 외에도 BusinessBaseException 예외는 예외를 던질 때 전달받는 ErrorCode를 바탕으로 ErrorResponse를 만들고, 여기에 정의한 예외가 아니라면 Exception을 잡는 핸들러에 걸리므로 500 응답 코드와 함께 "서버 에러가 발생했습니다."라는 메시지를 보내줍니다. 테스트 코드를 통해 실제로 그런지 확인해볼까요?

06단계 BlogApiControllerTest.java 파일을 열어 다음과 같이 테스트 코드를 작성하세요.

```java
                                                        BlogApiControllerTest.java
@DisplayName("findArticle: 잘못된 HTTP 메서드로 아티클을 조회하려고 하면 조회에 실패한
다.")
@Test
public void invalidHttpMethod() throws Exception {
    // given
    final String url = "/api/articles/{id}";

    // when
    final ResultActions resultActions = mockMvc.perform(post(url, 1));

    // then
    resultActions
            .andDo(print())
            .andExpect(status().isMethodNotAllowed())
            .andExpect(jsonPath("$.message").value(ErrorCode.METHOD_NOT_ALLOWED.
getMessage()));
}
```

위 테스트 코드는 GET 요청을 처리하는 컨트롤러만 있는 URL에 HttpRequestMethodNotS
upportedException 예외가 발생할 POST 요청을 보냅니다. 테스트 코드를 실행하면 실제로
METHOD_NOT_ALLOWED 에러 코드에 정의한 상태 코드인 405 응답과 에러 메시지를 보내
줍니다.

테스트는 잘 통과합니다. 검증문에 andDo(print( ))라는 내용을 작성했는데 이 코드를 추가하면
실제 응답이 어떻게 나오는지 콘솔 로그에서 확인할 수 있습니다. 로그 아래 쯤에 다음과 같은 로
그를 확인할 수 있습니다.

```
MockHttpServletResponse:
           Status = 405
    Error message = null
          Headers = [Content-Type:"application/json"]
     Content type = application/json
             Body = {"message":"잘못된 HTTP 메서드를 호출했습니다.","code":"E2"}
    Forwarded URL = null
   Redirected URL = null
          Cookies = []
```

그럼 이제 블로그 조회 로직의 예외도 바꿔보겠습니다. 그전에 지금은 어떤 응답이 오고 있는지 확인하기 위해 테스트 코드를 먼저 작성해보겠습니다.

07단계 BlogApiControllerTest.java 파일을 열어 다음 테스트 코드를 이어서 작성하고 테스트 코드를 실행하세요.

BlogApiControllerTest.java

```java
@DisplayName("findArticle: 존재하지 않는 아티클을 조회하려고 하면 조회에 실패한다.")
@Test
public void findArticleInvalidArticle() throws Exception {
  // given
  final String url = "/api/articles/{id}";
  final long invalidId = 1;

  // when
  final ResultActions resultActions = mockMvc.perform(get(url, invalidId));

  // then
  resultActions
          .andDo(print())
          .andExpect(status().isNotFound())
          .andExpect(jsonPath("$.message").value(ErrorCode.ARTICLE_NOT_FOUND.
getMessage()))
          .andExpect(jsonPath("$.code").value(ErrorCode.ARTICLE_NOT_FOUND.
getCode()));
}
```

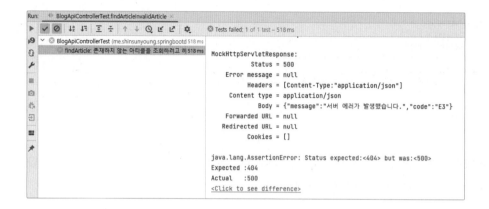

```
Run:    BlogApiControllerTest.findArticleInvalidArticle ×
   ✓ ⊘ ↓≡ ↓≡ ≡ ÷ ↑ ↓ ⨀ ⊯ ⊭ ✿      ⊗ Tests failed: 1 of 1 test – 518 ms
   ✓ BlogApiControllerTest (me.shinsunyoung.springbootd 518 ms      MockHttpServletResponse:
      findArticle: 존재하지 않는 아티클을 조회하려고 히 518 ms                              Status = 500
                                                                  Error message = null
                                                                        Headers = [Content-Type:"application/json"]
                                                                   Content type = application/json
                                                                           Body = {"message":"서버 에러가 발생했습니다.","code":"E3"}
                                                                  Forwarded URL = null
                                                                  Redirected URL = null
                                                                        Cookies = []

                                                               java.lang.AssertionError: Status expected:<404> but was:<500>
                                                               Expected :404
                                                               Actual   :500
                                                               <Click to see difference>
```

이번에는 테스트가 실패했습니다. 그 이유는 블로그 글이 조회되지 않아 IllegalArgument Exception을 반환하고 있는데 IllegalArgumentException을 ExceptionHandler에 정의하지 않았기 때문입니다. 지금은 상위 클래스인 Exception이 발생했을 때 처리하는 모습을 보여줍니다. 즉, 응답 코드는 500, 에러 메시지는 "서버 에러가 발생했습니다."가 나옵니다.

08단계 BlogService.java 파일을 열어 다음과 같이 코드를 수정하세요.

```java
                                                                                    BlogService.java
public Article findById(long id) {
  return blogRepository.findById(id)
        .orElseThrow(ArticleNotFoundException::new);
}
```

id에 해당하는 레코드가 없으면 ArticleNotFoundException 예외를 던지도록 수정했습니다. 다시 테스트 코드를 실행하면 테스트가 잘 되고, 메시지도 잘 나옵니다.

```
Run:    BlogApiControllerTest.findArticleInvalidArticle ×
   ✓ ⊘ ↓≡ ↓≡ ≡ ÷ ↑ ↓ ⨀ ⊯ ⊭ ✿      ✓ Tests passed: 1 of 1 test – 502 ms
   ✓ BlogApiControllerTest (me.shinsunyoung.springbootd 502 ms      MockHttpServletResponse:
      ✓ findArticle: 존재하지 않는 아티클을 조회하려고 히 502 ms                              Status = 404
                                                                  Error message = null
                                                                        Headers = [Content-Type:"application/json"]
                                                                   Content type = application/json
                                                                           Body = {"message":"존재하지 않는 아티클입니다.","code":"A1"}
                                                                  Forwarded URL = null
                                                                  Redirected URL = null
                                                                        Cookies = []
```

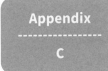

디버깅 가이드

개발을 진행하다보면 소스 코드의 흐름을 봐야할 때가 있습니다. 예를 들어 객체에 어떤 값이 들어 가는지 확인하거나 메서드를 실행하면 어떤 값을 반환하는지 확인하고 싶으면 어떻게 해야 할까 요? 그럴 때 바로 디버깅을 하면 됩니다. 디버깅이란 프로그램의 실행을 잠시 멈추고 실행 단계별 로 값을 확인하며 어떻게 되었는지 살펴보며 코드를 고치는 과정을 말합니다. 인텔리제이를 사용 하면 간편하게 디버깅이 가능합니다. 다음 과정을 따라하며 디버깅을 해봅시다. **참고로 이번 부록 은 6장을 기반으로 진행할 예정입니다. 디버깅 실습을 하려면 6장 기준으로 실습을 진행해주세요.**

01단계 멈추고 싶은 부분은 '브레이크 포인트'를 설정하면 됩니다. 예를 들어 BlogApiController.java 파일에서 addArticle( ) 메서드에서 savedArticle에 어떤 값이 들어 가는지 확인하고 싶다면 해당 부분 줄 오른쪽을 클릭하면 빨간 점이 생깁니다. 이렇게 하면 브레이 크 포인트가 생긴 것입니다.

```
19      @PostMapping("/api/articles")
20      public ResponseEntity<Article> addArticle(@RequestBody AddArticleRequest request) {
21          Article savedArticle = blogService.save(request);
22          return ResponseEntity.status(HttpStatus.CREATED)
23              .body(savedArticle);
24      }
```

02단계 그런 다음 프로젝트 시작점, 즉, 우리의 경우 SpringBootDeveloperApplication. java의 main( ) 메서드를 마우스 오른쪽으로 클릭하고 벌레 모양 아이콘을 누르면 디버깅 모드가 시작됩니다.

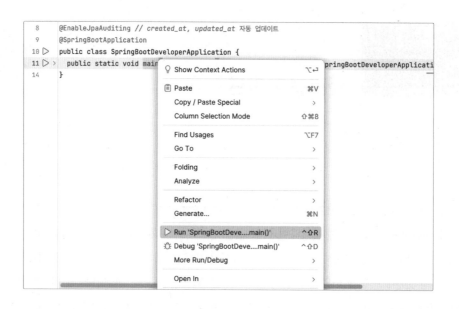

```
 8    @EnableJpaAuditing // created_at, updated_at 자동 업데이트
 9    @SpringBootApplication
10  ▷ public class SpringBootDeveloperApplication {
11  ▷ > public static void main                              pringBootDeveloperApplicati
14    }
```

03단계 이제 디버깅 모드가 잘 되는지 확인해봅니다. 우리의 목표는 addArticle( ) 메서드가 잘 동작하는지 보는 것입니다. 포스트맨에서 HTTP 메서드는 POST로, URL은 localhost:8080/api/articles로, Body는 [raw → JSON]을 선택하고 다음과 같이 title과 content를 입력한 뒤 [Send]를 눌러보겠습니다.

```
{
    "title": "디버그 기능",
    "content": "디버깅을 해보겠습니다."
}
```

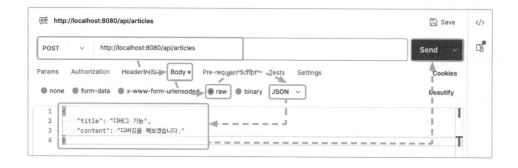

그러면 아까와는 다르게 결과가 바로 나오지 않고 [Sending request…] 상태로 멈춰있는 것을 확

인할 수 있습니다. 이 상태로 인텔리제이를 켜면 디버깅 창이 나오면서 브레이크 포인트에서 코드가 멈춰있는 것을 확인할 수 있습니다. 디버그 도구 창에서는 현재 스코프의 모든 변수 값을 볼 수 있습니다. 예를 들면 request 객체에 매핑된 title, content 값을 확인할 수 있습니다. 만약 여기에서 title, content 값이 null로 나온다면 제대로 매핑이 안 되었다는 것을 알 수 있겠죠?

또는 변수 이름 위에 마우스를 올려놓아도 해당 변수의 값을 볼 수 있습니다.

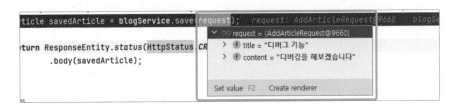

이런 식으로 브레이크 포인트를 여러 개 걸어서 단계별로 값이 어떻게 오고 가는지 확인할 수 있습니다. 주요 디버깅 버튼도 알아보도록 하겠습니다.

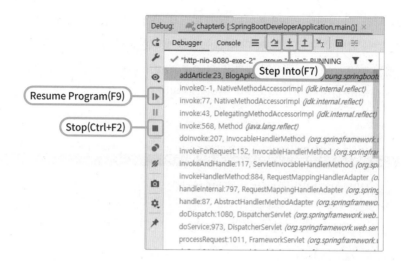

* Resume Program(F9): 다음 브레이크포인트까지 실행합니다.
* Stop(Ctrl+F2): 디버그 모드를 종료합니다.
* Step Over(F8): 현재 라인을 실행하고 다음 라인으로 이동합니다.
* Step Into(F7) – 현재 라인에 있는 메서드로 들어갑니다.
* Step Out(Shift + F8) – 현재 실행 중인 메서드나 함수에서 나옵니다.

댓글 기능 추가 가이드

이번에는 블로그 글에 댓글을 추가해보겠습니다. 댓글 기능을 추가하려면 데이터베이스의 조인 개념과 외래키 개념을 알아야 하는데요. **조인은 데이터베이스에서 테이블끼리 결합해 데이터를 가져오기 위해 사용하고, 외래키는 테이블 사이의 연결고리를 설정하기 위해 사용합니다.** 예를 들어 볼까요? 현재 우리는 블로그 글을 저장하기 위한 article 테이블이 있습니다.

id	title	content
1	제목1	내용1
2	제목2	내용2

만약 여기에 id가 1인 블로그 글에 댓글을 추가하려면 어떻게 해야할까요? 현재 테이블에 댓글을 저장할 수는 없습니다. 그래서 다음과 같이 comment 테이블을 새로 만듭니다.

id	article_id	content
1	1	댓글1
2	1	댓글2
3	2	댓글3

그리고 comment 테이블에는 article_id와 같은 열을 추가합니다. 이것이 'id가 1인 게시글의 댓글'이라는 표식입니다. 이것이 있어야 나중에 id가 1인 게시글을 조회할 때 comment 테이블을 참조하여 관련된 댓글들을 가져올 수 있겠죠. 그리고 바로 이 article_id와 같은 열을 외래키foreign key라고 합니다. 이 외래키가 두 테이블의 관계를 설정하는 데 사용됩니다. 쉽게 말해 comment 테이블에서 article 테이블의 기본키primary key인 id 열과 연결되어 일종의 두 테이블

사이의 연결고리를 만드는 것이죠. 앞에서 본 것처럼 데이터가 저장되어 있다면 댓글1, 댓글2, 댓글3은 이렇게 보일 것입니다.

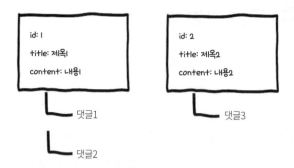

조인과 외래키 개념은 지면상 여기까지만 설명하겠습니다. 더 자세히 알아보고 싶다면 데이터베이스 관련 책이나 강의로 공부하기 바랍니다. 그럼 본격적으로 댓글 기능을 추가해보겠습니다.

01단계 domain 디렉터리에 Comment.java 파일을 생성하세요. 그리고 다음 코드를 따라 작성해주세요.

```java
@Table(name = "comments")
@EntityListeners(AuditingEntityListener.class)
@Entity
@Getter
@NoArgsConstructor(access = AccessLevel.PROTECTED)
public class Comment {

    @Id
    @GeneratedValue(strategy = GenerationType.IDENTITY)
    @Column(name = "id", updatable = false)
    private Long id;

    @Column(name = "author", nullable = false)
    private String author;

    @Column(name = "content", nullable = false)
    private String content;

    @CreatedDate
    @Column(name = "created_at")
```

Comment.java

```
    private LocalDateTime createdAt;

    @ManyToOne // ①
    private Article article;

    @Builder
    public Comment(Article article, String author, String content) {
        this.article = article;
        this.author = author;
        this.content = content;
    }
}
```

① @ManyToOne이라는 처음 보는 애너테이션이 보일 것입니다. 이 애너테이션은 테이블 간의
다대일^N:1 관계를 나타내기 위해 사용합니다. **댓글과 글의 관계를 생각해볼까요? 댓글은 하나의 글
을 가집니다.** 그래서 코드에서도 Comment가 하나의 Article을 가지도록 설정한 것입니다. 정리
하자면 @ManyToOne 애너테이션을 통해 여러 댓글(Many Comments)이 하나의 글(To One
Article)을 가지게 되었네요.

02단계 그럼 블로그 글에서는 어떤 애너테이션을 써야 할까요? 바로 @OneToMany 애너테이
션을 사용합니다. 하나의 글(One Article)이 여러 댓글(To Many Comments)을 가져야 하니까
요. domain 디렉터리에 있는 Article.java 파일을 열어 다음과 같이 코드를 추가해주세요.

Article.java
```
public class Article {
    ...생략...

    @OneToMany(mappedBy = "article", cascade = CascadeType.REMOVE)
    private List<Comment> comments;
}
```

이때 @OneToMany 애너테이션에는 mappedBy 속성과 cascade 속성을 추가했습니다.
mappedBy 속성은 자식 엔티티(Comment)가 부모 엔티티(Article)를 참조할 때 사용합니다.
자식 엔티티가 "article" 필드를 사용하여 부모 엔티티와의 관계를 나타낸다는 것을 의미합니다.

cascade 속성은 부모 엔티티(Article)를 변경할 때 자식 엔티티(Comment)에 전파하기 위한 방

법 중 삭제에 관련된 설정값입니다. 쉽게 말해 블로그 글 엔티티가 삭제되면 댓글 엔티티를 모두 삭제하는 것이죠.

03단계 repositoy 디렉터리에 CommentRepository.java 파일을 만들어 다음 코드를 작성합니다.

```
                                                      CommentRepository.java
public interface CommentRepository extends JpaRepository<Comment, Long> {
}
```

04단계 테이블 구조가 달라졌기 때문에 data.sql도 수정합니다. 다음 코드는 id가 1인 글에 댓글을 2개 생성합니다.

```
                                                                  data.sql
INSERT INTO article (title, content, author, created_at, updated_at) VALUES ('제목
1', '내용1', 'user1', NOW(), NOW())
INSERT INTO comments (article_id, author, content, created_at) VALUES
(1, 'user4', '댓글1', NOW())
INSERT INTO comments (article_id, author, content, created_at) VALUES
(1, 'user5', '댓글2', NOW())
INSERT INTO article (title, content, author, created_at, updated_at) VALUES ('제목
2', '내용2', 'user2', NOW(), NOW())
INSERT INTO article (title, content, author, created_at, updated_at) VALUES
('제목3', '내용3', 'user3', NOW(), NOW())
```

05단계 댓글 추가 요청, 응답 시에 사용할 DTO를 만들기 위해 dto 디렉터리에 AddComment Request.java 파일과 AddCommentResponse.java 파일을 생성하고 다음 코드를 작성합니다.

```
                                                        AddCommentRequest.java
@NoArgsConstructor
@AllArgsConstructor
@Getter
public class AddCommentRequest {
    private Long articleId;
    private String content;

    public Comment toEntity(String author, Article article) {
```

```java
    return Comment.builder()
            .article(article)
            .content(content)
            .author(author)
            .build();
    }
}
```

AddCommentResponse.java

```java
@NoArgsConstructor
@AllArgsConstructor
@Getter
public class AddCommentResponse {
    private Long id;
    private String content;


    public AddCommentResponse(Comment comment) {
        this.id = comment.getId();
        this.content = comment.getContent();
    }
}
```

06단계 BlogService.java 파일을 연 뒤, 댓글을 추가하는 코드를 추가로 작성합니다.

BlogService.java

```java
@RequiredArgsConstructor
@Service
public class BlogService {

    private final BlogRepository blogRepository;
    private final CommentRepository commentRepository;

    ...생략...

    public Comment addComment(AddCommentRequest request, String userName) {
        Article article = blogRepository.findById(request.getArticleId())
                .orElseThrow(() -> new IllegalArgumentException("not found : " +
request.getArticleId()));
```

```
        return commentRepository.save(request.toEntity(userName, article));
    }
}
```

addComment()는 댓글 추가를 하는 메서드로, 요청 받은 블로그 글 아이디로 블로그 글을 찾습니다. 그 이후에는 댓글 내용, 작성자, 블로그 글을 넘겨주어 commentRepository의 save() 메서드를 호출해 댓글을 생성합니다.

07단계   /api/comments POST 요청이 오면 글을 삭제하기 위한 addComment( ) 메서드를 작성하겠습니다. BlogApiController.java 파일을 연 뒤, 댓글을 추가하는 코드를 추가로 작성합니다.

```
                                                                BlogApiController.java
@RequiredArgsConstructor
@RestController
public class BlogApiController {
    private final BlogService blogService;

    ...생략...

    @PostMapping("/api/comments")
    public ResponseEntity<AddCommentResponse> addComment(@RequestBody
AddCommentRequest request, Principal principal) {
        Comment savedComment = blogService.addComment(request, principal.
getName());
        return ResponseEntity.status(HttpStatus.CREATED)
                .body(new AddCommentResponse(savedComment));
    }
}
```

addComment()는 요청한 블로그 글 아이디로 블로그 글을 찾아 댓글 내용, 작성자, 블로그 글을 넘겨주어 commentRepository의 save() 메서드를 호출해 댓글을 생성합니다.

08단계   이제 지금까지 구현된 내용이 잘 동작하는지 확인하기 위해 테스트 코드를 작성해보겠습니다. test 디렉터리에 있는 BlogApiControllerTest.java 파일을 연 뒤 다음 내용을 수정합니다. given-when-then은 다음과 같습니다.

given	블로그 글을 생성하고, 생성한 블로그 글에 댓글 추가를 저장할 요청 객체를 만듭니다.
when	댓글 추가 API에 요청을 보냅니다. 이때 요청 타입은 JSON이며, given절에서 미리 만들어둔 객체를 요청 본문으로 함께 보냅니다.
then	응답 코드가 201 Created인지 확인합니다. Comment를 전체 조회해 크기가 1인지 확인하고, 실제로 저장된 데이터와 요청 값을 비교합니다.

```java
                                                        BlogApiControllerTest.java

@SpringBootTest
@AutoConfigureMockMvc
class BlogApiControllerTest {
    ...생략...

    @Autowired
    CommentRepository commentRepository;

    User user;

    @BeforeEach
    public void mockMvcSetUp() {
        this.mockMvc = MockMvcBuilders.webAppContextSetup(context)
                .build();
        blogRepository.deleteAll();
        commentRepository.deleteAll();
    }


    @DisplayName("addComment: 댓글 추가에 성공한다.")
    @Test
    public void addComment() throws Exception {
        // given
        final String url = "/api/comments";

        Article savedArticle = createDefaultArticle();
        final Long articleId = savedArticle.getId();
        final String content = "content";
        final AddCommentRequest userRequest = new AddCommentRequest(articleId,
content);
```

```java
        final String requestBody = objectMapper.writeValueAsString(userRequest);

        Principal principal = Mockito.mock(Principal.class);
        Mockito.when(principal.getName()).thenReturn("username");

        // when
        ResultActions result = mockMvc.perform(post(url)
                .contentType(MediaType.APPLICATION_JSON_VALUE)
                .principal(principal)
                .content(requestBody));

        // then
        result.andExpect(status().isCreated());

        List<Comment> comments = commentRepository.findAll();

        assertThat(comments.size()).isEqualTo(1);
        assertThat(comments.get(0).getArticle().getId()).isEqualTo(articleId);
        assertThat(comments.get(0).getContent()).isEqualTo(content);
    }
}
```

댓글 기능을 테스트하기 위해 CommentRepository를 추가해주고 테스트를 시작하기 전에 CommentRepository.deleteAll() 메서드를 사용해 쌓여있는 데이터를 지우는 작업을 해줍니다. 그 이후에는 테스트 코드를 추가합니다.

09단계 테스트 코드를 실행해 코드가 잘 동작하는지 확인합니다.

✓ Test Results	655 ms
✓ BlogApiControllerTest	655 ms
✓ addComment: 댓글 추가에 성공한다.	539 ms
✓ deleteArticle: 블로그 글 삭제에 성공한다.	26 ms
✓ findArticle: 블로그 글 조회에 성공한다.	35 ms
✓ findAllArticles: 블로그 글 목록 조회에 성공한다.	15 ms
✓ addArticle: 블로그 글 추가에 성공한다.	17 ms
✓ updateArticle: 블로그 글 수정에 성공한다.	23 ms

10단계 이번에 실제로 뷰에서 댓글을 작성할 수 있게 하기 위해 코드를 작성하겠습니다. dto 디렉터리에 있는 ArticleViewResponse.java 파일을 연 뒤, comments 필드를 추가합니다.

```java
                                                              ArticleViewResponse.java
@NoArgsConstructor
@Getter
public class ArticleViewResponse {
    private Long id;
    private String title;
    private String content;
    private LocalDateTime createdAt;
    private String author;
    private List<Comment> comments;

    public ArticleViewResponse(Article article) {
        this.id = article.getId();
        this.title = article.getTitle();
        this.content = article.getContent();
        this.createdAt = article.getCreatedAt();
        this.author = article.getAuthor();
        this.comments = article.getComments();
    }
}
```

11단계 article.html 파일을 열고 댓글 추가를 위한 뷰 코드를 작성합니다. 추가 코드는 comment-create-btn 버튼을 누르면 댓글 추가 요청을 보내기 위한 것입니다. ArticleView Response 객체에서 comments 필드를 반복문으로 저장된 댓글을 보여줍니다.

```html
                                                              article.htm
··· 생략 ···
                        class="btn btn-primary btn-sm">수정</button>
                <button type="button" id="delete-btn"
                        class="btn btn-secondary btn-sm">삭제</button>
        </article>

        <hr class="mt-5">

        <section class="mb-5 mt-5">
            <div class="card">
                <div class="card-body">
                    <h5 class="card-title">댓글 추가</h5>
                    <div class="mb-3">
                        <textarea class="form-control" id="content"
```

```
rows="3"></textarea>
                        </div>
                        <button type="button" id="comment-create-btn"
                                class="btn btn-primary">댓글 추가</button>
                    </div>
                </div>
            </section>

            <section class="mb-3" th:each="comment : ${article.comments}">
                <div class="card mb-1">
                    <div class="card-body">
                        <div class="text-muted fst-italic mb-2"
th:text="|Commented on ${#temporals.format(comment.createdAt, 'yyyy-MM-dd
HH:mm')} By ${comment.author}|"></div>
                        <p class="card-text" th:text="${comment.content}"></p>
                    </div>
                </div>
            </section>


        </div>
    </div>
  </div>

  <script src="/js/article.js"></script>
</body>
```

12단계 그 뒤에는 article.js 파일을 열어 아래 코드를 작성해주세요. comment-create-btn이 id인 요소가 클릭되면 /api/comments로 POST 요청을 보내는 코드입니다.

```
// 댓글 생성 기능                                              article.js
const commentCreateButton = document.getElementById('comment-create-btn');

if (commentCreateButton) {
    commentCreateButton.addEventListener('click', event => {
        articleId = document.getElementById('article-id').value;

        body = JSON.stringify({
            articleId: articleId,
            content: document.getElementById('content').value
```

```
    });
    function success() {
        alert('등록 완료되었습니다.');
        location.replace('/articles/' + articleId);
    };
    function fail() {
        alert('등록 실패했습니다.');
        location.replace('/articles/' + articleId);
    };

    httpRequest('POST','/api/comments', body, success, fail)
});
}
```

13단계 이제 코드를 모두 작성했으니 잘 동작하는지 실제로 확인해볼까요? 스프링 부트 서버를 재시작한 다음 http://localhost:8080/login으로 접속한 뒤 로그인을 진행합니다. 이때 OAuth2 로그인 코드를 작성하셨다면 application.yml에 OAuth2 인증값이 잘 들어가있는지 확인해주세요. 로그인에 성공했다면 첫 번째 글로 들어갑니다. 그러면 data.sql에 정의했던대로 미리 입력된 댓글이 잘 보입니다. 새로운 댓글을 입력하고 [댓글 추가] 버튼을 눌러 저장합니다. 그러면 입력한 댓글이 생성된 시간과 댓글을 쓴 사람의 정보와 함께 보이는 것을 확인할 수 있습니다.

😀 12장까지 실습을 완료한 상태라면, 댓글 기능은 로컬에서 진행하므로 application.yml에 있는 google: 아래에 있는 client-id, client-secret을 다시 입력해야 합니다.

14단계 부록에서 다루지는 않지만 추가로 구현하면 좋은 기능들을 적어두겠습니다. 여러분이 직접 구현해보세요. 이 책에서 모둔 다룬 내용이고 참고할 장도 적어두었으니 그 부분을 다시 읽어보는 것도 많은 도움이 될 겁니다.

- 새로운 댓글이 먼저 보이게 하기(5장 참고)
- 배포해보기 – 댓글 테이블 생성 쿼리를 작성(11장 참고)
- 댓글 수정, 삭제 기능 추가(6장 참고)

스프링 부트 3 백엔드

개발자 되기 자바 편 2판

JPA + OAuth2 + JWT + AWS와 배우는 스프링 부트 3
Java 백엔드 입문자를 위한 풀 패키지

초판 1쇄 발행 2023년 05월 26일
2판 2쇄 발행 2024년 9월 13일

지은이 신선영
펴낸이 최현우 · **기획** 박현규, 최현우 · **편집** 박현규 · **기고** 박승규
디자인 Nu:n · **조판** SEMO · **일러스트** 주형
펴낸곳 골든래빗(주)
등록 2020년 7월 7일 제 2020-000183호
주소 서울 마포구 양화로 186 LC타워 5층 514호
전화 0505-398-0505 · **팩스** 0505-537-0505
이메일 ask@goldenrabbit.co.kr
SNS facebook.com/goldenrabbit2020
ISBN 979-11-91905-71-7 93000

* 파본은 구입한 서점에서 바꿔드립니다.

우리는 가치가 성장하는 시간을 만듭니다.

골든래빗은 가치가 성장하는 도서를 함께 만드실 저자님을 찾고 있습니다.

내가 할 수 있을까 망설이는 대신, 용기 내어 골든래빗의 문을 두드려보세요.

apply@goldenrabbit.co.kr